DR. OETKER RÜHRKUCHEN VON A–Z

DR. OETKER RÜHRKUCHEN VON A–Z

Dr. Oetker Verlag

Abkürzungen

EL	=	Esslöffel
TL	=	Teelöffel
Msp.	=	Messerspitze
Pck.	=	Packung/Päckchen
Fl.	=	Fläschchen
g	=	Gramm
kg	=	Kilogramm
ml	=	Milliliter
l	=	Liter
evtl.	=	eventuell
geh.	=	gehäuft
gem.	=	gemahlen
ger.	=	gerieben
gestr.	=	gestrichen
TK	=	Tiefkühlprodukt
°C	=	Grad Celsius

Kalorien-/Nährwertangaben

E	=	Eiweiß
F	=	Fett
Kh	=	Kohlenhydrate
kJ	=	Kilojoule
kcal	=	Kilokalorie
BE	=	Broteinheiten

Bei den Nährwertangaben in den Rezepten handelt es sich um auf- bzw. abgerundete ganze Werte. Lediglich die Broteinheiten werden in 0,5er-Schritten mit einer Stelle nach dem Komma angegeben.
Aufgrund von ständigen Rohstoffschwankungen und/ oder Rezepturveränderungen bei Lebensmitteln, kann es zu Abweichungen kommen. Die Nährwertangaben dienen daher lediglich Ihrer Orientierung und eignen sich nur bedingt für die Berechnung eines Diätplans, zum Beispiel bei Krankheiten wie Diabetes. Bei krankheitsbedingten Diäten richten Sie sich daher bitte nach den Anweisungen Ihres Diätassistenten bzw. Ihres Arztes.

Allgemeine Hinweise

Lesen Sie bitte vor der Zubereitung – besser noch vor dem Einkauf – das Rezept einmal vollständig durch. Oft werden Arbeitsabläufe oder -zusammenhänge dann klarer.

Zutatenliste und Arbeitsschritte

Die Zutaten sind in der Reihenfolge ihrer Verarbeitung aufgeführt.
Die Arbeitsschritte sind einzeln hervorgehoben, in der Reihenfolge, in der sie von uns ausprobiert wurden.

Zubereitungszeiten

Die Zubereitungszeit ist ein Anhaltswert für die Zeit der Vorbereitung und die eigentliche Zubereitung. Sie variiert je nach Geschick und Übung.
Wartezeiten, wie Abkühl- oder Kühlzeiten, Auftauzeiten sind, sofern parallel keine weitere Tätigkeit erfolgt, nicht in der Zubereitungszeit enthalten. Die Backzeiten werden gesondert ausgewiesen.

Damit Ihnen alles gelingt, beachten Sie bitte noch folgende Hinweise:

- Stellen Sie sämtliche Zutaten für den Kuchen, die Backform und die benötigten Küchengeräte (z. B. Küchenwaage, Mixer mit Rührstäben oder Knethaken, Rührschüssel, Backrahmen usw.) bereit.
- Bereiten Sie zuerst die Backform bzw. das Backblech vor. Beginnen Sie dann mit dem Abwiegen der Zutaten und schalten Sie Ihren Backofen (wie im Rezept angegeben) an.
- Der Rührteig gelingt am besten, wenn alle Zutaten Zimmertemperatur haben.

Backofeneinstellung und Backzeiten

Die in den Rezepten angegebenen Backtemperaturen und Backzeiten sind Richtwerte, die je nach individueller Hitzeleistung Ihres Backofens über- oder unterschritten werden können. Gegen Ende der angegebenen Backzeit sollten die Gebäcke genau beobachtet werden. Machen Sie nach Beendigung der angegebenen Backzeit eine Garprobe.
Die Temperaturangaben in diesem Buch beziehen sich auf Elektrobacköfen. Die Temperatureinstellungsmöglichkeiten für Gasbacköfen variieren je nach Hersteller, sodass wir keine allgemeingültigen Angaben machen können. Bitte beachten Sie deshalb bei der Einstellung des Backofens die Gebrauchsanleitung des Herstellers. Ein Backofenthermometer eignet sich dabei gut, um die Backofentemperatur im Blick zu haben.

Einschubhöhe

Hohe und halbhohe Formen werden im Allgemeinen auf dem Rost im unteren Drittel des Backofens eingeschoben, flache Formen auf dem Rost in die mittlere Einschubleiste. Blechkuchen und Kleingebäck gelingen am besten in der Mitte des Backofens. Abweichungen sind möglich und von der Ausführung Ihres Backofens abhängig (Herstellerangaben beachten).

Vorwort

Rührkuchen wird in mindestens 40 % der Haushalte einmal im Monat zubereitet und ist somit mit Abstand der beliebteste Kuchen in Deutschland.
Rührteige mit ihrer saftig-lockeren Krume sind nicht nur sehr vielseitig, sondern können durch die Zugabe von Aromen, Kakaopulver, Speisestärke, Schokostücken, Rosinen usw. ergänzt oder verändert werden. Ein weiteres Plus: Sie sind kinderleicht zuzubreiten, denn die Zutaten werden einfach der Reihe nach verrührt. Die Grundbestandteile für Rührteig sind Fett (Margarine, Butter oder geschmacksneutrales Öl), Zucker, Eier, Mehl, evtl. Speisestärke und Backpulver. Durch Rühren entsteht ein mehr oder weniger weicher Teig, der beim klassischen Rührteig schwer reißend vom Löffel oder Rührbesen fallen muss. Vergleichbare Teige bzw. Abwandlungen sind Gleichschwerkuchen, Eischwerkuchen und Sandkuchen.

Ideal für Backanfänger ist der All-in-Teig. Er ist schnell gemacht und wird aus den gleichen Zutaten wie der Rührteig zubereitet. Der einzige Unterschied besteht darin, dass alle Zutaten auf einmal miteinander verrührt werden und nicht nacheinander. Dieser Teig hat zwar etwas weniger lockere Poren als der Rührteig, ist aber für Gebäcke ohne schwere Zutaten sehr gut geeignet.
Aus Rührteigen bzw. All-in-Teigen können Kuchen in Formen (Kastenform, Napf- oder Gugelhupfform, Springform, Motivformen, Einmachgläser), Torten, Blechkuchen und Kleingebäcke zubereitet werden.
In Alufolie gewickelt und kalt gestellt halten sich Rührteig-Gebäcke einige Tage. Wollen Sie sie einfrieren, lassen Sie sie in der Verpackung bei Zimmertemperatur auftauen. Gebäck mit Schlagsahne, Quark u. ä. Zutaten bewahren Sie am besten im Kühlschrank auf bzw. lassen sie nach dem Einfrieren im Kühlschrank auftauen.

After-Eight®-Gugelhupf I

Raffiniert – mit Alkohol

20 Stücke

Pro Stück: E: 4 g, F: 19 g, Kh: 37 g, kJ: 1395, kcal: 333, BE: 3,0

Für den Rührteig:

300 g Butter oder Margarine (zimmerwarm)
275 g Zucker
1 Pck. Dr. Oetker Vanillin-Zucker
1 Röhrchen Rum-Aroma
1 Prise Salz
5 Eier (Größe M)
375 g Weizenmehl
4 gestr. TL Dr. Oetker Backin
etwa 3 EL Milch (3,5 % Fett)

Für die Füllung:

12 After-Eight®-Täfelchen
2 Pck. Paradiescreme Vanille-Geschmack (Dessertpulver)
200 g kalte Schlagsahne (mind. 30 % Fett)
100 ml kalte Milch (3,5 % Fett)

Zum Garnieren:

8 After-Eight®-Täfelchen

Zubereitungszeit: 60 Minuten, ohne Abkühlzeit
Backzeit: etwa 55 Minuten

1. Den Backofen vorheizen.
Ober-/Unterhitze: etwa 180 °C
Heißluft: etwa 160 °C

2. Für den Teig Butter oder Margarine mit einem Mixer (Rührstäbe) auf höchster Stufe geschmeidig rühren. Nach und nach Zucker, Vanillin-Zucker, Aroma und Salz unterrühren. So lange rühren, bis eine gebundene Masse entstanden ist. Eier nach und nach unterrühren (jedes Ei etwa ½ Minute).

3. Mehl mit Backpulver mischen, abwechselnd in 2 Portionen mit der Milch auf mittlerer Stufe unterrühren. Den Teig in eine Gugelhupfform (Ø 22 cm, gefettet, gemehlt) geben und glatt streichen. Die Form auf dem Rost in den vorgeheizten Backofen (unteres Drittel) schieben. Den Gugelhupf **etwa 55 Minuten backen.**

4. Die Form auf einen Kuchenrost stellen. Den Gugelhupf etwa 10 Minuten in der Form stehen lassen, dann aus der Form lösen und auf einen Kuchenrost stürzen. Gugelhupf erkalten lassen.

5. Für die Füllung die Minztäfelchen klein schneiden. Paradiescreme in einer Rührschüssel nach Packungsanleitung, aber nur mit 200 g Sahne und 100 ml Milch aufschlagen. Zuletzt die Minzstückchen unterrühren.

6. Den Gugelhupf dreimal waagerecht durchschneiden. Die 3 unteren Böden mit insgesamt gut der Hälfte der Minzcreme bestreichen. Alle Böden wieder zu einem Kranz zusammensetzen. Restliche Minzcreme in einen Gefrierbeutel füllen und eine Ecke abschneiden. Den Gugelhupf von oben nach unten (pro Stück) mit der Minzcreme verzieren.

7. Zum Garnieren die Minztäfelchen diagonal halbieren und dekorativ auf den Gugelhupf setzen. Den Gugelhupf bis zum Servieren in den Kühlschrank stellen.

Tipps: Falls sich das Gebäck nach dem Backen nicht leicht aus der Form lösen sollte, die Backform kurz auf der Arbeitsfläche aufschlagen. Der Kuchen lässt sich ohne Füllung gut einfrieren.

® Société des Produits Nestlé S.A

Amarettini-Kuchen

Gut vorzubereiten – gefriergeeignet – mit Alkohol

16 Stücke

Pro Stück: E: 4 g, F: 10 g, Kh: 26 g, kJ: 897, kcal: 214, BE: 2,0

Für den Rührteig:

125 g Butter oder Margarine (zimmerwarm)
100 g Zucker
1 Pck. Dr. Oetker Vanillin-Zucker
1 Prise Salz
3 Eier (Größe M)
200 g Weizenmehl
2 gestr. TL Dr. Oetker Backin
3 EL Amaretto-Likör
2 EL gem. Mandeln
75 g Amarettini (ital. Mandelmakronen)
370 g gut abgetropfte Sauerkirschen (aus dem Glas)

2 EL abgezogene, ganze Mandeln
etwas Puderzucker

Zubereitungszeit: 15 Minuten
Backzeit: 40–50 Minuten

1. Den Backofen vorheizen.
Ober-/Unterhitze: etwa 180 °C
Heißluft: etwa 160 °C

2. Für den Teig die Butter oder Margarine mit einem Mixer (Rührstäbe) auf höchster Stufe geschmeidig rühren. Nach und nach Zucker, Vanillin-Zucker und Salz unterrühren. So lange rühren, bis eine gebundene Masse entstanden ist. Eier nach und nach unterrühren (jedes Ei etwa ½ Minute).

3. Das Mehl mit Backpulver mischen, abwechselnd in 2 Portionen mit dem Likör und den Mandeln kurz auf mittlerer Stufe unterrühren. Amarettini und Sauerkirschen unterheben.

4. Den Teig in eine Springform (Ø 26 cm, Boden gefettet) geben und glatt streichen. Die Form auf dem Rost in den vorgeheizten Backofen schieben. Den Kuchen **40–50 Minuten backen.**

5. Die Kuchenoberfläche nach etwa 15 Minuten Backzeit mit Mandeln bestreuen und **den Kuchen fertig backen.**

6. Den Kuchen aus der Form lösen und auf einem Kuchenrost erkalten lassen. Dann mit Puderzucker bestäuben.

Amerikaner | Für Kinder

12 Stück

Pro Stück: E: 5 g, F: 14 g, Kh: 48 g, kJ: 1452, kcal: 347, BE: 4,0

Für den Rührteig:

75 g Butter oder Margarine (zimmerwarm)
100 g Zucker
1 Pck. Dr. Oetker Vanillin-Zucker
5 Tropfen Butter-Vanille-Aroma
1 Prise Salz
2 Eier (Größe M)
250 g Weizenmehl
3 gestr. TL Dr. Oetker Backin
100 ml Milch

Zum Bestreichen:

etwa 2 EL Milch

Für den Guss:

200 g Puderzucker
etwa 3 EL Zitronensaft oder Wasser
150 g Zartbitter-Schokolade
1 EL Speiseöl, z. B. Sonnenblumenöl
einige gehackte Mandeln
einige gehackte Pistazienkerne
etwas Hagelzucker
einige Kokosraspel

Zubereitungszeit: 30 Minuten, ohne Kühlzeit
Backzeit: etwa 20 Minuten je Backblech

1. Den Backofen vorheizen.
Ober-/Unterhitze: etwa 180 °C
Heißluft: etwa 160 °C

2. Für den Teig die Butter oder Margarine mit einem Mixer (Rührstäbe) auf höchster Stufe geschmeidig rühren. Nach und nach Zucker, Vanillin-Zucker, Butter-Vanille-Aroma und Salz unterrühren. So lange rühren, bis eine gebundene Masse entstanden ist. Eier nach und nach unterrühren (jedes Ei etwa ½ Minute).

3. Mehl mit Backpulver mischen, abwechselnd in 2 Portionen mit der Milch kurz auf mittlerer Stufe unterrühren. Von dem Teig mit 2 Esslöffeln 6 Häufchen nicht zu dicht nebeneinander auf 2 Backbleche (mit Backpapier belegt) geben und mit einem feuchten Messer etwas nachformen. Die Backbleche nacheinander (bei Heißluft zusammen) in den vorgeheizten Backofen schieben. Die Amerikaner **etwa 20 Minuten je Backblech backen.** Nach etwa 15 Minuten Backzeit die Oberfläche mit Milch bestreichen.

4. Die Amerikaner mit dem Backpapier von den Backblechen auf Kuchenroste ziehen und erkalten lassen.

5. Für den Guss Puderzucker mit Zitronensaft oder Wasser zu einem dickflüssigen Guss verrühren. Die Schokolade grob zerkleinern, mit Speiseöl in einem kleinen Topf im Wasserbad bei schwacher Hitze unter Rühren schmelzen.

6. Die erkalteten Amerikaner auf der Unterseite mit dem Guss oder der Schokolade bestreichen. Nach Belieben mit Mandeln, Pistazienkernen, Hagelzucker und Kokosraspeln bestreuen.

Amrumer Wattwurmkuchen

Mit Alkohol – raffiniert

20 Stücke

Pro Stück: E: 4 g, F: 22 g, Kh: 45 g, kJ: 1718, kcal: 411, BE: 4,0

Für den Rührteig:

250 g Butter oder Margarine (zimmerwarm)
200 g Zucker
1 Pck. Dr. Oetker Vanillin-Zucker
1 Prise Salz
1 Pck. Dr. Oetker Finesse Geriebene Zitronenschale
4 Eier (Größe M)
250 g Weizenmehl
50 g Speisestärke
3 gestr. TL Dr. Oetker Backin
2 EL gesiebtes Kakaopulver (ungezuckert)
1 EL Milch (3,5 % Fett)

Für die Füllung:

700 g abgetropfte Sauerkirschen (aus Gläsern)
850 ml Sauerkirschsaft (aus den Gläsern, evtl. mit Wasser aufgefüllt)
2 Pck. Dr. Oetker Pudding-Pulver Vanille-Geschmack
75 g Zucker

Für den Belag:

600 g Schlagsahne (mind. 30 % Fett)
3 Pck. Sahnesteif
2 Pck. Dr. Oetker Vanillin-Zucker
4 EL Eierlikör
6 EL Blue Curaçao

Zubereitungszeit: 35 Minuten, ohne Abkühlzeit
Backzeit: etwa 30 Minuten

1. Den Backofen vorheizen.
Ober-/Unterhitze: etwa 180 °C
Heißluft: etwa 160 °C

2. Für den Teig die Butter oder Margarine mit einem Mixer (Rührstäbe) auf höchster Stufe geschmeidig rühren.

3. Nach und nach Zucker, Vanillin-Zucker, Salz und Zitronenschale unterrühren. So lange rühren, bis eine gebundene Masse entstanden ist. Eier nach und nach unterrühren (jedes Ei etwa ½ Minute).

4. Mehl mit Speisestärke und Backpulver mischen, in 2 Portionen kurz auf mittlerer Stufe unterrühren.

5. Einen Backrahmen auf ein Backblech (40 x 30 cm, gefettet) stellen. Gut zwei Drittel des Teiges auf das Backblech geben und glatt streichen.

6. Kakao und Milch unter den restlichen Teig rühren. Den Teig in einen Spritzbeutel mit kleiner Lochtülle (Ø etwa 5 mm) füllen und etwa 5 cm lange „Wattwürmer" auf den hellen Teig spritzen.

7. Das Backblech in den vorgeheizten Backofen (unteres Drittel) schieben. Den Gebäckboden **etwa 30 Minuten backen.**

8. Das Backblech auf einen Kuchenrost stellen. Den Gebäckboden erkalten lassen.

9. Für die Füllung von den Sauerkirschen den Saft auffangen und 850 ml abmessen, evtl. mit Wasser auffüllen. Das Pudding-Pulver mit Zucker vermischen und mit etwas Kirschsaft anrühren. Den restlichen Saft in einem Topf zum Kochen bringen.

10. Angerührtes Pudding-Pulver in den von der Kochstelle genommenen Saft einrühren und unter Rühren aufkochen lassen, Sauerkirschen unterrühren. Die Kirschmasse auf dem Gebäckboden verteilen und erkalten lassen.

11. Für den Belag Sahne mit Sahnesteif und Vanillin-Zucker steif schlagen. Die Sahne auf der Kirschmasse verteilen und mithilfe eines Teelöffels leichte Vertiefungen in die Sahne drücken.

12. Eierlikör und Blue Curaçao verrühren, in die Sahnevertiefungen füllen.

Apfelkuchen mit Cidre | Mit Alkohol

16 Stücke

Pro Stück: E: 2 g, F: 7 g, Kh: 24 g, kJ: 725, kcal: 173, BE: 2,0

Für den Belag:

500 g Äpfel, z. B. Elstar
350 ml Cidre (Apfelwein)

Für den Rührteig:

100 g zerlassene, abgekühlte Butter oder Margarine
70 g Zucker
1 Pck. Dr. Oetker Vanillin-Zucker
2 Eier (Größe M)
200 g Weizenmehl
2 gestr. TL Dr. Oetker Backin
6 EL Milch (3,5 % Fett)
70 g Rosinen

Für den Guss:

1 Pck. ungezuckerter Tortenguss, klar
2 gestr. EL Zucker
250 ml Cidreflüssigkeit (von den Apfelscheiben)
30 g Rosinen

Zubereitungszeit: 50 Minuten, ohne Durchzieh- und Kühlzeit
Backzeit: etwa 40 Minuten

1. Für den Belag Äpfel schälen, vierteln, entkernen und quer in Scheiben schneiden. Die Apfelscheiben in eine Schüssel geben und mit Cidre übergießen, zugedeckt etwa 1 Stunde durchziehen lassen.

2. Den Backofen vorheizen.
Ober-/Unterhitze: etwa 180 °C
Heißluft: etwa 160 °C

3. Für den Teig die zerlassene Butter oder Margarine mit einem Mixer (Rührstäbe) auf höchster Stufe geschmeidig rühren. Nach und nach Zucker und Vanillin-Zucker unterrühren. So lange rühren, bis eine gebundene Masse entstanden ist. Die Eier nach und nach unterrühren (jedes Ei etwa 1/2 Minute).

4. Das Mehl mit Backpulver mischen, abwechselnd in 2 Portionen mit der Milch kurz auf mittlerer Stufe unterrühren. Rosinen unterheben.

5. Die marinierten Apfelscheiben in einem Sieb abtropfen lassen, dabei die Cidreflüssigkeit auffangen und 250 ml abmessen.

6. Den Teig in eine Springform (Ø 26 cm, gefettet) geben und glatt streichen. Die Apfelscheiben darauf verteilen. Die Form auf dem Rost in den vorgeheizten Backofen schieben. Den Kuchen **etwa 40 Minuten backen.**

7. Die Form auf einen Kuchenrost stellen. Den Kuchen in der Form erkalten lassen. Dann den Kuchen aus der Form lösen und auf eine Tortenplatte legen.

8. Für den Guss aus Tortengusspulver, Zucker und der abgemessenen Cidreflüssigkeit einen Guss nach Packungsanleitung zubereiten. Rosinen unterrühren. Den Guss von der Mitte aus gleichmäßig auf den Apfelscheiben verteilen. Den Kuchen etwa 2 Stunden in den Kühlschrank stellen.

Tipp: Sehr gut schmeckt zum Apfelkuchen steif geschlagene Sahne.

Apfelkuchen mit Mandelkrokant I

Fruchtig – Knuspergenuss

20 Stücke

Pro Stück: E: 5 g, F: 19 g, Kh: 38 g, kJ: 1466, kcal: 350, BE: 3,0

Für den Mandelkrokant:

100 g Butter
90 g Zucker
40 g flüssiger Honig
75 g Schlagsahne
200 g gehobelte Mandeln

Für den All-in-Teig:

275 g Weizenmehl
2 gestr. TL Dr. Oetker Backin
100 g Puderzucker
1 Pck. Dr. Oetker Vanillin-Zucker
3 Eier (Größe M)
170 g Butter oder Margarine (zimmerwarm)

Für den Belag:

1 ½ kg Äpfel, z. B. Elstar
100 g Apfelgelee
1 Pck. Dr. Oetker Pudding-Pulver Vanille-Geschmack
1 Pck. Saucenpulver Vanille-Geschmack zum Kochen
40 g Zucker
50 g Semmelbrösel

Zubereitungszeit: 50 Minuten, ohne Abkühlzeit
Backzeit: etwa 45 Minuten

1. Für den Krokant Butter, Zucker, Honig und Sahne in einem Topf unter Rühren langsam erhitzen und zum Kochen bringen.

2. Mandeln unterrühren und unter Rühren nochmals kurz aufkochen lassen. Die Mandelmasse abkühlen lassen.

3. Den Backofen vorheizen.
Ober-/Unterhitze: etwa 180 °C
Heißluft: etwa 160 °C

4. Für den Teig Mehl mit Backpulver mischen und in eine Rührschüssel geben. Puderzucker, Vanillin-Zucker, Eier und Butter oder Margarine hinzufügen. Die Zutaten mit einem Mixer (Rührstäbe) zunächst kurz auf niedrigster, dann auf höchster Stufe in etwa 2 Minuten zu einem glatten Teig verarbeiten.

5. Einen Backrahmen auf ein Backblech (30 x 40 cm, gefettet) stellen. Den Teig auf dem Backblech verteilen und glatt streichen.

6. Für den Belag Äpfel schälen, halbieren, entkernen und auf einer Haushaltsreibe grob raspeln. Apfelraspel mit dem Apfelgelee verrühren. Das Pudding-Pulver mit Saucenpulver, Zucker und Semmelbröseln vermischen und unter die Apfelmasse rühren. Auf den Teigboden geben und verstreichen. Die Krokantmasse auf die Apfelmasse geben. Krokantmasse vorsichtig mithilfe von 2 Gabeln darauf verteilen.

7. Das Backblech in den vorgeheizten Backofen schieben. Den Kuchen **etwa 45 Minuten backen.**

8. Das Backblech auf einen Kuchenrost stellen. Den Apfelkuchen erkalten lassen.

Apfelkuchen mit Marzipanguss

Raffiniert – für Gäste

20 Stücke

Pro Stück: E: 7 g, F: 19 g, Kh: 43 g, kJ: 1539, kcal: 368, BE: 3,5

Für den Rührteig:

250 g Butter oder Margarine (zimmerwarm)
250 g Zucker
1 Pck. Dr. Oetker Vanillin-Zucker
5 Eier (Größe M)
150 g Weizenmehl
100 g Speisestärke
2 gestr. TL Dr. Oetker Backin

Für den Belag und den Guss:

1 kg Äpfel
1 l Milch (3,5 % Fett)
2 Pck. Dr. Oetker Pudding-Pulver Vanille-Geschmack
75 g Zucker
3 Eigelb (Größe M)
200 g Marzipan-Rohmasse
3 Eiweiß (Größe M)

50 g Hagelzucker

Zubereitungszeit: 65 Minuten, ohne Abkühlzeit
Backzeit: etwa 45 Minuten

1. Für den Teig Butter oder Margarine mit einem Mixer (Rührstäbe) auf höchster Stufe geschmeidig rühren. Nach und nach Zucker und Vanillin-Zucker unterrühren. So lange rühren, bis eine gebundene Masse entstanden ist. Eier nach und nach unterrühren (jedes Ei etwa ½ Minute).

2. Mehl mit Speisestärke und Backpulver mischen, in 2 Portionen kurz auf mittlerer Stufe unterrühren. Einen Backrahmen auf ein Backblech (30 x 40 cm, gefettet) stellen. Den Teig auf dem Backblech glatt streichen.

3. Den Backofen vorheizen.
Ober-/Unterhitze: etwa 180 °C
Heißluft: etwa 160 °C

4. Für den Belag Äpfel schälen, vierteln, entkernen und in Scheiben schneiden. Apfelscheiben dachziegelartig auf den Teig legen.

5. Für den Guss 6 Esslöffel von der Milch mit Pudding-Pulver, Zucker und Eigelb verrühren. Marzipan klein schneiden.

6. Restliche Milch mit Marzipan in einem Topf unter Rühren zum Kochen bringen. Angerührtes Pudding-Pulver einrühren und unter Rühren gut aufkochen lassen.

7. Eiweiß steif schlagen und unterheben. Die Masse auf den Apfelscheiben verteilen. Das Backblech in den vorgeheizten Backofen schieben. Den Kuchen **etwa 45 Minuten backen.**

8. Das Backblech auf einen Kuchenrost stellen. Den Kuchen erkalten lassen. Den Backrahmen lösen und entfernen. Den Kuchen mit Hagelzucker bestreut servieren.

Tipp: Nach Belieben 100 g Marzipan-Rohmasse mit etwas Puderzucker verkneten und zwischen 2 Lagen Frischhaltefolie ausrollen. Aus der Marzipanplatte Blätter ausschneiden oder ausstechen und mit einem Messer Blattrippen einschneiden.

Apfelkuchen, sehr fein I

Beliebt – klassisch

8 Stücke

Pro Stück: 3 g, F: 7 g, Kh: 18 g,
kJ: 630, kcal: 151, BE: 1,5

Für den Rührteig:

50 g Butter oder Margarine (zimmerwarm)
40 g Zucker
1 Pck. Dr. Oetker Vanillin-Zucker
1 Prise Salz
2 Eier (Größe M)
70 g Weizenmehl
½ gestr. TL Dr. Oetker Backin

Für den Belag:

300 g kleine Äpfel

Zum Bestreichen:

1 EL Aprikosenkonfitüre
1 TL Wasser

Zubereitungszeit: 30 Minuten
Backzeit: 40–50 Minuten

1. Den Backofen vorheizen.
Ober-/Unterhitze: etwa 180 °C
Heißluft: etwa 160 °C

2. Für den Teig die Butter oder Margarine mit einem Mixer (Rührstäbe) auf höchster Stufe geschmeidig rühren. Nach und nach Zucker, Vanillin-Zucker und Salz unterrühren. So lange rühren, bis eine gebundene Masse entstanden ist. Eier nach und nach unterrühren (jedes Ei etwa ½ Minute).

3. Mehl mit Backpulver mischen und kurz auf mittlerer Stufe unterrühren. Den Teig in eine Springform (Ø 18 cm, gefettet) geben und glatt streichen.

4. Für den Belag Äpfel schälen, vierteln und entkernen. Apfelviertel der Länge nach einritzen, aber nicht durchschneiden und kranzförmig auf den Teig legen. Die Form auf dem Rost in den vorgeheizten Backofen schieben. Den Kuchen **40–50 Minuten backen.**

5. Zum Bestreichen Konfitüre und Wasser in einem kleinen Topf unter Rühren aufkochen lassen (stückige Konfitüre nach dem Aufkochen durch ein Sieb streichen).

6. Die Form auf einen Kuchenrost stellen. Den Kuchen sofort mit der Konfitüre bestreichen. Den Kuchen nach etwa 10 Minuten aus der Form lösen und auf dem Kuchenrost erkalten lassen.

Tipps: Apfelkuchen vor dem Backen mit 1 Esslöffel Rosinen bestreuen. Anstelle der Äpfel können auch 300 g entsteinte Schattenmorellen verwendet werden.

Apfel-Mandarinen-Kuchen I

Für Kinder – sehr saftig

20 Stücke

Pro Stück: E: 3 g, F: 10 g, Kh: 25 g, kJ: 857, kcal: 205, BE: 2,0

Für den Rührteig:

5 Riegel PICK UP Choco & Milch (Leibniz, Bahlsen, je Riegel 28 g)
150 g Butter oder Margarine (zimmerwarm)
100 g Zucker
1 Pck. Dr. Oetker Vanillin-Zucker
3 Eier (Größe M)
225 g Dinkelmehl, gesiebt (Type 630)
2 gestr. TL Dr. Oetker Backin
150 g Joghurt (3,5 % Fett)

Für den Belag:

6–7 kleine Äpfel, z. B. Elstar (etwa 750 g)
175 g abgetropfte Mandarinen (aus der Dose)

Für den Guss:

2–3 EL Aprikosenkonfitüre
2 EL Mandarinensaft (aus der Dose)

Zubereitungszeit: 45 Minuten, ohne Abkühlzeit
Backzeit: etwa 35 Minuten

1. Für den Teig die PICK UP-Riegel in etwa ½ cm große Würfel schneiden.

2. Butter oder Margarine mit einem Mixer (Rührstäbe) auf höchster Stufe geschmeidig rühren. Nach und nach Zucker und Vanillin-Zucker unterrühren. So lange rühren, bis eine gebundene Masse entstanden ist. Die Eier nach und nach unterrühren (jedes Ei etwa ½ Minute).

3. Das Mehl mit Backpulver mischen, in 2 Portionen kurz auf mittlerer Stufe unterrühren. PICK UP-Würfel und Joghurt unterrühren. Den Teig auf ein Backblech (30 x 40 cm, gefettet) geben und glatt streichen.

4. Den Backofen vorheizen.
Ober-/Unterhitze: etwa 180 °C
Heißluft: etwa 160 °C

5. Für den Belag die Äpfel schälen, vierteln und entkernen. Die Apfelviertel mehrmals der Länge nach einschneiden. Von den abgetropften Mandarinen den Saft auffangen und 2 Esslöffel für den Guss abmessen. Apfelviertel und Mandarinen auf dem Teig verteilen. Das Backblech in den vorgeheizten Backofen schieben. Den Kuchen **etwa 35 Minuten backen.**

6. Für den Guss Konfitüre mit dem Mandarinensaft in einem kleinen Topf unter Rühren aufkochen lassen.

7. Das Backblech auf einen Kuchenrost stellen. Die Kuchenoberfläche sofort mit dem Guss bestreichen. Den Kuchen erkalten lassen.

Tipp: Nach Belieben die Kuchenoberfläche mit in Streifen geschnittenen PICK UP Riegeln belegen.

Apfel-Mascarpone-Kuchen I

Einfach – raffiniert

25 Stücke

Pro Stück: E: 7 g, F: 19 g, Kh: 37 g, kJ: 1481, kcal: 354, BE: 3,0

Zum Vorbereiten:

1,2 kg	*Äpfel, z. B. Boskop oder Elstar*
	Saft von
1	*Zitrone*

Für den Rührteig:

150 g	*Butter oder Margarine (zimmerwarm)*
275 g	*Zucker*
1 Prise	*Salz*
7	*Eier (Größe M)*
450 g	*Weizenmehl*
3 gestr. TL	*Dr. Oetker Backin*

Für den Mascarponebelag:

500 g	*Mascarpone (ital. Frischkäse)*
7	*Eigelb (Größe M)*
150 g	*Zucker*
1 Pck.	*Dr. Oetker Bourbon-Vanille-Zucker*
7	*Eiweiß (Größe M)*
100 g	*gehobelte Mandeln*
2 EL	*Puderzucker*

Zubereitungszeit: 60 Minuten, ohne Abkühlzeit
Backzeit: etwa 60 Minuten

1. Zum Vorbereiten Äpfel schälen, vierteln und entkernen. Apfelviertel nochmals durchschneiden (achteln) und mit Zitronensaft beträufeln.

2. Für den Teig die Butter oder Margarine mit einem Mixer (Rührstäbe) auf höchster Stufe geschmeidig rühren. Nach und nach Zucker und Salz unterrühren. So lange rühren, bis eine gebundene Masse entstanden ist. Die Eier nach und nach unterrühren (jedes Ei etwa ½ Minute).

3. Mehl und Backpulver mischen, in 2 Portionen kurz auf mittlerer Stufe unterrühren. Den Teig in ein tiefes Backblech oder eine Fettpfanne (30 x 40 cm, gefettet, mit Backpapier belegt) geben, glatt streichen. Apfelstücke darauf verteilen und etwas in den Teig drücken.

4. Den Backofen vorheizen.
Ober-/Unterhitze: etwa 180 °C
Heißluft: etwa 160 °C

5. Für den Belag Mascarpone, Eigelb, 100 g des Zuckers und Vanille-Zucker in einer Rührschüssel mit dem Schneebesen glatt rühren.

6. Eiweiß evtl. in 2 Portionen mit dem Mixer (Rührstäbe) steif schlagen. Restlichen Zucker einstreuen und weitere etwa 2 Minuten schlagen. Eischnee portionsweise unter die Mascarponemasse heben. Die Masse auf die Apfelstücke geben, glatt streichen und mit Mandeln bestreuen. Das Backblech oder die Fettpfanne in den vorgeheizten Backofen schieben. Den Kuchen **etwa 60 Minuten backen.**

7. Das Backblech oder die Fettpfanne auf einen Kuchenrost stellen. Den Kuchen erkalten lassen, in etwa 6 x 7 cm große Stücke schneiden und mit Puderzucker bestäuben.

Apfel-Minis | Für Kinder

10 Sturz-Form-Gläser je 160 ml Inhalt oder
8 Sturz-Form-Gläser je 250 ml Inhalt

Pro Glas: E: 4 g, F: 11 g, Kh: 36 g,
kJ: 1094, kcal: 261, BE: 3,0

2 Äpfel
2 EL Zitronensaft

Für den Teig:
250 g Weizenmehl
3 gestr. TL Dr. Oetker Backin
125 g Zucker
1 Pck. Dr. Oetker Vanillin-Zucker
2 Eier (Größe M)
75 ml Speiseöl, z. B. Sonnenblumenöl
125 g Buttermilch

Semmelbrösel für die Form

Zubereitungszeit: 25 Minuten
Backzeit: 30–40 Minuten
Haltbarkeit: etwa 1 Monat

1. Die Äpfel schälen, vierteln, entkernen, grob reiben und mit Zitronensaft beträufeln.

2. Den Backofen vorheizen.
Ober-/Unterhitze: etwa 180 °C
Heißluft: etwa 160 °C

3. Für den Teig das Mehl mit dem Backpulver in einer Rührschüssel mischen. Zucker, Vanillin-Zucker, Eier, Speiseöl und Buttermilch hinzufügen. Die Zutaten mit einem Mixer (Knethaken) zunächst kurz auf niedrigster, dann auf höchster Stufe zu einem glatten Teig verarbeiten, Apfelraspel unterheben.

4. Den Teig in vorbereitete Gläser (gefettet, mit Semmelbröseln ausgestreut) füllen. Darauf achten, dass die Gläser maximal nur bis zu zwei Dritteln mit dem Teig gefüllt sind. Glasränder säubern.

5. Das Backblech in den vorgeheizten Backofen (mittlere Schiene) schieben. Die Gläser auf das Backblech stellen. Die Kuchen **30–40 Minuten backen.**

6. Nach dem Backen ein Glas mit Topflappen aus dem Backofen nehmen und verschließen. Dazu den vorbereiteten, feuchten Gummiring auf die Innenseite eines Glasdeckels legen. Das Glas sofort mit dem Deckel und 2 Klammern verschließen. Restliche Gläser auf die gleiche Weise verschließen. Nach jedem Glas, das aus dem Backofen genommen wird, den Backofen wieder schließen.

7. Die Gläser auf einem Kuchenrost vollständig erkalten lassen (am besten über Nacht), dann die Klammern lösen und die Gläser kühl aufbewahren.

Apfel-Preiselbeer-Kuchen mit Cornflakes | Für Kinder

16 Stücke – 1 Tasse = etwa 200 ml

Pro Stück: E: 4 g, F: 14 g, Kh: 35 g, kJ: 1192, kcal: 285, BE: 3,0

4 Äpfel (etwa 500 g)
2 EL Zitronensaft
100 g Marzipan-Rohmasse

Für den Rührteig:
125 g Butter oder Margarine (zimmerwarm)
2/3 Tasse Zucker (100 g)
1 Pck. Dr. Oetker Vanillin-Zucker
3 Eier (Größe M)
2 1/2 Tassen Weizenmehl (250 g)
2 gestr. TL Dr. Oetker Backin
4 EL Milch

Für den Belag:
60 g Butter
2/3 Tasse Zucker (100 g)
2 EL Schlagsahne
2 Tassen Cornflakes (50 g)
100 g Wild-Preiselbeeren (aus dem Glas)

Zubereitungszeit: 90 Minuten
Backzeit: etwa 60 Minuten

1. Äpfel schälen, vierteln und entkernen. Apfelviertel in dickere Spalten schneiden und mit Zitronensaft beträufeln. Die Marzipan-Rohmasse in kleine Stücke schneiden.

2. Den Backofen vorheizen.
Ober-/Unterhitze: etwa 180 °C
Heißluft: etwa 160 °C

3. Für den Teig Butter oder Margarine und Marzipanstücke mit einem Mixer (Rührstäbe) auf höchster Stufe geschmeidig rühren. Nach und nach Zucker und Vanillin-Zucker unterrühren. So lange rühren, bis eine gebundene Masse entstanden ist. Eier nach und nach unterrühren (jedes Ei etwa 1/2 Minute).

4. Das Mehl mit Backpulver mischen, abwechselnd in 2 Portionen mit der Milch kurz auf mittlerer Stufe unterrühren. Den Teig in eine Springform (Ø 26 cm, Boden gefettet) geben und glatt streichen. Apfelspalten darauf verteilen. Die Form auf dem Rost in den vorgeheizten Backofen schieben und den Kuchen **etwa 45 Minuten backen.**

5. Die Form auf einen Kuchenrost stellen. Für den Belag Butter, Zucker und Sahne in einem kleinen Topf zum Kochen bringen. Den Topf von der Kochstelle nehmen, Cornflakes unterrühren. Wild-Preiselbeeren in die Zwischenräume der Apfelspalten geben. Den Cornflakes-Guss gleichmäßig darauf verteilen. Die Form wieder auf dem Rost in den heißen Backofen schieben. Den Kuchen **bei gleicher Backofentemperatur in etwa 15 Minuten fertig backen.**

6. Den Kuchen aus der Form lösen und auf einem Kuchenrost erkalten lassen.

Apfelschichtkuchen | Raffiniert

16 Stücke

Pro Stück: E: 3 g, F: 10 g, Kh: 26 g, kJ: 885, kcal: 212, BE: 2,0

Für den Rührteig:

150 g Butter oder Margarine (zimmerwarm)
150 g Zucker
1 Pck. Dr. Oetker Vanillin-Zucker
3 Eier (Größe M)
200 g Weizenmehl
2 gestr. TL Dr. Oetker Backin
1 Pck. Dr. Oetker Finesse Geriebene Zitronenschale
2–3 EL Milch (3,5 % Fett)

Für die Füllung:

750 g Äpfel
2–3 EL Zitronensaft

Zum Bestreichen und Bestreuen:

2 EL Aprikosenkonfitüre
2 EL Wasser
30 g geschälte Pistazienkerne

Zubereitungszeit: 35 Minuten, ohne Abkühlzeit
Backzeit: etwa 50 Minuten

1. Für den Teig Butter oder Margarine mit einem Mixer (Rührstäbe) auf höchster Stufe geschmeidig rühren. Nach und nach Zucker und Vanillin-Zucker unterrühren. So lange rühren, bis eine gebundene Masse entstanden ist. Eier nach und nach unterrühren (jedes Ei etwa ½ Minute).

2. Mehl mit Backpulver und Zitronenschale mischen, abwechselnd mit der Milch in 2 Portionen kurz auf mittlerer Stufe unterrühren.

3. Den Backofen vorheizen.
Ober-/Unterhitze: etwa 180 °C
Heißluft: etwa 160 °C

4. Für die Füllung die Äpfel schälen, vierteln und entkernen. Apfelviertel in dünne Spalten schneiden.

5. Den Teig in 3 gleiche große Portionen teilen. Eine Teigportion in eine Springform (Ø 26 cm, gefettet) geben und glatt streichen. Die Hälfte der Apfelspalten kreisförmig darauflegen und mit etwas Zitronensaft beträufeln.

6. Die zweite Teigportion mit einem Esslöffel auf die Apfelspalten geben und glatt streichen. Die restlichen Apfelspalten kreisförmig darauflegen und den restlichen Zitronensaft daraufträufeln. Den restlichen Teig wieder esslöffelweise daraufgeben und glatt streichen. Die Form auf dem Rost in den vorgeheizten Backofen schieben. Den Kuchen **etwa 50 Minuten backen.**

7. Die Form auf einen Kuchenrost stellen. Den Kuchen etwa 10 Minuten in der Form stehen lassen, dann den Kuchen vorsichtig mit einem Messer vom Formrand lösen, Springformrand entfernen.

8. Zum Bestreichen und Bestreuen Konfitüre und Wasser in einem kleinen Topf unter Rühren zum Kochen bringen (stückige Konfitüre nach dem Aufkochen durch ein Sieb streichen). Den heißen Kuchen damit bestreichen. Die Pistazienkerne der Länge nach in schmale Stücke teilen und auf den Kuchen streuen. Den Kuchen erkalten lassen, vom Springformboden lösen und auf eine Tortenplatte legen.

Apfeltorte mit Apfelmus

Gut vorzubereiten – für Gäste

16 Stücke

Pro Stück: E: 5 g, F: 25 g, Kh: 36 g, kJ: 1600, kcal: 383, BE: 3,0

Für den Rührteig:

250 g Butter oder Margarine (zimmerwarm)
250 g Zucker
1 Pck. Dr. Oetker Vanillin-Zucker
1 Prise Salz
5 Eier (Größe M)
250 g Weizenmehl
2 gestr. TL Dr. Oetker Backin

Für die Füllung:

500 g frisches Apfelmus oder aus dem Glas

Zum Verzieren und Bestreuen:

400 g Schlagsahne (mind. 30 % Fett)
2 Pck. Sahnesteif
2 EL gem., leicht geröstete Haselnusskerne

Zubereitungszeit: 40 Minuten, ohne Kühlzeit
Backzeit: 15–20 Minuten je Boden

1. Den Backofen vorheizen.
Ober-/Unterhitze: etwa 180 °C
Heißluft: etwa 160 °C

2. Für den Teig die Butter oder Margarine mit einem Mixer (Rührstäbe) auf höchster Stufe geschmeidig rühren. Nach und nach Zucker, Vanillin-Zucker und Salz unterrühren. So lange rühren, bis eine gebundene Masse entstanden ist. Eier nach und nach unterrühren (jedes Ei etwa ½ Minute).

3. Mehl mit Backpulver mischen, in 2 Portionen kurz auf mittlerer Stufe unterrühren. Den Teig in 4 Portionen teilen. Jeweils eine Teigportion in eine Springform (Ø 26 cm, Boden gefettet) geben und glatt streichen. Die Formen nacheinander (bei Heißluft 2 Formen zusammen) auf dem Rost in den vorgeheizten Backofen schieben. Die Gebäckböden **15–20 Minuten je Boden backen.**

4. Die Böden sofort nach dem Backen jeweils vom Springformboden lösen und einzeln auf je einem Kuchenrost erkalten lassen.

5. Für die Füllung 3 Böden mit je einem Drittel des Apfelmuses bestreichen. Einen bestrichenen Boden auf eine Tortenplatte legen. Dann die beiden anderen bestrichenen Böden darauflegen. Zuletzt den unbestrichenen Boden daraufgeben und leicht andrücken.

6. Zum Verzieren und Bestreuen Sahne mit Sahnesteif steif schlagen. Etwas von der Sahne in einen Spritzbeutel mit Lochtülle füllen. Tortenrand und -oberfläche mit der restlichen Sahne bestreichen. Die Tortenoberfläche mit der Sahne aus dem Spritzbeutel verzieren und mit Haselnusskernen bestreuen.

Tipp: Bereiten Sie die Torte möglichst 1 Tag vor dem Verzehr zu, da sie durchgezogen noch besser schmeckt.

Apfeltorte mit Zwiebackhaube

Einfach

16 Stücke

Pro Stück: E: 3 g, F: 14 g, Kh: 30 g, kJ: 1096, kcal: 262, BE: 2,5

Für die Füllung:

1 kg Äpfel
125 ml Wasser
2 EL Zitronensaft

Für die Zwiebackhaube:

125 g Butter
5 Zwiebäcke (etwa 60 g)
75 g Zucker
1 Pck. Dr. Oetker Vanillin-Zucker

Für den Rührteig:

125 g Butter oder Margarine (zimmerwarm)
100 g Zucker
1 Pck. Dr. Oetker Vanillin-Zucker
1 Prise Salz
2 Eier (Größe M)
200 g Weizenmehl
1 1/2 gestr. TL Dr. Oetker Backin

1–2 TL Puderzucker

Zubereitungszeit: 45 Minuten, ohne Abkühlzeit
Backzeit: etwa 50 Minuten

1. Für die Füllung Äpfel schälen, vierteln, entkernen und längs halbieren. Apfelachtel mit Wasser und Zitronensaft zugedeckt kurz aufkochen, dann 5–8 Minuten bei schwacher Hitze dünsten, abkühlen lassen.

2. Für die Zwiebackhaube die Butter in einem Topf zerlassen, dann abkühlen lassen. Die Zwiebäcke in Stücke brechen und in einen Gefrierbeutel füllen. Den Beutel fest verschließen. Die Zwiebackstücke mit der Teigrolle fein zerbröseln. Zwiebackbrösel mit Zucker, Vanillin-Zucker und Butter mischen.

3. Den Backofen vorheizen.
Ober-/Unterhitze: etwa 180 °C
Heißluft: etwa 160 °C

4. Für den Teig die Butter oder Margarine mit einem Mixer (Rührstäbe) auf höchster Stufe geschmeidig rühren. Nach und nach Zucker, Vanillin-Zucker und Salz unterrühren. So lange rühren, bis eine gebundene Masse entstanden ist. Eier nach und nach unterrühren (jedes Ei etwa 1/2 Minute).

5. Mehl mit Backpulver mischen und in 2 Portionen auf mittlerer Stufe unter den Teig rühren. Den Teig in eine Springform (Ø 26 cm, Boden gefettet) füllen und glatt streichen. Die Apfelachtel darauf verteilen, die Zwiebackbröselmasse in Klecksen daraufgeben.

6. Die Form auf dem Rost in den vorgeheizten Backofen schieben. Die Torte **etwa 50 Minuten backen.**

7. Die Form auf einen Kuchenrost stellen. Die Torte etwa 10 Minuten in der Form stehen lassen, dann aus der Form lösen, auf einem Kuchenrost erkalten lassen.

8. Die Apfeltorte vor dem Servieren mit Puderzucker bestäuben.

Tipps: Wenn die Äpfel etwas fester bleiben sollen, die Äpfel nicht dünsten, sondern nur mit Zitronensaft beträufeln. Sie können zusätzlich 2–3 Esslöffel abgezogene, gemahlene Mandeln unter die Zwiebackbrösel mischen.

Apfelwaffeln | Fruchtig

8 Stück

Pro Stück: E: 5 g, F: 16 g, Kh: 40 g, kJ: 1390, kcal: 333, BE: 3,5

Für den Rührteig:

275 g	*säuerliche Äpfel*
2–3 EL	*Zitronensaft*
1 EL	*Zucker*
100 g	*Butter oder Margarine (zimmerwarm)*
125 g	*Zucker*
1 Pck.	*Dr. Oetker Vanillin-Zucker*
½ TL	*gem. Zimt*
3	*Eier (Größe M)*
200 g	*Weizenmehl*
½ gestr. TL	*Dr. Oetker Backin*
75 g	*Crème fraîche*

Für das Waffeleisen:

etwas Speiseöl, z. B. Sonnenblumenöl

Zubereitungszeit: 45 Minuten

1. Das Waffeleisen auf höchster Stufe vorheizen (dabei die Gebrauchsanleitung des Herstellers beachten).

2. Für den Teig Äpfel schälen, vierteln, entkernen und raspeln. Die Apfelraspel mit Zitronensaft und Zucker mischen, beiseitestellen.

3. Butter oder Margarine mit einem Mixer (Rührstäbe) auf höchster Stufe geschmeidig rühren. Nach und nach Zucker, Vanillin-Zucker und Zimt unterrühren. So lange rühren, bis eine gebundene Masse entstanden ist. Die Eier nach und nach unterrühren (jedes Ei etwa ½ Minute).

4. Das Mehl mit Backpulver mischen, abwechselnd in 2 Portionen mit Crème fraîche kurz auf mittlerer Stufe unterrühren. Zuletzt die Apfelraspel unterrühren.

5. Das Waffeleisen auf mittlere Temperatur zurückschalten und mit einem Backpinsel fetten. Für jede Waffel etwa 2 Esslöffel Teig in das Waffeleisen geben und etwas verteilen. Die Waffeln goldbraun backen.

6. Anschließend herausnehmen und nebeneinander auf einem Kuchenrost erkalten lassen.

Tipps: Rühren Sie nach Belieben 50–75 g Rosinen oder Korinthen unter den Teig. Servieren Sie die restliche Crème fraîche dazu. Bestreuen Sie die Waffeln mit Zimt-Zucker.

Applejack-Kuchen

Gut vorzubereiten – mit Alkohol

20 Stücke

Pro Stück: E: 5 g, F: 22 g, Kh: 29 g, kJ: 1471, kcal: 353, BE: 2,5

Für den Rührteig:

150 g Butter oder Margarine (zimmerwarm)
150 g Zucker
1 Pck. Dr. Oetker Vanillin-Zucker
3 Eier (Größe M)
250 g Weizenmehl
4 gestr. TL Dr. Oetker Backin
1 Pck. Saucenpulver Vanille-Geschmack zum Kochen
1 Töpfchen Zitronenmelisse, grob gehackt

Für den Belag:

1 Beutel aus
1 Pck. Götterspeise Zitronen-Geschmack
75 ml Calvados
50 ml Dry Orange Curaçao
Saft von
1 Zitrone
50 ml Wasser
125 g Zucker
400 g Doppelrahm-Frischkäse
500 g Schlagsahne (mind. 30 % Fett)

Zum Verzieren und Garnieren:

75 g Zartbitter-Kuvertüre
evtl. einige Orangen- und Zitronen-Geleespalten (Süßwarenfachgeschäft)

Zubereitungszeit: 40 Minuten, ohne Kühlzeit
Backzeit: etwa 40 Minuten

1. Den Backofen vorheizen.
Ober-/Unterhitze: etwa 180 °C
Heißluft: etwa 160 °C

2. Für den Teig Butter oder Margarine mit einem Mixer (Rührstäbe) auf höchster Stufe geschmeidig rühren. Nach und nach Zucker und Vanillin-Zucker unterrühren. So lange rühren, bis eine gebundene Masse entstanden ist. Eier nach und nach unterrühren (jedes Ei etwa ½ Minute).

3. Mehl mit Backpulver und Saucenpulver mischen, in 2 Portionen mit der Zitronenmelisse kurz auf mittlerer Stufe unterrühren. Einen Backrahmen auf ein Backblech (30 x 40 cm, gefettet, gemehlt) stellen. Den Teig auf das Backblech geben und glatt streichen. Das Backblech in den vorgeheizten Backofen schieben. Den Gebäckboden **etwa 40 Minuten backen.**

4. Das Backblech auf einen Kuchenrost stellen. Den Gebäckboden erkalten lassen.

5. Für den Belag in der Zwischenzeit Götterspeise mit den hier angegebenen Mengen Calvados, Curaçao, Zitronensaft, Wasser und Zucker nach Packungsanleitung zubereiten. Die Götterspeiseflüssigkeit in den Kühlschrank stellen.

6. Den Frischkäse in einer Rührschüssel glatt rühren. Sobald die Götterspeiseflüssigkeit anfängt zu gelieren, sie mit dem Frischkäse verrühren. Sahne steif schlagen und unterheben.

7. Die Creme auf den Gebäckboden geben und verstreichen, mit einem Esslöffel leichte Wellen in die Creme ziehen. Den Kuchen etwa 2 Stunden in den Kühlschrank stellen.

8. Zum Verzieren Kuvertüre in kleine Stücke hacken, in einem kleinen Topf im Wasserbad bei schwacher Hitze unter Rühren schmelzen. Kuvertüre in ein Papierspritztütchen geben, eine kleine Spitze abschneiden und Spiralen auf den Kuchen spritzen. Zum Garnieren den Kuchen in Stücke schneiden und nach Belieben mit Geleefrüchten garnieren.

Tipps: Der Kuchen kann am Vortag zubereitet werden. Fruchtiger wird das Gebäck, wenn man 500 g Äpfel in kleine Würfel schneidet, bissfest dünstet, abkühlen lässt und auf dem Boden verteilt, bevor die Creme aufgestrichen wird. Für eine alkoholfreie Variante kann der Alkohol durch Apfel- oder Orangensaft ersetzt werden.

Aprikosen-Cashew-Schnitten

Mit Alkohol

24 Stücke

Pro Stück: E: 4 g, F: 15 g, Kh: 27 g,
kJ: 1137, kcal: 272, BE: 2,0

Zum Vorbereiten:

480 g abgetropfte Aprikosenhälften (aus der Dose)
100 g Cashewkerne

Für den Rührteig:

250 g Butter oder Margarine (zimmerwarm)
175 g Zucker
1 Pck. Dr. Oetker Vanillin-Zucker
1 Prise Salz
5 Eier (Größe M)
350 g Weizenmehl
2 gestr. TL Dr. Oetker Backin

Zum Beträufeln:

100 ml Aprikosenlikör, z. B. Apricot-Brandy

Für die Creme:

1 Pck. Mousse à la Vanille (Dessertpulver)
200 g Schlagsahne
50 ml Aprikosenlikör, z. B. Apricot-Brandy

Zubereitungszeit: 30 Minuten, ohne Kühlzeit
Backzeit: etwa 30 Minuten

1. Zum Vorbereiten Aprikosenhälften in kleine Würfel schneiden. Von den Cashewkernen 24 ganze Kerne abnehmen und beiseitelegen. Restliche Cashewkerne klein hacken.

2. Den Backofen vorheizen.
Ober-/Unterhitze: etwa 180 °C
Heißluft: etwa 160 °C

3. Für den Teig Butter oder Margarine mit einem Mixer (Rührstäbe) auf höchster Stufe geschmeidig rühren. Nach und nach Zucker, Vanillin-Zucker und Salz unterrühren. So lange rühren, bis eine gebundene Masse entstanden ist. Eier nach und nach unterrühren (jedes Ei etwa 1/2 Minute).

4. Mehl mit Backpulver mischen, in 2 Portionen kurz auf mittlerer Stufe unterrühren. Den Rührteig auf ein Backblech (30 x 40 cm, gefettet) geben und glatt streichen. Aprikosenwürfel darauf verteilen und mit den Cashewkernstückchen bestreuen. Das Backblech in den vorgeheizten Backofen schieben. Den Kuchen **etwa 30 Minuten backen.**

5. Das Backblech auf einen Kuchenrost stellen. Den heißen Kuchen sofort mit Likör beträufeln, erkalten lassen. Kuchen in 24 gleich große Stücke einteilen.

6. Für die Creme Mousse mit 200 g Sahne und 50 ml Likör nach Packungsanleitung zubereiten. Die Creme in einen Spritzbeutel mit Lochtülle (Ø etwa 12 mm) geben. Auf jedes Kuchenstück eine Cremekuppel spritzen und je einen Cashewkern (von den beiseitegelegten Cashewkernen) darauflegen. Den Kuchen mindestens 30 Minuten in den Kühlschrank stellen.

Tipp: Für Kinder können Sie die Schnitten statt mit Likör auch mit Aprikosensaft aus der Dose beträufeln und die Creme ebenfalls mit Saft zubereiten.

Aprikosen-Erdnuss-Dreiecke I

Beliebt

48 Stücke

Pro Stück: E: 2 g, F: 7 g, Kh: 8 g,
kJ: 411, kcal: 98, BE: 0,5

Für den Rührteig:

100 g getrocknete Aprikosen
100 g geröstete, gesalzene Erdnusskerne
175 g Butter oder Margarine (zimmerwarm)
150 g brauner Zucker
1 Pck. Dr. Oetker Vanillin-Zucker
1 Prise Salz
3 Eier (Größe M)
150 g Crème fraîche
3 EL Milch (3,5 % Fett)
150 g Vollkorn-Weizenmehl
20 g gesiebtes Kakaopulver
2 gestr. TL Dr. Oetker Backin

Für den Guss:

100 g Zartbitter-Schokolade
30 g Butter

Zubereitungszeit: 50 Minuten, ohne Abkühlzeit
Backzeit: etwa 25 Minuten

1. Den Backofen vorheizen.
Ober-/Unterhitze: etwa 180 °C
Heißluft: etwa 160 °C

2. Für den Teig Aprikosen und Erdnusskerne in kleine Stücke hacken. Die Butter oder Margarine mit einem Mixer (Rührstäbe) auf höchster Stufe geschmeidig rühren. Nach und nach Zucker, Vanillin-Zucker und Salz unterrühren. So lange rühren, bis eine gebundene Masse entstanden ist. Eier nach und nach unterrühren (jedes Ei etwa ½ Minute). Crème fraîche und Milch unterrühren.

3. Das Mehl mit Kakao und Backpulver mischen, kurz auf mittlerer Stufe unterrühren. Zuletzt die gehackten Aprikosenstücke und Erdnusskerne unterrühren. Einen Backrahmen (25 x 25 cm) auf ein Backblech (gefettet, mit Backpapier belegt) stellen. Den Teig in den Backrahmen geben und glatt streichen. Das Backblech in den vorgeheizten Backofen schieben. Den Kuchen **etwa 25 Minuten backen.**

4. Das Backblech auf einen Kuchenrost stellen. Den Kuchen erkalten lassen. Anschließend den Backrahmen lösen und entfernen.

5. Für den Guss Schokolade in Stücke brechen. Zwei Drittel davon mit der Butter in einem kleinen Topf im Wasserbad bei schwacher Hitze unter Rühren schmelzen. Den Topf von der Kochstelle nehmen. Restliche Schokolade darin unter Rühren schmelzen. Den Kuchen wellenartig damit bestreichen. Schokolade fest werden lassen.

6. Den Kuchen vor dem Servieren in Dreiecke schneiden.

Tipp: Der Rührteig kann auch in einer Springform (Ø 28 cm) bei gleicher Backofentemperatur und -zeit gebacken werden.

Aprikosen-Pfirsich-Mohnkuchen mit Lavendel I

Etwas Besonderes – sehr fruchtig

20 Stücke

Pro Stück: E: 5 g, F: 13 g, Kh: 24 g, kJ: 981, kcal: 235, BE: 2,0

Für den Rührteig:

170 g Butter oder Margarine (zimmerwarm)
125 g Puderzucker
1 Pck. Dr. Oetker Bourbon-Vanille-Zucker
1 Msp. gem. Zimt
4 Eier (Größe M)
125 g Weizenmehl
2 gestr. TL Dr. Oetker Backin
200 g gem. Mohn
2 Birnen
Saft von ½ Zitrone

Für den Belag:

je 480 g abgetropfte Aprikosen- und Pfirsichhälften (aus Dosen)

Für den Guss:

2 Pck. ungezuckerter Tortenguss, klar
500 ml Fruchtsaft (aus den Dosen)
4 EL Fruchtsaft (aus den Dosen)

Zum Bestreuen:

etwa 2 TL getrocknete Lavendelblüten

Zubereitungszeit: 45 Minuten, ohne Abkühlzeit
Backzeit: etwa 25 Minuten

1. Den Backofen vorheizen.
Ober-/Unterhitze: etwa 180 °C
Heißluft: etwa 160 °C

2. Für den Teig Butter oder Margarine mit einem Mixer (Rührstäbe) auf höchster Stufe geschmeidig rühren. Nach und nach Puderzucker, Vanille-Zucker und Zimt unterrühren. So lange rühren, bis eine gebundene Masse entstanden ist. Eier nach und nach unterrühren (jedes Ei etwa ½ Minute).

3. Das Mehl mit Backpulver und Mohn mischen, in 2 Portionen kurz auf mittlerer Stufe unterrühren.

4. Die Birnen schälen, halbieren, entkernen und auf einer Haushaltreibe grob raspeln. 250 g Birnenraspel mit Zitronensaft beträufeln und unter den Teig heben.

5. Einen Backrahmen auf ein Backblech (30 x 40 cm, gefettet) stellen. Den Teig auf dem Backblech verteilen und glatt streichen. Das Backblech in den vorgeheizten Backofen schieben und den Gebäckboden **etwa 25 Minuten backen.**

6. Das Backblech auf einen Kuchenrost stellen. Den Gebäckboden erkalten lassen.

7. Für den Belag von den Aprikosen- und Pfirsichhälften den Saft auffangen und insgesamt 500 ml und zusätzlich 4 Esslöffel Saft abmessen. Die Aprikosen- und Pfirsichhälften fächerartig einschneiden, etwas auseinanderziehen und auf den Gebäckboden legen.

8. Für den Guss aus Tortengusspulver und dem abgemessenen Saft (aber ohne Zucker) einen Guss nach Packungsanleitung zubereiten. Den Guss auf den Früchten verteilen. Guss fest werden lassen.

9. Zum Bestreuen den Kuchen mit Lavendelblüten bestreuen. Den Backrahmen lösen und entfernen. Den Aprikosen-Pfirsich-Mohnkuchen in Stücke schneiden.

Aprikosen-Quark-Gugelhupf

Gefriergeeignet – sehr saftig

16 Stücke

Pro Stück: E: 5 g, F: 7 g, Kh: 29 g, kJ: 845, kcal: 202, BE: 2,5

Zum Vorbereiten:

240 g Aprikosenhälften (aus der Dose)

Für den Rührteig:

100 g Butter oder Margarine (zimmerwarm)
150 g Zucker
1 Pck. Dr. Oetker Vanillin-Zucker
1 Prise Salz
4 Tropfen Bittermandel-Aroma
3 Eier (Größe M)
125 g Magerquark
1 EL Zitronensaft
300 g Weizenmehl
1 Pck. Dr. Oetker Backin

etwa 15 abgezogene, ganze Mandeln

Zum Bestreichen:

2 EL Aprikosenkonfitüre
2 EL Wasser

Zubereitungszeit: 30 Minuten, ohne Abkühlzeit
Backzeit: etwa 50 Minuten

1. Zum Vorbereiten Aprikosenhälften in kleine Stücke schneiden.

2. Den Backofen vorheizen.
Ober-/Unterhitze: etwa 180 °C
Heißluft: etwa 160 °C

3. Für den Teig die Butter oder Margarine mit einem Mixer (Rührstäbe) auf höchster Stufe geschmeidig rühren. Nach und nach Zucker, Vanillin-Zucker, Salz und Aroma unterrühren. So lange rühren, bis eine gebundene Masse entstanden ist.

4. Die Eier nach und nach unterrühren (jedes Ei etwa 1/2 Minute). Quark und Zitronensaft unterrühren. Mehl mit Backpulver mischen, in 2 Portionen kurz auf mittlerer Stufe unterrühren. Aprikosenstücke unterheben.

5. In jede Vertiefung einer Gugelhupfform (Ø 22 cm, gefettet) eine Mandel legen. Teig vorsichtig daraufgeben und glatt streichen. Die Form auf dem Rost in den vorgeheizten Backofen (unteres Drittel) schieben. Den Gugelhupf **etwa 50 Minuten backen.**

6. Die Form auf einen Kuchenrost stellen. Den Gugelhupf etwa 10 Minuten in der Form stehen lassen, dann aus der Form lösen und auf einen Kuchenrost stürzen.

7. Zum Bestreichen Konfitüre durch ein Sieb streichen, mit Wasser in einem kleinen Topf unter Rühren kurz aufkochen lassen. Die Kuchenoberfläche damit bestreichen. Den Gugelhupf erkalten lassen.

Arme-Ritter-Torte

Für Kinder – raffiniert

16 Stücke

Pro Stück: E: 5 g, F: 14 g, Kh: 25 g, kJ: 1035, kcal: 247, BE: 2,0

Für den Rührteig:

125 g Butter oder Margarine (zimmerwarm)
50 g brauner Zucker
1 Pck. Dr. Oetker Vanillin-Zucker
100 g Ahornsirup
3 Eier (Größe M)
200 g Weizenmehl
2 gestr. TL Dr. Oetker Backin
3–4 EL Milch (3,5 % Fett)
75 g gem. Mandeln

Für die Füllung:

4 mittelgroße Äpfel
1 EL Zitronensaft

Für den Belag:

125 ml Milch (3,5 % Fett)
1 Ei (Größe M)
1–2 EL Zucker
2 Scheiben Toastbrot oder 1 Brötchen in Scheiben (Semmel, vom Vortag)
25 g gem. Mandeln
50 g Butter

Zum Bestäuben:

30 g Puderzucker

Zubereitungszeit: 45 Minuten, ohne Abkühlzeit
Backzeit: etwa 50 Minuten

1. Für den Teig Butter oder Margarine mit einem Mixer (Rührstäbe) auf höchster Stufe geschmeidig rühren. Nach und nach Zucker, Vanillin-Zucker und Sirup unterrühren. So lange rühren, bis eine gebundene Masse entstanden ist.

2. Die Eier nach und nach unterrühren (jedes Ei etwa ½ Minute). Mehl mit Backpulver mischen, abwechselnd in 2 Portionen mit Milch und Mandeln kurz auf mittlerer Stufe unterrühren. Die Hälfte des Teiges in eine Springform (Ø 26 cm, Boden gefettet) geben und glatt streichen.

3. Den Backofen vorheizen.
Ober-/Unterhitze: etwa 180 °C
Heißluft: etwa 160 °C

4. Für die Füllung die Äpfel schälen, mit einem Apfelausstecher das Kerngehäuse herausstechen. Äpfel in etwa 1 cm dicke Ringe schneiden und mit Zitronensaft beträufeln. Apfelringe dachziegelartig auf den Teig legen. Restlichen Teig darauf verteilen.

5. Für den Belag Milch, Ei und Zucker gut verrühren. Toastbrot- oder Brötchenscheiben darin einweichen. Anschließend die Toast- oder Brötchenscheiben in je 4 Dreiecke schneiden, auf dem Teig verteilen und mit Mandeln bestreuen. Butter in Flöckchen daraufsetzen. Die Form auf dem Rost in den vorgeheizten Backofen schieben. Die Torte **etwa 50 Minuten backen.**

6. Die Form auf einen Kuchenrost stellen. Die Torte etwas abkühlen lassen, dann aus der Form lösen. Die Torte auf einem Kuchenrost erkalten lassen. Die Tortenoberfläche mit Puderzucker bestäuben.

Tipp: Die erkaltete Torte mit etwas Ahornsirup beträufeln.

Bananenhupf | Für Kinder

14 Stücke

Pro Stück: E: 3 g, F: 9 g, Kh: 24 g, kJ: 790, kcal: 187, BE: 2,0

Für den Rührteig:

125 g getrocknete Bananen (erhältlich im Reformhaus)
100 g Buttermilch
1 gestr. TL Dr. Oetker Finesse Geriebene Zitronenschale
125 g Butter oder Margarine (zimmerwarm)
100 g brauner Rohrzucker
1 Pck. Dr. Oetker Vanillin-Zucker
1 Prise Salz
2 Eier (Größe M)
175 g Weizenmehl
2 gestr. TL Dr. Oetker Backin

Semmelbrösel für die Form

Zum Bestäuben:

etwas Puderzucker

Zubereitungszeit: 40 Minuten, ohne Abkühlzeit
Backzeit: etwa 50 Minuten

1. Den Backofen vorheizen.
Ober-/Unterhitze: etwa 180 °C
Heißluft: etwa 160 °C

2. Für den Teig getrocknete Bananen fein hacken, zusammen mit Buttermilch und Zitronenschale mit einem Pürierstab pürieren.

3. Butter oder Margarine mit einem Mixer (Rührstäbe) auf höchster Stufe geschmeidig rühren. Nach und nach Rohrzucker, Vanillin-Zucker und Salz unterrühren. So lange rühren, bis eine gebundene Masse entstanden ist. Eier nach und nach unterrühren (jedes Ei etwa ½ Minute).

4. Das Mehl mit Backpulver mischen, abwechselnd in 2 Portionen mit dem Bananenpüree kurz auf mittlerer Stufe unterrühren.

5. Den Teig in eine Gugelhupfform (Ø 16 cm, gefettet, mit Semmelbröseln ausgestreut) füllen, glatt streichen. Die Form auf dem Rost in den vorgeheizten Backofen schieben. Den Gugelhupf **etwa 50 Minuten backen.**

6. Die Form auf einen Kuchenrost stellen. Den Gugelhupf etwa 5 Minuten in der Form stehen lassen, dann aus der Form lösen und auf einen mit Backpapier belegten Kuchenrost setzen. Den Gugelhupf erkalten lassen und mit Puderzucker bestäuben.

Tipps: Sie können die Bananen auch in Stücke schneiden und im Standmixer oder im Zerkleinerer zusammen mit der Buttermilch pürieren. Geben Sie anstelle des Puderzuckers einen Schokoladenguss auf den Kuchen und legen Sie zusätzlich einige Gelee-Bananen auf den feuchten Guss.

Barbarakuchen | Für Gäste

16 Stücke

Pro Stück: E: 4 g, F: 14 g, Kh: 37 g, kJ: 1204, kcal: 288, BE: 3,0

Für den Rührteig:

150 g Butter oder Margarine (zimmerwarm)
150 g Zucker
1 Pck. Dr. Oetker Vanillin-Zucker
2 Eigelb (Größe M)
100 g Schmand (Sauerrahm)
300 g Weizenmehl
1/2 Pck. Dr. Oetker Backin

Für den Belag:

2 Äpfel
2 Eiweiß (Größe M)
150 g Zucker
1 EL Weichweizengrieß
50 g gem. Walnusskerne

1–2 EL Weizenmehl

Zum Verzieren:

etwas dunkle Kuchenglasur

Zubereitungszeit: 50 Minuten, ohne Kühlzeit
Backzeit: etwa 50 Minuten

1. Den Backofen vorheizen.
Ober-/Unterhitze: etwa 180 °C
Heißluft: etwa 160 °C

2. Für den Teig Butter oder Margarine mit einem Mixer (Rührstäbe) auf höchster Stufe geschmeidig rühren. Nach und nach Zucker und Vanillin-Zucker unterrühren. So lange rühren, bis eine gebundene Masse entstanden ist. Eigelb nach und nach unterrühren. Schmand hinzugeben. Mehl mit Backpulver mischen und in 2 Portionen kurz auf mittlerer Stufe unterrühren.

3. Zwei Drittel des Rührteiges in eine Springform (Ø 26 cm, Boden gefettet) geben und glatt streichen. Die Form auf dem Rost in den vorgeheizten Backofen schieben. Den Gebäckboden **etwa 20 Minuten vorbacken.**

4. In der Zwischenzeit für den Belag Äpfel schälen, vierteln, entkernen und grob raspeln. Das Eiweiß steif schlagen, Zucker kurz unterschlagen. Grieß, Apfelraspel und Walnusskerne vorsichtig unter den Eischnee heben. Die Masse auf dem vorgebackenen Boden verteilen.

5. Unter den restlichen Teig mit dem Mixer (Knethaken) das Mehl kneten. Aus dem Teig dünne Rollen formen und gitterartig auf den Belag legen. Die Form wieder auf dem Rost in den heißen Backofen schieben. Den Kuchen **bei gleicher Backofentemperatur in etwa 30 Minuten fertig backen.**

6. Den Kuchen aus der Form lösen und auf einem Kuchenrost erkalten lassen.

7. Zum Verzieren Kuchenglasur nach Packungsanleitung schmelzen, in einen kleinen Gefrierbeutel füllen und eine kleine Ecke abschneiden. Den Kuchen mit der Glasur verzieren. Glasur fest werden lassen.

Tipp: Sie können den Kuchen bereits am Vortag zubereiten.

Batida-Kirsch-Torte | Mit Alkohol

16 Stücke

Pro Stück: E: 5 g, F: 24 g, Kh: 36 g, kJ: 1676, kcal: 401, BE: 3,0

Für den All-in-Teig:

150 g Weizenmehl
15 g gesiebtes Kakaopulver
2 gestr. TL Dr. Oetker Backin
125 g Zucker
1 Pck. Dr. Oetker Vanillin-Zucker
3 Eier (Größe M)
150 g Butter oder Margarine (zimmerwarm)
75 ml Batida de Côco (Kokoslikör, z. B. Mangaroca Batida de Côco)
75 g Kokosraspel

Für die Füllung:

370 g Sauerkirschen (aus dem Glas)
150 ml Kirschsaft (aus dem Glas)
100 ml Wasser
30 g Zucker
1 Pck. ungezuckerter Tortenguss, rot

Für den Belag:

10 Blatt weiße Gelatine
150 ml Batida de Côco (Kokoslikör, z. B. Mangaroca Batida de Côco)
50 g Zucker
600 g Schlagsahne (mind. 30 % Fett)
50 ml Kirschsaft (aus dem Glas)

Zum Verzieren und Garnieren:

gut 100 ml Kirschsaft (aus dem Glas)
1 Pck. Saucenpulver Vanille-Geschmack ohne Kochen
einige Kirschen mit Stiel
evtl. etwas Zitronenmelisse

Zubereitungszeit: 70 Minuten, ohne Kühlzeit
Backzeit: etwa 30 Minuten

1. Den Backofen vorheizen.
Ober-/Unterhitze: etwa 180 °C
Heißluft: etwa 160 °C

2. Für den Teig Mehl mit Kakao und Backpulver mischen, in eine Rührschüssel geben. Restliche Zutaten hinzufügen und mit einem Mixer (Rührstäbe) zunächst kurz auf niedrigster, dann auf höchster Stufe in etwa 2 Minuten zu einem glatten Teig verarbeiten.

3. Den Teig in eine Springform (Ø 26 cm, Boden gefettet, mit Backpapier belegt) geben und glatt streichen. Die Form auf dem Rost in den vorgeheizten Backofen schieben und den Gebäckboden **etwa 30 Minuten backen.**

4. Gebäckboden aus der Form lösen, auf einen mit Backpapier belegten Kuchenrost stürzen, mitgebackenes Backpapier abziehen. Gebäckboden erkalten lassen und anschließend auf eine Tortenplatte legen. Einen Tortenring darumlegen.

5. Für die Füllung von den Sauerkirschen den Saft auffangen. Aus 150 ml Kirschsaft, Wasser, Zucker und Tortengusspulver einen Guss nach Packungsanleitung zubereiten. Die Kirschen unterheben und auf dem Gebäckboden verteilen, erkalten lassen.

6. Für den Belag Gelatine nach Packungsanleitung einweichen und ausdrücken. Gelatine in einem kleinen Topf bei schwacher Hitze unter Rühren auflösen (nicht kochen). Batida de Côco nach und nach unter Rühren hinzugeben, Zucker unterrühren. Sahne steif schlagen, die Batida-Gelatine-Mischung vorsichtig unterrühren. Unter knapp die Hälfte der Creme 50 ml Kirschsaft rühren.

7. Zuerst die Kirschsaft-Creme auf der Kirschmasse glatt streichen, dann die weiße Creme darauf verteilen. Eine Gabel durch die Kirschsaft-Creme ziehen, sodass die Schichten leicht marmoriert sind. Die Oberfläche mit der Gabel noch etwas aufrauen. Die Torte etwa 3 Stunden in den Kühlschrank stellen.

8. Zum Verzieren und Garnieren den Tortenring mithilfe eines Messers lösen. Den Kirschsaft mit Saucenpulver nach Packungsanleitung verrühren, die dickflüssige Sauce in einen Gefrierbeutel geben und eine kleine Ecke abschneiden. Die Torte rundherum damit besprenkeln. Die Torte mit Kirschen und nach Belieben mit Zitronenmelisse garnieren.

Baumkuchentorte mit Pistazienmarzipan I

Für Gäste – mit Alkohol

6 Stücke

Pro Stück: E: 9 g, F: 31 g, Kh: 48 g, kJ: 2167, kcal: 518, BE: 4,0

Zum Vorbereiten:

400 g Marzipan-Rohmasse
50 g gem. Pistazienkerne
50 g Puderzucker

Für den Rührteig:

250 g Butter oder Margarine (zimmerwarm)
250 g Zucker
1 Pck. Dr. Oetker Vanillin-Zucker
1 Prise Salz
2 Eier (Größe M)
4 Eigelb (Größe M)
75 ml Cognac
150 g Weizenmehl
100 g Speisestärke
3 gestr. TL Dr. Oetker Backin
4 Eiweiß (Größe M)

Für den Guss:

200 g Zartbitter-Kuvertüre
1 EL Speiseöl

Zum Bestreuen:

einige grob gehackte Pistazienkerne

Zubereitungszeit: 90 Minuten, ohne Abkühlzeit
Grillzeit: etwa 2 Minuten je Schicht

1. Zum Vorbereiten das Marzipan mit Pistazienkernen und Puderzucker gut verkneten. Die Marzipanmasse in 4 gleich große Portionen teilen. 3 Portionen zu je einer Kugel formen und zwischen Frischhaltefolie zu runden Platten (Ø etwa 24 cm) ausrollen. Die Marzipanplatten in Frischhaltefolie einschlagen und beiseitelegen. Restliche Marzipanportion ebenfalls in Frischhaltefolie verpackt beiseitelegen.

2. Den Backofengrill vorheizen.

3. Für den Teig Butter oder Margarine mit einem Mixer (Rührstäbe) auf höchster Stufe geschmeidig rühren. Nach und nach Zucker, Vanillin-Zucker und Salz unterrühren. So lange rühren, bis eine gebundene Masse entstanden ist.

4. Eier und Eigelb nach und nach unterrühren (jedes Ei/Eigelb etwa ½ Minute). Cognac kurz unterrühren.

5. Mehl mit Speisestärke und Backpulver mischen, in 2 Portionen kurz auf mittlerer Stufe unterrühren. Eiweiß steif schlagen und unterheben.

6. Dann 2 Esslöffel des Teiges in eine Springform (Ø 26 cm, Boden gefettet, mit Backpapier belegt) geben, mit einem Tortenheber glatt streichen und unter dem vorgeheizten Backofengrill hellbraun backen.

7. Wieder 2 Esslöffel daraufstreichen und unter dem Grill hellbraun backen. Die dritte Schicht ebenso backen, dann eine Marzipanplatte auf die Gebäckschicht legen, mit 2 Esslöffeln Teig bestreichen und wie oben beschrieben backen. Nach der sechsten und neunten Teigschicht jeweils wieder eine Marzipanplatte auflegen. Auf diese Weise den ganzen Teig verarbeiten.

8. Anschließend die Torte aus der Form lösen und auf einem mit Backpapier belegten Kuchenrost stürzen. Mitgebackenes Backpapier vorsichtig abziehen. Die Torte erkalten lassen.

9. Für den Guss die Kuvertüre in Stücke hacken, mit Speiseöl in einem kleinen Topf bei schwacher Hitze unter Rühren schmelzen.

10. Das restliche, beiseitegelegte Marzipan ausrollen. Einige runde Platten (Ø 4–6 cm) ausstechen, einschneiden und zu kleinen Tüten formen. Die Tüten teilweise in Kuvertüre tauchen oder damit besprenkeln, beiseitelegen.

11. Die Torte mit der restlichen Kuvertüre überziehen. Etwas antrocknen lassen.

12. Die Marzipantütchen auf der Torte in dem noch leicht feuchten Guss verteilen. Die Torte mit Pistazienkernen bestreuen. Guss fest werden lassen.

Beerenkuchen mit Mandelboden

Mit Alkohol

8 Stücke

Pro Stück: E: 4 g, F: 21 g, Kh: 32 g, kJ: 1438, kcal: 344, BE: 2,5

Für den All-in-Teig:

50 g gehackte Mandeln
100 g Weizenmehl
1 gestr. TL Dr. Oetker Backin
50 g Zucker
1 Pck. Dr. Oetker Vanillin-Zucker
1 Prise Salz
1 TL Dr. Oetker Finesse Geriebene Zitronenschale
100 g Joghurt (3,5 % Fett)
2 Eier (Größe M)
2 EL Speiseöl

Für die Rote Grütze:

300 g gemischte TK-Beeren
4 Blatt weiße Gelatine
150 ml roter oder schwarzer Johannisbeernektar
15 g Speisestärke
50 g Zucker
1 TL Dr. Oetker Finesse Geriebene Zitronenschale

Für die Eierlikörsahne:

125 g Schlagsahne (mind. 30 % Fett)
½ Pck. Sahnesteif
1–2 TL Zucker
2–3 EL Eierlikör

Zubereitungszeit: 45 Minuten, ohne Kühlzeit
Backzeit: etwa 15 Minuten

1. Für den Teig die Mandeln in einer Pfanne ohne Fett goldbraun rösten, herausnehmen und auf einem Teller erkalten lassen. 1 Esslöffel der Mandeln abnehmen und zum Bestreuen beiseitestellen.

2. Den Backofen vorheizen.
Ober-/Unterhitze: etwa 200 °C
Heißluft: etwa 180 °C

3. Für den Teig Mehl mit Backpulver in einer Rührschüssel mischen. Zucker, Vanillin-Zucker, Salz, Zitronenschale, Mandeln, Joghurt, Eier und Speiseöl hinzufügen.

4. Die Zutaten mit einem Mixer (Rührstäbe) zunächst kurz auf niedrigster, dann auf höchster Stufe in etwa 1 Minute zu einem glatten Teig verarbeiten.

5. Den Teig in eine Obstbodenform (Ø 22 cm, gefettet, gemehlt) füllen und glatt streichen.

6. Die Form auf dem Rost in den vorgeheizten Backofen schieben und den Obstboden **etwa 15 Minuten backen.**

7. Die Form auf einen Kuchenrost stellen. Den Obstboden etwa 5 Minuten in der Form stehen lassen, dann aus der Form lösen und auf einen mit Backpapier belegten Kuchenrost stürzen. Obstboden erkalten lassen.

8. Für die Rote Grütze die Beeren etwas antauen lassen.

9. Die Gelatine nach Packungsanleitung einweichen. 4 Esslöffel Johannisbeernektar mit Speisestärke und Zucker glatt rühren. Restlichen Nektar und Zitronenschale in einem Topf zum Kochen bringen. Angerührte Speisestärke in den von der Kochstelle genommenen Saft rühren und unter Rühren aufkochen lassen. Den Topf von der Kochstelle nehmen.

10. Gelatine ausdrücken und unter Rühren im angedickten Nektar auflösen. Die angetauten Beeren unterheben. Die Rote Grütze auf dem Obstboden verteilen. Den Kuchen etwa 30 Minuten in den Kühlschrank stellen.

11. Sahne mit Sahnesteif und Zucker steif schlagen. Eierlikör kurz unterrühren. Mit 2 abgespülten Teelöffeln kleine Nocken an den Rand des Kuchens setzen. (Die Teelöffel zwischendurch immer wieder kalt abspülen.)

12. Die beiseitegestellten Mandeln auf die Sahne streuen.

Beeren-Tassenkuchen

Erfrischend – einfach

20 Stücke – 1 Tasse = etwa 150 ml

Pro Stück: E: 4 g, F: 19 g, Kh: 28 g, kJ: 1280, kcal: 306, BE: 2,5

Zum Vorbereiten:

750 g gemischte TK-Beeren

Für den All-in-Teig:

2 Tassen Weizenmehl (je 100 g)
3 gestr. TL Dr. Oetker Backin
1 Pck. Dr. Oetker Pudding-Pulver Vanille-Geschmack
1 Tasse Zucker (150 g)
4 Eier (Größe M)
1 Tasse Speiseöl (150 ml), z. B. Sonnenblumenöl
7–8 EL Wasser

Für den Belag:

1 Becher Beerenjoghurt (200–250 g, 3,5 % Fett, Waldfrucht oder Himbeere)
3 Becher Schlagsahne (je 200 g, mind. 30 % Fett)
1 EL Zucker
2 Pck. Sahnesteif

Für den Guss:

375 ml roter Saft oder Nektar, z. B. Kirschsaft oder Johannisbeernektar
1 Pck. Galetta Vanille-Geschmack (Pudding-Pulver ohne Kochen)

Zubereitungszeit: 25 Minuten, ohne Auftau- und Abkühlzeit
Backzeit: 20–25 Minuten

1. Zum Vorbereiten die Beeren auftauen und anschließend abtropfen lassen.

2. Den Backofen vorheizen.
Ober-/Unterhitze: etwa 180 °C
Heißluft: etwa 160 °C

3. Für den Teig Mehl mit Backpulver und Pudding-Pulver in einer Rührschüssel mischen. Zucker, Eier, Speiseöl und Wasser hinzugeben.

4. Die Zutaten mit einem Mixer (Rührstäbe) zunächst kurz auf niedrigster, dann auf höchster Stufe in etwa 2 Minuten zu einem glatten Teig verarbeiten.

5. Den Teig auf einem Backblech (30 x 40 cm, gefettet, gemehlt) verteilen und glatt streichen.

6. Das Backblech in den vorgeheizten Backofen schieben. Die Gebäckplatte **20–25 Minuten backen.**

7. Das Backblech auf einen Kuchenrost stellen. Die Gebäckplatte erkalten lassen.

8. Für den Belag den Joghurt verrühren und dünn auf der Gebäckplatte verstreichen. Die aufgetauten, abgetropften TK-Beeren gleichmäßig auf die Gebäckplatte geben.

9. Anschließend die Sahne mit Zucker und Sahnesteif steif schlagen, auf den Beeren verteilen und verstreichen.

10. Für den Guss Saft oder Nektar mit Pudding-Pulver nach Packungsanleitung verrühren. Den Guss gleichmäßig auf der Sahnefläche verteilen und mit einer Teigkarte oder einem Löffel verstreichen.

11. Den Kuchen bis zum Servieren in den Kühlschrank stellen.

Tipps: Die Beeren zum Auftauen einfach auf einer Doppelschicht Küchenpapier verteilen – so wird austretender Saft gleich aufgesaugt. Am besten schmeckt der Kuchen, wenn er am Vortag zubereitet wurde.

Rezeptvariante: Für einen **Pfirsich-Tassenkuchen** anstelle von Beerenjoghurt Pfirsichjoghurt verwenden. Anstelle von 750 g TK-Beeren jeweils 1 große Dose (Abtropfgewicht 480 g) und 1 kleine Dose (Abtropfgewicht 240 g) Pfirsichhälften verwenden. Pfirsiche abtropfen lassen, den Saft dabei auffangen und 400 ml davon für den Guss verwenden. Die Pfirsiche in Würfel oder Spalten schneiden.

Beschwipste Aprikosentorte

Mit Alkohol – erfrischend

16 Stücke

Pro Stück: E: 3 g, F: 21 g, Kh: 32 g, kJ: 1476, kcal: 353, BE: 2,5

Für den Rührteig:

100 g Butter oder Margarine (zimmerwarm)
75 g Zucker
1 Pck. Dr. Oetker Bourbon-Vanille-Zucker
2 Eier (Größe M)
75 g Weizenmehl
1 gestr. TL Dr. Oetker Backin
2–3 EL Aprikosenlikör (18 Vol.-%)

Zum Bestreichen:

1 EL Aprikosenkonfitüre
2 EL Aprikosenlikör

Für den Belag:

250 g Aprikosenhälften (aus der Dose)
1 EL Aprikosenkonfitüre
1 Pck. Dr. Oetker Pudding-Pulver Vanille-Geschmack
75 ml Aprikosenlikör
1 EL Zucker
250 g Schmand (Sauerrahm)
180 g Haselnuss-Gebäck-Kugeln
400 g Schlagsahne (mind. 30 % Fett)
1 EL Puderzucker
2 Pck. Sahnesteif

Außerdem:

2 EL Aprikosenkonfitüre
1 EL Aprikosenlikör

Zubereitungszeit: 55 Minuten, ohne Kühlzeit
Backzeit: 20–25 Minuten

1. Den Backofen vorheizen.
Ober-/Unterhitze: etwa 180 °C
Heißluft: etwa 160 °C

2. Für den Teig die Butter oder Margarine mit einem Mixer (Rührstäbe) auf höchster Stufe geschmeidig rühren. Nach und nach Zucker und Vanille-Zucker unterrühren. So lange rühren, bis eine gebundene Masse entstanden ist. Eier nach und nach unterrühren (jedes Ei etwa ½ Minute).

3. Mehl mit Backpulver mischen, abwechselnd mit dem Likör kurz auf mittlerer Stufe unterrühren. Den Teig in eine Springform (Ø 26 cm, gefettet, mit Backpapier belegt) geben und glatt streichen. Die Form auf dem Rost in den vorgeheizten Backofen schieben. Den Gebäckboden **20–25 Minuten backen.**

4. Den Gebäckboden aus der Form lösen und auf einen Kuchenrost stürzen. Mitgebackenes Backpapier abziehen. Gebäckboden erkalten lassen.

5. Zum Bestreichen Konfitüre mit dem Likör verrühren. Den Gebäckboden damit bestreichen, einen Tortenring darumstellen.

6. Für den Belag die Aprikosen mit dem Saft und der Konfitüre pürieren, in einen Topf füllen. Pudding-Pulver mit Likör und Zucker verrühren, unter das Aprikosenpüree rühren und unter Rühren einmal aufkochen lassen. Den Topf von der Kochstelle nehmen, Puddingmasse etwas abkühlen lassen, dann den Schmand unterrühren.

7. Die Fruchtmasse auf dem Gebäckboden verteilen und glatt streichen. Die Torte etwa 2 Stunden in den Kühlschrank stellen. Den Tortenring lösen und entfernen.

8. Von den Gebäckkugeln 6–8 Kugeln zum Garnieren beiseitelegen. Restliche Gebäckkugeln grob zerbröseln. Sahne mit Puderzucker und Sahnesteif steif schlagen, Gebäckbrösel unterheben.

9. Die Sahnemasse kuppelartig auf der Fruchtmasse aufstreichen. Die Torte wieder etwa 2 Stunden in den Kühlschrank stellen.

10. Beiseitegelegte Gebäckkugeln halbieren und die Torte damit belegen. Konfitüre mit Likör verrühren. Die Tortenoberfläche damit besprenkeln.

Blitzkuchen | Schnell – einfach
20 Stücke

Pro Stück: E: 6 g, F: 21 g, Kh: 27 g, kJ: 1344, kcal: 321, BE: 2,0

Für den Rührteig:

300 g Butter oder Margarine (zimmerwarm)
200 g Zucker
1 Pck. Dr. Oetker Vanillin-Zucker
1 Prise Salz
5 Eier (Größe M)
300 g Weizenmehl
2 gestr. TL Dr. Oetker Backin
100 g abgezogene, gem. Mandeln

Für den Belag:

100 g gehackte Mandeln
50 g gehobelte Mandeln
100 g feiner Kandiszucker (Grümmel)

Zubereitungszeit: 20 Minuten
Backzeit: 25–30 Minuten

1. Den Backofen vorheizen.
Ober-/Unterhitze: etwa 180 °C
Heißluft: etwa 160 °C

2. Für den Teig die Butter oder Margarine mit einem Mixer (Rührstäbe) auf höchster Stufe geschmeidig rühren. Nach und nach Zucker, Vanillin-Zucker und Salz unterrühren. So lange rühren, bis eine gebundene Masse entstanden ist. Eier nach und nach unterrühren (jedes Ei etwa ½ Minute).

3. Mehl mit Backpulver mischen, in 2 Portionen kurz auf mittlerer Stufe unterrühren. Mandeln unterheben. Den Teig auf ein Backblech (30 x 40 cm, gefettet) geben und glatt streichen.

4. Für den Belag gehackte und gehobelte Mandeln mit Zucker mischen und auf den Teig streuen. Das Backblech in den vorgeheizten Backofen schieben. Den Kuchen **25–30 Minuten backen.** Das Backblech auf einen Kuchenrost stellen. Den Kuchen erkalten lassen.

Tipp: Besonders saftig wird der Kuchen, wenn Sie direkt nach dem Backen 200 g flüssige Schlagsahne auf dem heißen Kuchen verteilen.

Brombeer-Krokant-Tarte | Für Gäste

16 Stücke

Pro Stück: E: 5 g, F: 17 g, Kh: 30 g, kJ: 1232, kcal: 294, BE: 2,5

Für den Rührteig:

150 g Butter oder Margarine (zimmerwarm)
100 g Zucker
4 Eier (Größe M)
200 g Weizenmehl
1 gestr. TL Dr. Oetker Backin
50 gem. Mandeln

Für den Belag:

200 g Schlagsahne
1 Pck. Dr. Oetker Pudding-Pulver Vanille-Geschmack
300 ml frisch gepresster Orangensaft
80 g Zucker
250 g Brombeeren

Für den Krokant:

50 g gehackte Mandeln
70 g Zucker

Zubereitungszeit: 45 Minuten, ohne Abkühlzeit
Backzeit: etwa 40 Minuten

1. Für den Teig die Butter oder Margarine mit einem Mixer (Rührstäbe) auf höchster Stufe geschmeidig rühren. Nach und nach Zucker unterrühren. So lange rühren, bis eine gebundene Masse entstanden ist. Eier nach und nach unterrühren (jedes Ei etwa 1/2 Minute).

2. Mehl mit Backpulver mischen, in 2 Portionen mit den Mandeln kurz auf mittlerer Stufe unterrühren. Den Teig in eine Springform oder Tarteform (Ø 26 cm, gefettet) geben und glatt streichen.

3. Den Backofen vorheizen.
Ober-/Unterhitze: etwa 180 °C
Heißluft: etwa 160 °C

4. Für den Belag Sahne und Pudding-Pulver gut verrühren. Orangensaft und Zucker in einem Topf zum Kochen bringen. Angerührtes Pudding-Pulver in den von der Kochstelle genommenen Orangensaft rühren und unter Rühren gut aufkochen lassen. Die Puddingmasse etwas abkühlen lassen und auf den Teigboden streichen.

5. Die Brombeeren abspülen, trocken tupfen, evtl. entstielen und auf der Puddingmasse verteilen.

6. Für den Krokant Mandeln in einer Pfanne ohne Fett unter Rühren goldgelb rösten. Zucker hinzufügen und karamellisieren lassen.

7. Die Mandel-Karamell-Masse auf den Brombeeren verteilen. Die Form auf dem Rost in den vorgeheizten Backofen schieben und die Tarte **etwa 40 Minuten backen.**

8. Die Form auf einen Kuchenrost stellen. Die Tarte abkühlen lassen und aus der Form lösen.

Brownie-Gugelhupf | Für Kinder

20 Stücke

Pro Stück: E: 5 g, F: 23 g, Kh: 29 g, kJ: 1437, kcal: 344, BE: 2,5

Für den Rührteig:

100 g Zartbitter-Schokolade
125 g geröstete, leicht gesalzene Macadamianusskerne
100 g Studentenfutter (Nuss- und Rosinenmischung)
200 g Butter oder Margarine (zimmerwarm)
75 g Zucker
75 g brauner Zucker
1 Pck. Dr. Oetker Bourbon-Vanille-Zucker
4 Eier (Größe M)
200 g Weizenmehl
3 gestr. TL Dr. Oetker Backin
75 g Kakao-Getränkepulver
150 g Schokoladen-Pudding (aus dem Kühlregal)

Für den Guss und zum Garnieren:

200 g Blockschokolade
1 EL Speiseöl
einige Macadamianusskerne und etwas Studentenfutter (etwa 20 g)

Zubereitungszeit: 45 Minuten, ohne Abkühlzeit
Backzeit: etwa 60 Minuten

1. Für den Teig die Schokolade in Stücke brechen, in einem kleinen Topf im Wasserbad bei schwacher Hitze unter Rühren schmelzen, abkühlen lassen. Macadamianusskerne und Studentenfutter grob hacken.

2. Den Backofen vorheizen.
Ober-/Unterhitze: etwa 180 °C
Heißluft: etwa 160 °C

3. Butter oder Margarine mit einem Mixer (Rührstäbe) auf höchster Stufe geschmeidig rühren. Nach und nach Zucker, braunen Zucker und Vanille-Zucker unterrühren. So lange rühren, bis eine gebundene Masse

entstanden ist. Eier nach und nach unterrühren (jedes Ei etwa 1/2 Minute).

4. Mehl mit Backpulver mischen, in 2 Portionen kurz auf mittlerer Stufe unterrühren. Kakao-Getränkepulver, Pudding und die geschmolzene Schokolade unterrühren, Nusskerne und Studentenfutter kurz unterheben.

5. Den Teig in eine Gugelhupfform (Ø 22 cm, gefettet, gemehlt) geben und glatt streichen. Die Form auf dem Rost in den vorgeheizten Backofen (unteres Drittel) schieben. Den Gugelhupf **etwa 60 Minuten backen.**

6. Die Form auf einen Kuchenrost stellen. Den Gugelhupf etwa 10 Minuten in der Form stehen lassen, dann aus der Form lösen und auf einen Kuchenrost stürzen. Gugelhupf erkalten lassen.

7. Für den Guss Schokolade in Stücke hacken, zwei Drittel davon mit Speiseöl in einem Topf im Wasserbad bei schwacher Hitze unter Rühren schmelzen. Den Topf aus dem Wasserbad nehmen und die restliche Schokolade darin unter Rühren schmelzen. Den Gugelhupf mit dem Guss überziehen, mit Macadamianusskernen und Studentenfutter garnieren. Den Guss fest werden lassen.

Brownie-Kuchen | Für Kinder

6 Sturz-Form-Gläser je 160 ml Inhalt

Pro Glas: E: 9 g, F: 38 g, Kh: 37 g, kJ: 2188, kcal: 523, BE: 3,0

Für den Teig:

150 g Zartbitter-Schokolade (etwa 60 % Kakaoanteil)
100 g Butter
60 g Zucker
1 Pck. Dr. Oetker Bourbon-Vanille-Zucker
2 Eier (Größe M)
80 g Weizenmehl
1/2 gestr. TL Dr. Oetker Backin
40 g grob gehackte Walnusskerne
40 g grob gehackte Cashewkerne
40 g grob gehackte, weiße Schokolade

Zubereitungszeit: 30 Minuten, ohne Abkühlzeit
Backzeit: etwa 25 Minuten
Haltbarkeit: etwa 2 Monate

1. Für den Teig die Schokolade in Stücke brechen. Schokoladenstücke mit Butter in einem kleinen Topf bei schwacher Hitze unter Rühren schmelzen. Die Masse in eine Rührschüssel geben, erkalten lassen.

2. Den Backofen vorheizen.
Ober-/Unterhitze: etwa 180 °C
Heißluft: etwa 160 °C

3. Zucker, Vanille-Zucker und Eier zur Schokoladenmasse in die Rührschüssel geben und mit einem Rührlöffel unterrühren. Mehl mit Backpulver mischen, in 2 Portionen unter die Schokoladenmasse rühren.

4. Nusskerne und gehackte Schokolade unterheben. Den Teig mit einem Teelöffel in die vorbereiteten Gläser (gefettet, gemehlt) füllen. Glasränder säubern. Das Backblech in den vorgeheizten Backofen (mittlere Schiene) schieben. Die Gläser auf das Backblech stellen. Die Kuchen **etwa 25 Minuten backen.**

5. Nach dem Backen ein Glas mit Topflappen aus dem Backofen nehmen und verschließen. Dazu den vorbereiteten, feuchten Gummiring auf die Innenseite eines Glasdeckels legen. Das Glas sofort mit dem Deckel und 2 Klammern verschließen. Restliche Gläser auf die gleiche Weise verschließen. Nach jedem Glas, das aus dem Backofen genommen wird, den Backofen wieder schließen.

6. Die Gläser auf einem Kuchenrost vollständig erkalten lassen (am besten über Nacht), dann die Klammern lösen und die Gläser kühl aufbewahren.

Brownies mit Cashewkernen

Für den Kindergeburtstag
20 Stücke

Pro Stück: E: 6 g, F: 24 g, Kh: 29 g,
kJ: 1484, kcal: 355, BE: 2,5

Für den Rührteig:

250 g Zartbitter-Schokolade
50 ml Milch (3,5 % Fett)
250 g geröstete und gesalzene Cashewkerne
250 g Butter oder Margarine (zimmerwarm)
200 g brauner Zucker (Rohrzucker)
1 Pck. Dr. Oetker Vanillin-Zucker
4 Eier (Größe M)
200 g Weizenmehl
20 g gesiebtes Kakaopulver
1 gestr. TL Dr. Oetker Backin

Zum Bestreuen:

50 g weiße Schokolade
50 g Zartbitter-Schokolade

Zubereitungszeit: 30 Minuten
Backzeit: etwa 30 Minuten

1. Für den Teig 100 g der Schokolade in Stücke brechen. Milch in einem Topf kurz aufkochen lassen. Den Topf von der Kochstelle nehmen. Schokoladenstücke in die Milch geben, unter Rühren schmelzen lassen.

2. Restliche Schokolade (150 g) in Stücke brechen und mit den Cashewkernen portionsweise in einem Zerkleinerer hacken.

3. Den Backofen vorheizen.
Ober-/Unterhitze: etwa 180 °C
Heißluft: etwa 160 °C

4. Butter oder Margarine mit einem Mixer (Rührstäbe) auf höchster Stufe geschmeidig rühren. Nach und nach Zucker und Vanillin-Zucker unterrühren. So lange rühren, bis eine gebundene Masse entstanden ist. Die Eier nach und nach unterrühren (jedes Ei etwa ½ Minute).

5. Geschmolzene Schokolade glatt rühren und unter den Teig rühren. Das Mehl mit Kakao und Backpulver mischen, in 2 Portionen kurz auf mittlerer Stufe unterrühren. Gehackte Schokolade und Cashewkerne unterheben.

6. Den Teig in einem tiefen Backblech oder in einer Fettpfanne (30 x 40 cm, gefettet) gleichmäßig verteilen. Das Backblech oder die Fettpfanne in den vorgeheizten Backofen schieben und den Kuchen **etwa 30 Minuten backen.**

7. Das Backblech oder die Fettpfanne auf einen Kuchenrost stellen. Zum Bestreuen weiße und Zartbitter-Schokolade in dünne Streifen schneiden oder schaben und auf den lauwarmen Kuchen streuen. Den Kuchen auf dem Backblech oder in der Fettpfanne erkalten lassen.

Brownies mit Kirschen und Guss | Beliebt

48 Stücke

Pro Stück: E: 3 g, F: 12 g, Kh: 18 g, kJ: 802, kcal: 192, BE: 1,5

Für den Teig:

225 g Butter
200 g Zartbitter-Schokolade
6 Eier (Größe M)
300 g Zucker
1 Pck. Dr. Oetker Vanillin-Zucker
375 g Weizenmehl
3 gestr. TL Dr. Oetker Backin
200 g gehackte Walnusskerne

Für den Belag:

350 g gut abgetropfte Sauerkirschen (aus dem Glas)
50 g Zartbitter-Raspelschokolade

Für den Guss:

200 g Zartbitter-Kuvertüre
100 ml Milch (3,5 % Fett)
60 g Butter

Zum Bestäuben:

etwas Kakaopulver

Zubereitungszeit: 45 Minuten, ohne Kühlzeit
Backzeit: etwa 30 Minuten

1. Für den Teig Butter in einem Topf zerlassen. Schokolade in Stücke brechen und in der Butter unter Rühren schmelzen. Masse abkühlen lassen.

2. Den Backofen vorheizen
Ober-/Unterhitze: etwa 180 °C
Heißluft: etwa 160 °C

3. Eier, Zucker und den Vanillin-Zucker in eine Rührschüssel geben und mit einem Mixer (Rührstäbe) gut verrühren. Mehl mit Backpulver mischen, in 2 Portionen kurz auf mittlerer Stufe unterrühren. Die Butter-Schoko-Masse und Walnusskerne hinzugeben und unterrühren.

4. Den Teig auf ein Backblech oder in eine Fettpfanne (30 x 40 cm, gefettet, mit Backpapier belegt) geben und glatt streichen.

5. Für den Belag Sauerkirschen auf einer Teighälfte verteilen. Die Raspelschokolade auf die Sauerkirschen streuen. Das Backblech oder die Fettpfanne in den vorgeheizten Backofen schieben. Den Gebäckboden **etwa 30 Minuten backen.**

6. Das Backblech oder die Fettpfanne auf einen Kuchenrost stellen. Den Gebäckboden erkalten lassen.

7. Für den Guss Kuvertüre grob hacken. Milch mit Butter in einem Topf zum Kochen bringen. Den Topf von der Kochstelle nehmen. Kuvertüre hinzugeben und unter Rühren schmelzen. So lange rühren, bis eine geschmeidige Masse entstanden ist, etwas abkühlen lassen. Den Guss wellenförmig auf der kirschfreien Kuchenhälfte verstreichen und die Brownies 1–2 Stunden in den Kühlschrank stellen.

8. Vor dem Servieren den gesamten Kuchen in kleine Quadrate (etwa 5 x 5 cm) schneiden.

Bunter, gefüllter Napfkuchen

Zum Verschenken – mit Alkohol

16 Stücke

Pro Stück: E: 7 g, F: 28 g, Kh: 42 g, kJ: 1912, kcal: 457, BE: 3,5

Für den Rührteig:

300 g Butter oder Margarine (zimmerwarm)
225 g Zucker
1 Pck. Dr. Oetker Vanillin-Zucker
5 Eier (Größe M)
250 g Weizenmehl
125 g Speisestärke
3 gestr. TL Dr. Oetker Backin

Für die Füllung:

200 g leicht geröstete, gem. Haselnusskerne
50 g Zucker
1 Ei (Größe M)
3 EL Rum
5 EL Wasser

Für den Guss:

100 g Zartbitter-Schokolade
1 TL Speiseöl

Zum Verzieren und Garnieren:

30 g Puderzucker
etwas Wasser
einige Liebesperlen

Zubereitungszeit: 45 Minuten, ohne Abkühlzeit
Backzeit: etwa 60 Minuten

1. Den Backofen vorheizen.
Ober-/Unterhitze: etwa 180 °C
Heißluft: etwa 160 °C

2. Für den Teig Butter oder Margarine mit einem Mixer (Rührstäbe) auf höchster Stufe geschmeidig rühren. Nach und nach Zucker und Vanillin-Zucker unterrühren. So lange rühren, bis eine gebundene Masse entstanden ist.

3. Eier nach und nach unterrühren (jedes Ei etwa ½ Minute). Mehl mit Speisestärke und Backpulver mischen, in 2 Portionen kurz auf mittlerer Stufe unterrühren. Den Teig in eine Napfkuchenform (Ø 24 cm, gefettet) geben und glatt streichen.

4. Für die Füllung Haselnusskerne mit Zucker, Ei, Rum und Wasser verrühren. Die Haselnussmasse auf den Teig geben und mit einer Gabel spiralförmig durch den Teig ziehen, sodass ein Marmormuster entsteht. Die Form auf dem Rost in den vorgeheizten Backofen schieben. Napfkuchen **etwa 60 Minuten backen.**

5. Die Form auf einen Kuchenrost stellen. Den Kuchen etwa 10 Minuten in der Form stehen lassen, dann aus der Form lösen und auf einen mit Backpapier belegten Kuchenrost stürzen. Kuchen erkalten lassen.

6. Für den Guss die Schokolade in Stücke brechen, mit Speiseöl in einem kleinen Topf im Wasserbad bei schwacher Hitze unter Rühren schmelzen. Den Guss auf den Kuchen geben und in „Nasen" herunterlaufen lassen. Guss fest werden lassen.

7. Zum Verzieren Puderzucker mit Wasser zu einer dickflüssigen Masse verrühren. Den Kuchen mit dem Guss (mithilfe eines Teelöffels) verzieren und mit Liebesperlen garnieren. Guss trocknen lassen.

Tipp: Für Kinder den Kuchen ohne Rum zubereiten. Anstelle des Rums 3 Esslöffel Wasser oder 3 Esslöffel Apfelsaft verwenden.

Buntes Marmorkuchen-Dreierlei

Für den Kindergeburtstag

20 Stücke

Pro Stück: E: 4 g, F: 16 g, Kh: 43 g, kJ: 1397, kcal: 334, BE: 3,5

Für den Rührteig:

50 g Belegkirschen
300 g Butter oder Margarine (zimmerwarm)
275 g Zucker
1 Pck. Dr. Oetker Vanillin-Zucker
1 Prise Salz
5 Eier (Größe M)
375 g Weizenmehl
1 Pck. Dr. Oetker Backin
4 EL Milch (3,5 % Fett)
30 g gem. Pistazienkerne
2 EL Nuss-Nougat-Creme (zimmerwarm)

Für den Guss:

200 g Puderzucker
etwa 3 EL Wasser
rote und grüne Speisefarbe
etwas Nuss-Nougat-Creme (zimmerwarm)

Zubereitungszeit: 40 Minuten, ohne Abkühlzeit
Backzeit: etwa 45 Minuten

1. Für den Teig Belegkirschen in sehr kleine Stücke schneiden.

2. Den Backofen vorheizen.
Ober-/Unterhitze: etwa 180 °C
Heißluft: etwa 160 °C

3. Butter oder Margarine mit einem Mixer (Rührstäbe) auf höchster Stufe geschmeidig rühren. Nach und nach Zucker, Vanillin-Zucker und Salz unterrühren. So lange rühren, bis eine gebundene Masse entstanden ist. Die Eier nach und nach unterrühren (jedes Ei etwa ½ Minute).

4. Das Mehl mit Backpulver mischen, abwechselnd in 2 Portionen mit der Milch kurz auf mittlerer Stufe unterrühren. Jeweils 2 Esslöffel Teig mit den Pistazienkernen, der Nuss-Nougat-Creme und den Belegkirschen verrühren.

5. Restlichen Teig in eine Gugelhupfform (Ø 24 cm, gefettet, gemehlt) füllen und jeweils auf ein Drittel der Form die 3 verschieden gefärbten Teige verstreichen. Die helle und farbige Teigschicht innerhalb des jeweiligen Drittels mit einer Gabel spiralförmig durchziehen, sodass ein Marmormuster entsteht. Die Form auf dem Rost in den vorgeheizten Backofen (unteres Drittel) schieben. Den Gugelhupf **etwa 45 Minuten backen.**

6. Die Form auf einen Kuchenrost stellen. Den Gugelhupf etwa 10 Minuten in der Form stehen lassen, aus der Form lösen und auf den Kuchenrost stürzen. Den Gugelhupf erkalten lassen.

7. Für den Guss Puderzucker mit so viel Wasser verrühren, dass eine dickflüssige Masse entsteht. Den Guss dritteln, mit Speisefarbe und der Nuss-Nougat-Creme jeweils rot, grün und braun einfärben. Den Kuchen nach Belieben mit den Puderzuckerglasuren besprenkeln.

Buttermilchkuchen I

Schnell

20 Stücke

Pro Stück: E: 4 g, F: 14 g, Kh: 35 g, kJ: 1177, kcal: 281, BE: 3,0

Für den All-in-Teig:

300 g Weizenmehl
1 Pck. Dr. Oetker Backin
300 g Zucker
1 Pck. Dr. Oetker Vanillin-Zucker
3 Eier (Größe M)
300 g Buttermilch

Für den Belag:

150 g Butter
150 g Zucker
200 g gehobelte Mandeln oder gehobelte Haselnusskerne oder Kokosraspel

Zubereitungszeit: 20 Minuten
Backzeit: etwa 25 Minuten

1. Den Backofen vorheizen.
Ober-/Unterhitze: etwa 180 °C
Heißluft: etwa 160 °C

2. Für den Teig Mehl mit Backpulver in einer Rührschüssel mischen. Zucker, Vanillin-Zucker, Eier und Buttermilch hinzufügen. Die Zutaten mit einem Mixer (Rührstäbe) zunächst kurz auf niedrigster, dann auf höchster Stufe in etwa 2 Minuten zu einem glatten Teig verarbeiten.

3. Den Teig auf ein Backblech (30 x 40 cm, gefettet) geben und glatt streichen. Das Backblech in den vorgeheizten Backofen schieben. Die Gebäckplatte **etwa 10 Minuten vorbacken.**

4. Für den Belag in der Zwischenzeit die Butter mit Zucker in einem Topf zerlassen. Mandeln oder Haselnusskerne oder Kokosraspel unterrühren.

5. Das Backblech auf einen Kuchenrost stellen. Die Masse auf die vorgebackene Gebäckplatte geben und glatt streichen. Das Backblech wieder in den heißen Backofen schieben. Den Kuchen **bei gleicher Backofentemperatur in etwa 15 Minuten fertig backen.**

6. Das Backblech auf einen Kuchenrost stellen. Den Kuchen erkalten lassen.

Tipp: Statt Buttermilch können Sie auch Schlagsahne verwenden.

Buttermuffins | Einfach

12 Stück

Pro Stück: E: 4 g, F: 17 g, Kh: 23 g,
kJ: 1107, kcal: 265, BE: 2,0

Für den Rührteig:

3 Eiweiß (Größe M)
125 g Butter (zimmerwarm)
100 g brauner Zucker
1 Pck. Dr. Oetker Vanillin-Zucker
3 Eigelb (Größe M)
200 g Weizenmehl
1 gestr. TL Dr. Oetker Backin
125 g Schlagsahne (mind. 30 % Fett)

Für den Belag:

25 g gehobelte Mandeln
etwa 25 g Butter

etwas Puderzucker

Zubereitungszeit: 25 Minuten, ohne Abkühlzeit
Backzeit: etwa 25 Minuten

1. Den Backofen vorheizen.
Ober-/Unterhitze: etwa 180 °C
Heißluft: etwa 160 °C

2. Für den Teig das Eiweiß steif schlagen. Die Butter mit einem Mixer (Rührstäbe) auf höchster Stufe geschmeidig rühren. Nach und nach Zucker und Vanillin-Zucker unterrühren. So lange rühren, bis eine gebundene Masse entstanden ist. Eigelb nach und nach unterrühren.

3. Mehl mit Backpulver mischen, abwechselnd in 2 Portionen mit der Sahne kurz auf mittlerer Stufe unterrühren. Eischnee mit einem Teigschaber oder Rührlöffel unterheben. Den Teig gleichmäßig in einer Muffinform (für 12 Muffins, gefettet) verteilen.

4. Für den Belag Mandeln auf den Teig streuen und mit Butterflöckchen belegen. Die Form auf dem Rost in den vorgeheizten Backofen schieben. Die Muffins **etwa 25 Minuten backen.**

5. Die Muffins etwa 10 Minuten in der Form stehen lassen, dann aus der Form lösen und auf einem Kuchenrost erkalten lassen.

6. Die Muffins vor dem Servieren mit Puderzucker bestäuben.

Abwandlung: Verfeinern Sie die Muffins, indem Sie 100 g gehackte Zartbitter-Schokolade und 60 g gehackte Cranberrys unter den Teig heben.

Cashew-Schoko-Cookies | Raffiniert

60 Stück

Pro Stück: E: 1 g, F: 5 g, Kh: 6 g,
kJ: 302, kcal: 72, BE: 0,5

Für den Rührteig:

100 g geröstete, gesalzene Cashewkerne
200 g Zartbitter-Schokolade
1–2 TL rosa Pfefferbeeren
200 g Butter oder Margarine (zimmerwarm)
120 g Zucker
1 Ei (Größe M)
200 g Weizenmehl
1 gestr. TL Dr. Oetker Backin

Zubereitungszeit: 30 Minuten
Backzeit: etwa 15 Minuten je Backblech
Haltbarkeit: etwa 3 Wochen in gut schließenden Dosen

1. Für den Teig Cashewkerne hacken und 1–2 Esslöffel davon zum Bestreuen beiseitestellen. 120 g von der Schokolade und Pfefferbeeren ebenfalls portionsweise hacken.

2. Restliche Schokolade in Stücke brechen und in einem Topf im Wasserbad bei schwacher Hitze unter Rühren schmelzen. Schokolade abkühlen lassen.

3. Den Backofen vorheizen.
Ober-/Unterhitze: etwa 180 °C
Heißluft: etwa 160 °C

4. Butter oder Margarine mit einem Mixer (Rührstäbe) auf höchster Stufe geschmeidig rühren. Nach und nach Zucker unterrühren. So lange rühren, bis eine gebundene Masse entstanden ist.

5. Das Ei etwa ½ Minute unterrühren. Geschmolzene Schokolade kurz unterrühren.

6. Mehl mit Backpulver mischen und in 2 Portionen kurz auf mittlerer Stufe unterrühren. Die gehackten Cashewkerne, Schokolade und Pfefferbeeren unterheben.

7. Den Rührteig mit zwei Teelöffeln in walnussgroßen Häufchen mit etwas Abstand auf 2 Backbleche (gefettet, mit Backpapier belegt) setzen.

8. Dann die Teighäufchen mit den beiseitegestellten Cashewkernen bestreuen.

9. Die Backbleche nacheinander (bei Heißluft zusammen) in den vorgeheizten Backofen schieben. Cookies **etwa 15 Minuten je Backblech backen.**

10. Die Backbleche auf Kuchenroste stellen. Cookies erkalten lassen und anschließend vom Backpapier nehmen.

Choco-Cookies (Löffelkekse) I

Für Kinder

60 Stück

Pro Stück: E: 1 g, F: 4 g, Kh: 8 g, kJ: 313, kcal: 75, BE: 0,5

Für den Rührteig:

100 g Vollmilch-Schokolade
150 g Butter oder Margarine (zimmerwarm)
100 g Zucker
150 g brauner Zucker
1 Pck. Dr. Oetker Bourbon-Vanille-Zucker
1 Prise Salz
2 Eier (Größe M)
200 g Weizenmehl
100 g gehackte Haselnusskerne
75 g Schokotropfen

Zubereitungszeit: 40 Minuten
Backzeit: etwa 15 Minuten je Backblech

1. Den Backofen vorheizen.
Ober-/Unterhitze: etwa 180 °C
Heißluft: etwa 160 °C

2. Für den Teig die Schokolade im Zerkleinerer oder mit einem Messer fein hacken.

3. Butter oder Margarine mit einem Mixer (Rührstäbe) auf höchster Stufe geschmeidig rühren. Nach und nach beide Zuckersorten, Vanille-Zucker und Salz unterrühren. So lange rühren, bis eine gebundene Masse entstanden ist. Eier nach und nach unterrühren (jedes Ei etwa ½ Minute).

4. Mehl in 2 Portionen kurz auf mittlerer Stufe unterrühren. Nusskerne, Schokoladenstückchen und Schokotropfen ebenfalls unterrühren.

5. Den Teig mit 2 Löffeln, z. B. langstieligen Kaffeelöffeln, in walnussgroßen Häufchen auf Backbleche (mit Backpapier belegt) setzen. Dabei genügend Platz lassen, da der Teig beim Backen etwas auseinanderläuft.

6. Die Backbleche nacheinander (bei Heißluft 2 Backbleche zusammen) in den vorgeheizten Backofen schieben. Cookies **etwa 15 Minuten je Backblech backen.**

7. Die Cookies mit dem Backpapier auf Kuchenroste ziehen. Cookies erkalten lassen.

Chocolate-Cookies mit Nüssen I

Beliebt
45 Stück

Pro Stück: E: 2 g, F: 7 g, Kh: 13 g, kJ: 513, kcal: 123, BE: 1,0

Für den Rührteig:

100 g Nusskerne, z. B. Walnusskerne, Pekannusskerne oder Mandeln
75 g weiße Schokolade
200 g Zartbitter-Schokolade
150 g Butter oder Margarine (zimmerwarm)
200 g brauner Zucker
2 Pck. Dr. Oetker Vanillin-Zucker
1/2 gestr. TL Salz
2 Eier (Größe M)
300 g Weizenmehl
1 gestr. TL Dr. Oetker Backin
1/2 TL Natron

Außerdem:

etwa 50 g weiße Schokolade
1 TL Speiseöl, z. B. Sonnenblumenöl

Zubereitungszeit: 40 Minuten
Backzeit: etwa 10 Minuten je Backblech

1. Den Backofen vorheizen.
Ober-/Unterhitze: etwa 180 °C
Heißluft: etwa 160 °C

2. Für den Teig Nusskerne oder Mandeln sowie weiße Schokolade und 125 g von der Zartbitter-Schokolade grob hacken. Die restliche Zartbitter-Schokolade in Stücke brechen und in einem kleinen Topf im Wasserbad bei schwacher Hitze unter Rühren schmelzen.

3. Die Butter oder Margarine mit der geschmolzenen Schokolade in einer Rührschüssel mit einem Mixer (Rührstäbe) auf höchster Stufe geschmeidig rühren. Nach und nach Zucker, Vanillin-Zucker und Salz unterrühren. So lange rühren, bis eine gebundene Masse entstanden ist. Eier nach und nach unterrühren (jedes Ei etwa 1/2 Minute).

4. Das Mehl mit Backpulver und Natron mischen, in 2 Portionen kurz auf mittlerer Stufe unterrühren. Die Nuss- und Schokoladenstückchen unterheben.

5. Für jeden Cookie einen gut gehäuften Teelöffel des Teiges mit etwas Abstand auf Backbleche (gefettet, mit Backpapier belegt) setzen. Die Backbleche nacheinander (bei Heißluft zusammen) in den vorgeheizten Backofen schieben. Die Cookies **etwa 10 Minuten je Backblech backen.**

6. Die gebackenen Cookies mit dem Backpapier von den Backblechen auf Kuchenroste ziehen. Cookies erkalten lassen.

7. Weiße Schokolade in Stücke brechen, mit Speiseöl im Wasserbad bei schwacher Hitze unter Rühren schmelzen. Cookies mit der geschmolzenen Schokolade besprenkeln, Schokolade fest werden lassen.

Tipp: Die Cookies können Sie auch ohne Nusskerne zubereiten.

Cranberry-Macadamia-Kuchen

Raffiniert

16 Stücke

Pro Stück: E: 3 g, F: 14 g, Kh: 29 g, kJ: 1061, kcal: 254, BE: 2,5

Zum Vorbereiten:

125 g getrocknete Cranberrys
4 EL Orangensaft
100 g geröstete, gesalzene Macadamianusskerne
2 Pck. Dr. Oetker Vanillin-Zucker
2 gestr. TL Dr. Oetker Finesse Orangenschalen-Aroma
30 g Haferflocken, blütenzart

Für den Rührteig:

150 g Butter oder Margarine (zimmerwarm)
170 g Zucker
1 Pck. Dr. Oetker Vanillin-Zucker
3 Eier (Größe M)
170 g Weizenmehl
2 gestr. TL Dr. Oetker Backin
1–3 gestr. TL gem. Zimt

Zum Bestäuben:

15 g Puderzucker

Zubereitungszeit: 45 Minuten, ohne Abkühlzeit
Backzeit: 45–55 Minuten

1. Zum Vorbereiten Cranberrys in Orangensaft einweichen. Nusskerne fein hacken. Eingeweichte Cranberrys mit dem Orangensaft, Vanillin-Zucker, Orangenschalen-Aroma, Haferflocken und Nusskernen (1–2 Esslöffel zum Ausstreuen der Form beiseitelegen) mischen.

2. Den Backofen vorheizen.
Ober-/Unterhitze: etwa 180 °C
Heißluft: etwa 160 °C

3. Für den Teig Butter oder Margarine mit einem Mixer (Rührstäbe) auf höchster Stufe geschmeidig rühren. Nach und nach Zucker und Vanillin-Zucker

unterrühren. So lange rühren, bis eine gebundene Masse entstanden ist. Eier nach und nach unterrühren (jedes Ei etwa 1/2 Minute).

4. Mehl mit Backpulver und Zimt mischen, kurz auf mittlerer Stufe unterrühren. Vorbereitete Cranberry-Mischung unterrühren. Den Teig in eine Gugelhupfform (Ø 22 cm, gefettet, mit den beiseitegelegten Nusskernen ausgestreut) geben und glatt streichen. Die Form auf dem Rost in den vorgeheizten Backofen schieben. Den Kuchen **45–55 Minuten backen.**

5. Die Form auf einen Kuchenrost stellen. Den Kuchen etwa 15 Minuten in der Form stehen lassen, dann aus der Form lösen und auf den Kuchenrost stürzen. Kuchen erkalten lassen und mit Puderzucker bestäuben.

Tipps: Cranberrys können durch frische, entsteinte und halbierte Sauerkirschen ersetzt werden. Sie können auch frische, vorbereitete Cranberrys verwenden, diese jedoch nicht in Orangensaft einweichen.

Donauwellen | Klassisch

20 Stücke

Pro Stück: E: 6 g, F: 28 g, Kh: 43 g, kJ: 1898, kcal: 453, BE: 3,5

Für den Rührteig:

250 g Butter oder Margarine (zimmerwarm)
200 g Zucker
1 Pck. Dr. Oetker Vanillin-Zucker
1 Prise Salz
5 Eier (Größe M)
375 g Weizenmehl
3 gestr. TL Dr. Oetker Backin
20 g gesiebtes Kakaopulver
1 EL Milch
700 g gut abgetropfte Sauerkirschen (aus Gläsern)

Für die Buttercreme:

1 Pck. Dr. Oetker Pudding-Pulver Vanille-Geschmack
100 g Zucker
500 ml Milch (3,5 % Fett)
250 g Butter (zimmerwarm)

Für den Guss:

200 g Zartbitter-Schokolade
2 EL Speiseöl, z. B. Sonnenblumenöl

Zubereitungszeit: 45 Minuten, ohne Kühlzeit
Backzeit: etwa 40 Minuten

1. Den Backofen vorheizen.
Ober-/Unterhitze: etwa 180 °C
Heißluft: etwa 160 °C

2. Für den Teig die Butter oder Margarine mit einem Mixer (Rührstäbe) auf höchster Stufe geschmeidig rühren. Nach und nach Zucker, Vanillin-Zucker und Salz unterrühren. So lange rühren, bis eine gebundene Masse entstanden ist. Eier nach und nach unterrühren (jedes Ei etwa 1/2 Minute).

3. Mehl mit Backpulver mischen, in 2 Portionen kurz auf mittlerer Stufe unterrühren. Knapp zwei Drittel des Teiges auf ein Backblech mit hohem Rand (30 x 40 cm, gefettet) geben und verstreichen. Kakao mit Milch unter den restlichen Teig rühren und gleichmäßig auf dem hellen Teig verteilen.

4. Die Sauerkirschen kurz auf Küchenpapier legen, auf dem dunklen Teig verteilen und mit einem Löffel etwas in den Teig drücken. Das Backblech in den vorgeheizten Backofen (unteres Drittel) schieben. Die Gebäckplatte **etwa 40 Minuten backen.**

5. Das Backblech auf einen Kuchenrost stellen. Die Gebäckplatte erkalten lassen.

6. Für die Buttercreme aus Pudding-Pulver, 100 g Zucker und Milch einen Pudding nach Packungsanleitung zubereiten. Pudding erkalten lassen (nicht kalt stellen), dabei gelegentlich durchrühren.

7. Die Butter mit dem Mixer (Rührstäbe) auf höchster Stufe geschmeidig rühren. Den erkalteten Pudding esslöffelweise unterrühren. Dabei darauf achten, dass Butter und Pudding Zimmertemperatur haben, da die Buttercreme sonst gerinnt.

8. Die Gebäckplatte gleichmäßig mit der Buttercreme bestreichen. Den Kuchen etwa 1 Stunde in den Kühlschrank stellen.

9. Für den Guss die Schokolade in Stücke brechen. Zwei Drittel davon mit Speiseöl im Wasserbad bei schwacher Hitze unter Rühren schmelzen.

10. Den Topf von der Kochstelle nehmen. Restliche Schokolade darin unter Rühren schmelzen.

11. Den Guss auf die fest gewordene Buttercreme streichen und mit einem Tortengarnierkamm verzieren.

Tipps: Legen Sie zum Abkühlen des Puddings Frischhaltefolie direkt auf die Oberfläche. So bildet sich keine Haut und der Pudding muss zwischendurch nicht umgerührt werden. Der Kuchen ist gefriergeeignet. Wenn Sie kein Backblech mit hohem Rand haben, können Sie auch einen Backrahmen in Größe des Backbleches auf ein normales Backblech stellen und den Kuchen wie im Rezept beschrieben zubereiten.

Dracula-Gugelhupf

Zum Verschenken – sehr saftig
20 Stücke

Pro Stück: E: 6 g, F: 19 g, Kh: 60 g,
kJ: 1833, kcal: 438, BE: 5,0

Zum Vorbereiten:
265 g gut abgetropfte Ananasraspel (aus der Dose)
50 g rotes Johannisbeergelee

Für den Rührteig:
200 g Marzipan-Rohmasse
350 g Butter oder Margarine (zimmerwarm)
300 g Zucker
1 Pck. Dr. Oetker Vanillin-Zucker
1 Prise Salz
6 Eier (Größe M)
600 g Weizenmehl
4 gestr. TL Dr. Oetker Backin

Zum Tränken:
100 g rotes Johannisbeergelee

Für den Guss:
etwa 75 g rotes Johannisbeergelee
1 TL Wasser
150 g Puderzucker

Zubereitungszeit: 45 Minuten, ohne Abkühlzeit
Backzeit: etwa 70 Minuten

1. Zum Vorbereiten Ananasraspel mit Johannisbeergelee in einem Topf verrühren, unter Rühren zum Kochen bringen und etwa 5 Minuten bei mittlerer Hitze leicht kochen lassen. Den Topf von der Kochstelle nehmen. Ananasmasse abkühlen lassen.

2. Den Backofen vorheizen.
Ober-/Unterhitze: etwa 180 °C
Heißluft: etwa 160 °C

3. Für den Teig Marzipan sehr klein schneiden und in eine Rührschüssel geben. Butter oder Margarine hinzufügen und mit einem Mixer (Rührstäbe) auf höchster Stufe geschmeidig rühren. Nach und nach Zucker, Vanillin-Zucker und Salz unterrühren. So lange rühren, bis eine gebundene Masse entstanden ist.

4. Die Eier nach und nach unterrühren (jedes Ei etwa ½ Minute).

5. Mehl mit Backpulver mischen, in 2–3 Portionen kurz auf mittlerer Stufe unterrühren. Die abgekühlte Ananasmasse vorsichtig auf niedrigster Stufe unter den Teig rühren.

6. Den Teig in eine Gugelhupfform (Ø 24 cm, gefettet, gemehlt) geben und glatt streichen.

7. Die Form auf dem Rost in den vorgeheizten Backofen (unteres Drittel) schieben. Den Gugelhupf **etwa 70 Minuten backen.**

8. Die Form auf einen Kuchenrost stellen. Den Gugelhupf etwa 10 Minuten in der Form stehen lassen, dann aus der Form lösen und auf einen Kuchenrost stürzen. Gugelhupf erkalten lassen.

9. Anschließend mit dem Stielende des Rührstabes (vom Mixer) oder einer dicken Stricknadel mehrmals den Gugelhupf von oben so einstechen, dass die Löcher nach oben „weiter" werden, aber nicht bis unten durchstechen!

10. Zum Tränken Johannisbeergelee in einem Topf aufkochen lassen und vorsichtig mit einem kleinen Trichter, einer Einwegspritze oder einem Teelöffel in die Kuchenlöcher geben.

11. Für den Guss das Johannisbeergelee mit Wasser in einem Topf kurz aufkochen lassen, Puderzucker gut unterrühren.

12. Den Guss sofort mit einem Löffel auf den Gugelhupf geben, sodass er in dicken „Nasen" herunterläuft. Guss fest werden lassen.

Tipp: Verwenden Sie für den Gugelhupf ein Johannisbeergelee mit einer kräftig roten Farbe – helfen Sie ansonsten mit ein paar Tropfen roter Speisefarbe nach.

Drei-Tage-Torte I

Gut vorzubereiten – mit Alkohol

16 Stücke

Pro Stück: E: 5 g, F: 29 g, Kh: 37 g, kJ: 1873, kcal: 448, BE: 3,0

Für den Rührteig:

200 g Butter oder Margarine (zimmerwarm)
200 g Zucker
1 Pck. Dr. Oetker Vanillin-Zucker
1 Prise Salz
4 Eier (Größe M)
200 g Weizenmehl
2 gestr. TL Dr. Oetker Backin

Für den dunklen Teig:

2 EL gesiebtes Kakaopulver
2 EL Milch (3,5 % Fett)

Für die Füllung:

500 g Schlagsahne (mind. 30 % Fett)
2 Pck. Sahnesteif
80 g Zucker
1 Pck. Dr. Oetker Vanillin-Zucker
400 g Schmand (Sauerrahm) oder Crème fraîche

Zum Beträufeln:

6 EL Rum

Für den Guss:

100 g Puderzucker
1–2 EL Rum

Zum Bestäuben:

25 g Kakaopulver

Zubereitungszeit: 40 Minuten, ohne Abkühl- und Durchziehzeit
Backzeit: heller Boden 15–20 Minuten, dunkler Boden etwa 25 Minuten

1. Den Backofen vorheizen.
Ober-/Unterhitze: etwa 180 °C
Heißluft: etwa 160 °C

2. Für den Teig die Butter oder Margarine mit einem Mixer (Rührstäbe) auf höchster Stufe geschmeidig rühren. Nach und nach Zucker, Vanillin-Zucker und Salz unterrühren. So lange rühren, bis eine gebundene Masse entstanden ist. Eier nach und nach unterrühren (jedes Ei etwa ½ Minute).

3. Mehl mit Backpulver mischen, in 2 Portionen kurz auf mittlerer Stufe kurz unterrühren. Ein Drittel des Teiges in eine Springform (Ø 26 cm, Boden gefettet) geben und glatt streichen.

4. Für den dunklen Teig Kakao und Milch unter den restlichen Teig rühren. Den Teig in eine zweite Springform (Ø 26 cm, Boden gefettet) geben und glatt streichen. Die Formen nacheinander (bei Heißluft zusammen) in den vorgeheizten Backofen schieben. Den **hellen Boden 15–20 Minuten, den dunklen Boden etwa 25 Minuten backen.**

5. Die Böden aus den Formen lösen und auf Kuchenrosten erkalten lassen. Den dunklen Boden einmal waagerecht durchschneiden.

6. Für die Füllung Sahne mit Sahnesteif, Zucker und Vanillin-Zucker steif schlagen. Schmand oder Crème fraîche in einer Schüssel verrühren, Sahne unterheben. 3 Esslöffel der Schmand-Sahne-Creme beiseitestellen.

7. Den unteren dunklen Boden auf eine Tortenplatte legen, mit 2 Esslöffeln Rum beträufeln und mit der Hälfte der Schmand-Sahne-Creme bestreichen. Den hellen Boden darauflegen, mit 2 Esslöffeln Rum beträufeln und mit der restlichen Schmand-Sahne-Creme bestreichen. Mit dem oberen dunklen Boden belegen, etwas andrücken und mit dem restlichen Rum beträufeln. Den Tortenrand mit der beiseitegestellten Schmand-Sahne-Creme bestreichen.

8. Für den Guss Puderzucker mit Rum zu einer dickflüssigen Masse verrühren. Den Guss auf den oberen Boden streichen. Die Torte zugedeckt 3 Tage in den Kühlschrank stellen und durchziehen lassen.

9. Die Torte vor dem Servieren dick mit Kakao bestäuben.

Abwandlung: Zusätzlich von 370 g gut abgetropften Sauerkirschen (aus dem Glas) den Saft auffangen. 30 g Speisestärke mit etwas von dem Saft anrühren. Restlichen Saft in einem Topf zum Kochen bringen. Angerührte Speisestärke in den von der Kochstelle genommenen Saft rühren und unter Rühren aufkochen lassen. Kirschen unterrühren, evtl. mit Zucker abschmecken. Masse auf dem unteren dunklen, mit Rum beträufelten Boden verteilen. Erst dann die Hälfte der Schmand-Sahne-Creme daraufstreichen.

Durstige Liese | Gefriergeeignet

20 Stücke

Pro Stück: E: 2 g, F: 10 g, Kh: 21 g, kJ: 765, kcal: 183, BE: 1,5

Für den Rührteig:

200 g Butter oder Margarine (zimmerwarm)
200 g Zucker
1 Pck. Dr. Oetker Vanillin-Zucker
4 Eier (Größe M)
200 g Weizenmehl
50 g Speisestärke
2 gestr. TL Dr. Oetker Backin
1 Pck. Dr. Oetker Finesse Geriebene Zitronenschale

150 ml Orangensaft
50 ml Zitronensaft
evtl. 1 EL Zucker

Zubereitungszeit: 15 Minuten, ohne Abkühlzeit
Backzeit: etwa 45 Minuten

1. Den Backofen vorheizen.
Ober-/Unterhitze: etwa 180 °C
Heißluft: etwa 160 °C

2. Für den Teig Butter oder Margarine mit einem Mixer (Rührstäbe) auf höchster Stufe geschmeidig rühren. Nach und nach Zucker und Vanillin-Zucker unterrühren. So lange rühren, bis eine gebundene Masse entstanden ist. Eier nach und nach unterrühren (jedes Ei etwa ½ Minute).

3. Mehl mit Speisestärke, Backpulver und Zitronenschale mischen, auf mittlerer Stufe unter den Teig rühren. Den Teig in eine Gugelhupfform (Ø 22–24 cm, gefettet) füllen. Die Form auf dem Rost in den vorgeheizten Backofen (unteres Drittel) schieben. Den Kuchen **etwa 45 Minuten backen.**

4. Die Form auf einen Kuchenrost stellen. Den Kuchen etwa 10 Minuten in der Form stehen lassen, dann aus der Form lösen und auf einen mit Backpapier belegten Kuchenrost stürzen.

5. Den Kuchen mit einem Holzstäbchen mehrmals einstechen, mit Orangen- und Zitronensaft (evtl. mit Zucker verrührt) beträufeln.

Tipps: Der Kuchen kann bereits am Vortag zubereitet werden. Der Teig kann auch als Blechkuchen gebacken werden. Dazu den Teig auf ein Backblech (30 x 40 cm, gefettet) streichen und etwa 30 Minuten bei gleicher Backofentemperatur backen.

Eierlikör-Gugelhupf

Mit Alkohol – gefriergeeignet
16 Stücke

Pro Stück: E: 4 g, F: 19 g, Kh: 35 g, kJ: 1418, kcal: 339, BE: 3,0

Für den All-in-Teig:

125 g Weizenmehl
125 g Speisestärke
4 gestr. TL Dr. Oetker Backin
250 g Puderzucker
2 Pck. Dr. Oetker Vanillin-Zucker
250 ml Speiseöl
250 ml Eierlikör
5 Eier (Größe M)

Zum Bestäuben:

etwas Puderzucker

Zubereitungszeit: 20 Minuten, ohne Abkühlzeit
Backzeit: etwa 60 Minuten

1. Den Backofen vorheizen.
Ober-/Unterhitze: etwa 180 °C
Heißluft: etwa 160 °C

2. Für den Teig Mehl mit Speisestärke, Backpulver und Puderzucker in einer Rührschüssel mischen. Dann Vanillin-Zucker, Speiseöl, Eierlikör und Eier hinzufügen.

3. Zutaten mit einem Mixer (Rührstäbe) auf höchster Stufe mindestens 1 Minute schaumig schlagen. Zwischendurch die Teigmasse vom Schüsselrand lösen.

4. Den Teig in eine Gugelhupfform (Ø 22 cm, gefettet, gemehlt) geben. Die Form auf dem Rost in den vorgeheizten Backofen (unteres Drittel) schieben. Den Gugelhupf **etwa 60 Minuten backen.**

5. Die Form auf einen Kuchenrost stellen. Den Gugelhupf etwa 10 Minuten in der Form stehen lassen, dann auf einen Kuchenrost stürzen. Den Gugelhupf erkalten lassen und mit Puderzucker bestäuben.

Tipp: Der Gugelhupf kann gut eingefroren werden.

Abwandlung: Für **Eierlikörwaffeln** aus 100 g Puderzucker, 2 Eiern (Größe M), 1 Päckchen Vanillin-Zucker, 100 ml Speiseöl, 100 ml Eierlikör, 50 g Weizenmehl, 1 1/2 gestrichenen Teelöffeln Backin und 50 g Speisestärke wie im Rezept angegeben einen Teig zubereiten. Jeweils 2–3 Esslöffel Teig in ein gefettetes und gut erhitztes Waffeleisen geben. Die Waffeln goldgelb backen, einzeln auf einem Kuchenrost erkalten lassen und mit etwas Puderzucker bestäuben.

Eierlikör-Kirsch-Schnitten

Mit Alkohol

20 Stücke

Pro Stück: E: 5 g, F: 24 g, Kh: 49 g, kJ: 1856, kcal: 445, BE: 4,0

Für die Eiweißmasse:

8 Eiweiß (Größe M)
75 g Zucker

Für den Rührteig:

200 g Butter oder Margarine (zimmerwarm)
200 g Zucker
2 Pck. Dr. Oetker Vanillin-Zucker
8 Eigelb (Größe M)
250 g Weizenmehl
1 gestr. TL Dr. Oetker Backin

100 g gehobelte Haselnusskerne
75 g Zucker
1 TL gem. Zimt

Für die Füllung:

700 g abgetropfte Sauerkirschen (aus Gläsern)
400 ml Kirschsaft (aus den Gläsern)
2 Pck. ungezuckerter Tortenguss, rot
4 EL Zucker
100 ml Wasser
2 Pck. Paradiescreme Vanille-Geschmack (Dessertpulver)
600 g Crème fraîche
150 ml Eierlikör

Zubereitungszeit: 70 Minuten, ohne Kühlzeit
Backzeit: etwa 17 Minuten je Backblech

1. Für die Eiweißmasse Eiweiß mit einem Mixer (Rührstäbe) auf höchster Stufe steif schlagen. Der Schnee muss so fest sein, dass ein Messerschnitt sichtbar bleibt. Nach und nach Zucker kurz unterschlagen.

2. Den Backofen vorheizen.
Ober-/Unterhitze: etwa 180 °C
Heißluft: etwa 160 °C

3. Für den Teig Butter oder Margarine mit dem Mixer (Rührstäbe) auf höchster Stufe geschmeidig rühren. Nach und nach Zucker und Vanillin-Zucker unterrühren. So lange rühren, bis eine gebundene Masse entstanden ist. Eigelb nach und nach unterrühren.

4. Mehl mit Backpulver mischen, in 2 Portionen kurz auf mittlerer Stufe unterrühren. Jeweils die Hälfte des Teiges dünn auf ein Backblech (30 x 40 cm, gefettet, mit Backpapier belegt) streichen (am besten mit einer Teigkarte).

5. Jeweils die Hälfte der Eischneemasse daraufgeben, glatt streichen und je die Hälfte der Haselnusskerne darauf verteilen. Zucker mit Zimt mischen und jeweils die Hälfte davon auf die Eischneemasse streuen.

6. Die Backbleche nacheinander (bei Heißluft zusammen) in den vorgeheizten Backofen schieben. Die Gebäckböden **etwa 17 Minuten je Backblech backen.**

7. Die Gebäckböden mit dem Backpapier von den Backblechen auf je einen Kuchenrost ziehen, mit einem langen Messer die Böden vom mitgebackenen Backpapier lösen, aber auf dem Backpapier erkalten lassen.

8. Für die Füllung von den Sauerkirschen den Saft auffangen und 400 ml davon abmessen. Tortengusspulver mit Zucker mischen, mit etwas Kirschsaft anrühren. Restlichen Kirschsaft und Wasser in einem Topf zum Kochen bringen. Angerührtes Tortengusspulver in den von der Kochstelle genommenen Saft rühren und unter Rühren gut aufkochen lassen. Den Topf von der Kochstelle nehmen, die Sauerkirschen unterheben.

9. Einen Gebäckboden auf ein Backblech legen, einen Backrahmen darumstellen. Die Sauerkirschmasse darauf verteilen und erkalten lassen. Paradiescreme mit Crème fraîche und Eierlikör nach Packungsanleitung aufschlagen, auf die Sauerkirschmasse geben und glatt streichen.

10. Den zweiten Gebäckboden darauflegen und andrücken. Den Kuchen mindestens 2 Stunden in den Kühlschrank stellen. Backrahmen lösen und entfernen.

Eierlikör-Pflaumen-Kuchen

Mit Alkohol – sehr saftig

15 Stücke

Pro Stück: E: 5 g, F: 20 g, Kh: 34 g, kJ: 1404, kcal: 336, BE: 3,0

Für den Rührteig:

250 g Butter oder Margarine (zimmerwarm)
150 g Zucker
1 Pck. Dr. Oetker Vanillin-Zucker
3 Eier (Größe M)
200 g Weizenmehl
100 g Speisestärke
½ Pck. Dr. Oetker Backin
100 ml Eierlikör
120 g Pflaumenmus (aus dem Glas)
4 EL gehackte Mandeln

3 EL gehobelte Mandeln für die Form
2 EL Puderzucker

Zubereitungszeit: 25 Minuten, ohne Abkühlzeit
Backzeit: etwa 60 Minuten

1. Den Backofen vorheizen.
Ober-/Unterhitze: etwa 180 °C
Heißluft: etwa 160 °C

2. Für den Teig Butter oder Margarine mit einem Mixer (Rührstäbe) auf höchster Stufe geschmeidig rühren. Nach und nach Zucker und Vanillin-Zucker unterrühren. So lange rühren, bis eine gebundene Masse entstanden ist. Eier nach und nach unterrühren (jedes Ei etwa ½ Minute).

3. Mehl mit Speisestärke und Backpulver mischen, abwechselnd in 2 Portionen mit dem Eierlikör kurz auf mittlerer Stufe unterrühren.

4. Pflaumenmus mit Mandeln verrühren. Ein Drittel des Teiges in eine Kastenform (25 x 11 cm, gefettet, mit Mandeln ausgestreut) geben. Die Hälfte der Pflaumenmusmasse auf dem Teig verteilen, jedoch nicht bis an den Rand der Form, damit der Kuchen nicht in der Form haften bleibt.

5. Wieder ein Drittel des Teiges daraufgeben. Restliche Pflaumenmusmasse darauf verteilen und mit dem restlichen Teig bestreichen.

6. Form auf dem Rost in den vorgeheizten Backofen schieben. Den Kuchen **etwa 60 Minuten backen.**

7. Die Form auf einen Kuchenrost stellen. Den Kuchen in der Form etwas abkühlen lassen, dann aus der Form lösen und auf einem Kuchenrost erkalten lassen. Den Kuchen mit Puderzucker bestäuben.

Einfache Waffeln | Für Kinder – für Gäste

8 Stück

Pro Stück: E: 6 g, F: 22 g, Kh: 49 g, kJ: 1771, kcal: 423, BE: 4,0

Für den Rührteig:

175 g Butter oder Margarine (zimmerwarm)
175 g Zucker
1 Prise Salz
4 Eier (Größe M)
200 g Weizenmehl
1 Pck. Dr. Oetker Pudding-Pulver Vanille-Geschmack
1 gestr. TL Dr. Oetker Backin
100 ml Milch (3,5 % Fett) oder Wasser

Für das Waffeleisen:

etwas Speiseöl, z. B. Sonnenblumenöl

Zubereitungszeit: 30 Minuten

1. Das Waffeleisen auf höchster Stufe vorheizen (dabei die Gebrauchsanleitung des Herstellers beachten).

2. Für den Teig die Butter oder Margarine mit einem Mixer (Rührstäbe) auf höchster Stufe geschmeidig rühren. Nach und nach Zucker und Salz unterrühren. So lange rühren, bis eine gebundene Masse entstanden ist. Eier nach und nach unterrühren (jedes Ei etwa ½ Minute).

3. Mehl mit Pudding-Pulver und Backpulver mischen, abwechselnd mit Milch oder Wasser in 2 Portionen kurz auf mittlerer Stufe unterrühren.

4. Das Waffeleisen auf mittlere Temperatur zurückschalten und mit einem Backpinsel fetten.

5. Für jede Waffel etwa 2 Esslöffel Teig in das Waffeleisen geben, mit dem Esslöffel verstreichen und die Waffeln goldbraun backen. Die Waffeln herausnehmen, nebeneinander auf einen Kuchenrost legen und lauwarm servieren.

Eischwertorte mit bunten Zuckerstreuseln I

Gut vorzubereiten – fruchtig

16 Stücke

Pro Stück: E: 3 g, F: 13 g, Kh: 33 g, kJ: 1113, kcal: 266, BE: 3,0

Für den Rührteig:

225 g Butter oder Margarine (zimmerwarm)
225 g Zucker
4 Eier (Größe M)
225 g Weizenmehl
1 gestr. TL Dr. Oetker Backin

Außerdem:

etwa 50 g bunte Zuckerstreusel
500 g Aprikosen-Apfel-Mus (aus dem Glas)

Zubereitungszeit: 35 Minuten, ohne Abkühl- und Durchziehzeit
Backzeit: etwa 15 Minuten je Boden

1. Den Backofen vorheizen.
Ober-/Unterhitze: etwa 180 °C
Heißluft: etwa 160 °C

2. Für den Teig die Butter oder Margarine mit einem Mixer (Rührstäbe) auf höchster Stufe geschmeidig rühren. Nach und nach Zucker unterrühren. So lange rühren, bis eine gebundene Masse entstanden ist. Eier nach und nach unterrühren (jedes Ei etwa ½ Minute). Mehl mit Backpulver mischen, in 2 Portionen kurz auf mittlerer Stufe unterrühren.

3. Jeweils ein Drittel des Teiges in je eine Springform (Ø 26 cm, Boden gefettet, mit Backpapier belegt) geben und glatt streichen. Einen der Teigböden dick mit Zuckerstreuseln bestreuen. Die Formen nacheinander (bei Heißluft zusammen) auf dem Rost in den vorgeheizten Backofen schieben. Die Gebäckböden **etwa 15 Minuten je Boden backen.**

4. Die Böden sofort nach dem Backen aus den Formen lösen, einzeln auf mit Backpapier belegte Kuchenroste legen und erkalten lassen.

5. Einen Gebäckboden (ohne Zuckerstreusel) auf eine Tortenplatte legen und mit der Hälfte von dem Aprikosen-Apfel-Mus gleichmäßig bestreichen. Den zweiten Boden (ohne Zuckerstreusel) darauflegen und mit dem restlichen Aprikosen-Apfel-Mus bestreichen. Den Boden mit den Zuckerstreuseln darauflegen und leicht andrücken. Die Torte bis zum Verzehr mindestens 1 Stunde durchziehen lassen.

Englischer Kuchen | Klassisch

15 Stücke

Pro Stück: E: 3 g, F: 9 g, Kh: 40 g, kJ: 1087, kcal: 260, BE: 3,5

Für den Rührteig:

100 g Zitronat (Sukkade)
50 g bunte Belegkirschen
100 g Butter oder Margarine (zimmerwarm)
150 g Zucker
1 Pck. Dr. Oetker Vanillin-Zucker
½ Röhrchen Zitronen-Aroma
1 Prise Salz
2 Eier (Größe M)
250 g Weizenmehl
2 gestr. TL Dr. Oetker Backin
100 g Schlagsahne (mind. 30 % Fett)
125 g Rosinen
125 g Korinthen

Zubereitungszeit: 30 Minuten
Backzeit: etwa 75 Minuten

1. Für den Teig Zitronat fein würfeln und die Belegkirschen klein schneiden.

2. Den Backofen vorheizen.
Ober-/Unterhitze: etwa 160 °C
Heißluft: etwa 140 °C

3. Butter oder Margarine mit einem Mixer (Rührstäbe) auf höchster Stufe geschmeidig rühren. Nach und nach Zucker, Vanillin-Zucker, Zitronen-Aroma und Salz unterrühren. So lange rühren, bis eine gebundene Masse entstanden ist. Eier nach und nach unterrühren (jedes Ei etwa ½ Minute).

4. Das Mehl mit Backpulver mischen, abwechselnd in 2 Portionen mit der Sahne kurz auf mittlerer Stufe unterrühren. Rosinen, Korinthen, Zitronat und Kirschen vorsichtig unter den Teig heben.

5. Den Teig in eine Kastenform (25 x 11 cm, gefettet, gemehlt) geben und glatt streichen.

6. Die Form auf dem Rost in den vorgeheizten Backofen schieben und den Kuchen **etwa 75 Minuten backen.**

7. Die Form auf einen Kuchenrost stellen. Den Kuchen etwa 10 Minuten in der Form stehen lassen, dann aus der Form lösen und auf dem Kuchenrost erkalten lassen.

Englischer Weihnachtskuchen I

Klassisch – mit Alkohol

16 Stücke

Pro Stück: E: 9 g, F: 25 g, Kh: 109 g, kJ: 2979, kcal: 712, BE: 9,0

Für den Rührteig:

250 g Butter oder Margarine (zimmerwarm)
250 g Kandisfarin (brauner Zucker)
1 Pck. Dr. Oetker Bourbon-Vanille-Zucker
1/2 Röhrchen Zitronen-Aroma
4–5 EL Rum
abgeriebene Schale von
1 Bio-Zitrone (unbehandelt, ungewachst)
1/2 TL gem. Zimt
1 Msp. ger. Muskatnuss
5 Eier (Größe M)
250 g Weizenmehl
1 Pck. Dr. Oetker Backin
je 300 g Rosinen und Korinthen
100 g fein gehacktes Zitronat (Sukkade)
100 g fein gehacktes Orangeat
50 g gehackte Mandeln
150 g rote, in Stücke geschnittene Belegkirschen

Zum Aprikotieren:

4 EL Aprikosenkonfitüre

Für die Marzipandecke und den Marzipanrand:

200 g Marzipan-Rohmasse
100 g Puderzucker

Für den Guss:

300 g Puderzucker
etwas Wasser

150 g Marzipan-Rohmasse
50 g Puderzucker
etwas rote Speisefarbe
einige Silberperlen

Zubereitungszeit: 60 Minuten, ohne Abkühlzeit
Backzeit: etwa 2 3/4 Stunden

1. Den Backofen vorheizen.
Ober-/Unterhitze: etwa 140 °C
Heißluft: etwa 120 °C

2. Für den Teig die Butter oder Margarine mit einem Mixer (Rührstäbe) auf höchster Stufe geschmeidig rühren. Nach und nach Kandisfarin, Vanille-Zucker, Aroma, Rum, Zitronenschale, Zimt und Muskat unterrühren. So lange rühren, bis eine gebundene Masse entstanden ist. Eier nach und nach unterrühren (jedes Ei etwa 1/2 Minute).

3. Mehl mit Backpulver mischen, in 2 Portionen kurz auf mittlerer Stufe unterrühren. Rosinen, Korinthen, Zitronat, Orangeat, Mandeln und Belegkirschenstücke unterrühren.

4. Den Teig in eine Springform (Ø 24 cm, gefettet) geben und glatt streichen. Die Form auf dem Rost in den vorgeheizten Backofen schieben. Den Kuchen **etwa 2 3/4 Stunden backen.**

5. Den Kuchen aus der Form lösen und auf einen Kuchenrost setzen. Zum Aprikotieren Konfitüre durch ein Sieb streichen. Den heißen Kuchen damit bestreichen. Kuchen erkalten lassen.

6. Für die Marzipandecke und den -rand Marzipan mit Puderzucker verkneten, auf der mit Puderzucker bestäubten Arbeitsfläche eine dünne, runde Platte (Ø 24 cm) ausrollen und auf den Kuchen legen. Aus der restlichen Marzipanmasse einen Streifen in Höhe des Gebäckrandes schneiden, um den Kuchen legen und gut andrücken.

7. Für den Guss Puderzucker mit so viel Wasser verrühren, dass ein dickflüssiger Guss entsteht. Den Kuchen damit überziehen. Guss antrocknen lassen. Marzipan mit Puderzucker und Speisefarbe verkneten, auf der mit Puderzucker bestäubten Arbeitsfläche dünn ausrollen. Mit verschiedenen Ausstechformen Sterne, Rehe und einen Elch ausstechen. Tortenoberfläche und -rand damit belegen. Mit Silberperlen garnieren. Guss fest werden lassen.

Erdbeer-Kokos-Kranz I

Gut vorzubereiten – mit Alkohol
16–18 Stücke

Pro Stück: E: 6 g, F: 33 g, Kh: 37 g, kJ: 1995, kcal: 477, BE: 3,0

Für den Rührteig:
200 g Butter oder Margarine (zimmerwarm)
150 g Zucker
1 Pck. Dr. Oetker Vanillin-Zucker
1 Prise Salz
5 Eier (Größe M)
200 g Weizenmehl
3 TL Dr. Oetker Backin

Für die Füllung:
2 Pck. Dr. Oetker Pudding-Pulver Erdbeer-Geschmack
100 g Zucker
750 ml Milch (3,5 % Fett)
4 EL Eierlikör
250 g Butter (zimmerwarm)

125 g Erdbeerkonfitüre
250 g geputzte, abgespülte, sehr klein geschnittene Erdbeeren

Zum Bestreuen und Garnieren:
200 g geröstete Kokosraspel
6 halbierte Erdbeeren

Zubereitungszeit: 40 Minuten, ohne Kühlzeit
Backzeit: etwa 40 Minuten

1. Den Backofen vorheizen.
Ober-/Unterhitze: etwa 180 °C
Heißluft: etwa 160 °C

2. Für den Teig die Butter oder Margarine mit einem Mixer (Rührstäbe) auf höchster Stufe geschmeidig rühren. Nach und nach Zucker, Vanillin-Zucker und Salz unterrühren. So lange rühren, bis eine gebundene Masse entstanden ist. Eier nach und nach unterrühren (jedes Ei etwa ½ Minute).

3. Das Mehl mit Backpulver mischen, in 2 Portionen kurz auf mittlerer Stufe unterrühren. Den Teig in eine Kranzform (Ø 24 cm, gefettet, gemehlt) geben und glatt streichen. Die Form auf dem Rost in den vorgeheizten Backofen schieben. Den Gebäckkranz **etwa 40 Minuten backen.**

4. Die Form auf einen Kuchenrost stellen. Den Gebäckkranz etwa 10 Minuten in der Form stehen lassen, dann aus der Form lösen, auf einen mit Backpapier belegten Kuchenrost stürzen und erkalten lassen. Den Gebäckkranz zweimal waagerecht durchschneiden.

5. Für die Füllung aus Pudding-Pulver, Zucker und Milch einen Pudding nach Packungsanleitung, aber mit der hier angegebenen Zutatenmenge zubereiten. Eierlikör unterrühren. Den Pudding sofort mit Frischhaltefolie belegen und bei Zimmertemperatur erkalten lassen.

6. Die Butter mit dem Mixer (Rührstäbe) geschmeidig rühren. Den erkalteten Pudding esslöffelweise unterrühren. Dabei darauf achten, dass Butter und Pudding Zimmertemperatur haben, da die Creme sonst gerinnt.

7. Den unteren Kranzboden mit der Hälfte der Erdbeerkonfitüre bestreichen, dabei einen etwa 1 cm breiten Rand frei lassen. Dann die Hälfte der Erdbeerstücke und ein Drittel der Buttercreme darauf verteilen.

8. Den mittleren Kranzboden darauflegen und mit der restlichen Konfitüre bestreichen. Die restlichen Erdbeerstücke daraufgeben und wieder ein Drittel der Buttercreme daraufstreichen. Mit dem oberen Kranzboden belegen.

9. Den Kranz mit der restlichen Buttercreme (etwa 3 Esslöffel davon in einen Spritzbeutel mit Lochtülle geben) bestreichen und mit Kokosraspeln bestreuen.

10. Den Kranz mit der Buttercreme aus dem Spritzbeutel verzieren und mit den Erdbeerhälften garnieren.

11. Erdbeer-Kokos-Kranz mindestens 3 Stunden in den Kühlschrank stellen.

Erdbeer-Limetten-Grieß-Kuchen I

Für Kinder

20 Stücke

Pro Stück: E: 6 g, F: 8 g, Kh: 44 g, kJ: 1159, kcal: 277, BE: 3,5

Für den Rührteig:

125 g Butter oder Margarine (zimmerwarm)
150 g Zucker
1 Pck. Dr. Oetker Bourbon-Vanille-Zucker
4 Eier (Größe M)
500 g Joghurt (3,5 % Fett)
200 g Weizenmehl
1 Pck. Dr. Oetker Backin
300 g Hartweizengrieß

Zum Tränken:

125 ml Wasser
150 g Zucker
Saft von
3 Limetten

Für den Belag:

1 1/2 kg frische Erdbeeren

Für den Guss:

2 Pck. ungezuckerter Tortenguss, klar
4 EL Zucker
500 ml schwarzer Johannisbeersaft

Zubereitungszeit: 55 Minuten, ohne Abkühlzeit
Backzeit: etwa 30 Minuten

1. Den Backofen vorheizen.
Ober-/Unterhitze: etwa 180 °C
Heißluft: etwa 160 °C

2. Für den Teig die Butter oder Margarine mit einem Mixer (Rührstäbe) auf höchster Stufe geschmeidig rühren. Nach und nach Zucker und Vanille-Zucker unterrühren. So lange rühren, bis eine gebundene Masse entstanden ist. Eier nach und nach unterrühren (jedes Ei etwa 1/2 Minute). Anschließend den Joghurt ebenfalls unterrühren.

3. Mehl mit Backpulver mischen, in 2 Portionen mit dem Grieß kurz auf mittlerer Stufe unterrühren. Den Teig auf ein Backblech (30 x 40 cm, mit Backpapier belegt) geben und glatt streichen. Das Backblech in den vorgeheizten Backofen schieben. Die Gebäckplatte **etwa 30 Minuten backen.**

4. Das Backblech auf einen Kuchenrost stellen. Die Gebäckplatte erkalten lassen.

5. Zum Tränken Wasser und Zucker in einem Topf zum Kochen bringen, bis der Zucker gelöst ist. Den Topf von der Kochstelle nehmen, Zuckerlösung abkühlen lassen. Limettensaft unter die Zuckerlösung rühren. Die Gebäckplatte damit tränken. Die Gebäckränder gerade schneiden.

6. Für den Belag Erdbeeren putzen, abspülen, abtropfen lassen, evtl. halbieren und auf die getränkte Gebäckplatte legen.

7. Für den Guss aus Tortengusspulver, Zucker und Saft einen Guss nach Packungsanleitung zubereiten. Den Guss auf den Erdbeeren verteilen. Guss fest werden lassen. Den Kuchen in Stücke schneiden.

Erdbeer-Mohn-Torte I

Fruchtig

8 Stücke

Pro Stück: E: 4 g, F: 13 g, Kh: 26 g, kJ: 985, kcal: 235, BE: 2,0

Für den Rührteig:

50 g Marzipan-Rohmasse
80 g Butter oder Margarine (zimmerwarm)
50 g Zucker
1 Prise Salz
1 Ei (Größe M)
100 g Weizenmehl
½ gestr. TL Dr. Oetker Backin
2 EL Milch (3,5 % Fett)
1 gestr. EL Mohnsamen

Für den Belag:

400 g Erdbeeren
1–2 EL Zucker
½ Pck. ungezuckerter Tortenguss, klar
1–2 TL Zitronensaft

Zum Bestäuben:

etwas Puderzucker

Zubereitungszeit: 35 Minuten, ohne Kühlzeit
Backzeit: etwa 15 Minuten

1. Den Backofen vorheizen.
Ober-/Unterhitze: etwa 180 °C
Heißluft: etwa 160 °C

2. Für den Teig die Marzipan-Rohmasse in kleine Würfel schneiden und in eine Rührschüssel geben. Die Butter oder Margarine hinzufügen und mit einem Mixer (Rührstäbe) auf höchster Stufe geschmeidig rühren. Nach und nach Zucker und Salz unterrühren. So lange rühren, bis eine gebundene Masse entstanden ist. Ei unterrühren (etwa ½ Minute).

3. Mehl mit Backpulver mischen, kurz auf mittlerer Stufe unterrühren. Milch und Mohn unterrühren. Den Teig in eine Obstbodenform (Ø 22 cm, gefettet, gemehlt) geben und glatt streichen. Die Form auf dem

Rost in den vorgeheizten Backofen schieben. Den Obstboden **etwa 15 Minuten backen.**

4. Die Form auf einen Kuchenrost stellen. Den Obstboden etwa 5 Minuten in der Form stehen lassen, dann aus der Form lösen und auf einen mit Backpapier belegten Kuchenrost stürzen. Den Obstboden erkalten lassen.

5. Für den Belag die Erdbeeren putzen, abspülen und gut abtropfen lassen. 100 g der Erdbeeren in Stücke schneiden und mit dem Pürierstab pürieren. Zucker und Tortengusspulver in einem Topf mischen. Erdbeerpüree und Zitronensaft nach und nach unterrühren, unter Rühren aufkochen lassen. Den Guss auf den Obstboden geben. Die restlichen Erdbeeren sofort auf dem Obstboden verteilen. Die Torte in den Kühlschrank stellen. Das Erdbeerpüree fest werden lassen.

6. Die Torte vor dem Servieren mit Puderzucker bestäuben.

Tipps: Noch fruchtiger schmeckt die Torte mit etwas Limettenschale. Dafür eine Bio-Limette (unbehandelt, ungewachst) heiß abwaschen und abtrocknen. Die Hälfte der Limettenschale auf der feinen Seite der Haushaltsreibe abreiben und unter den heißen Tortenguss (Erdbeerpüree) rühren. Die restliche Limettenschale mit einem Zestenreißer dünn abziehen und die Torte damit garnieren.

Erdbeer-Schmand-Torte I

Für Gäste – fruchtig

16 Stücke

Pro Stück: E: 3 g, F: 13 g, Kh: 20 g, kJ: 897, kcal: 215, BE: 2,0

Für den All-in-Teig:

170 g Weizenmehl
2 gestr. TL Dr. Oetker Backin
80 g Zucker
1 Pck. Dr. Oetker Vanillin-Zucker
2 Eier (Größe M)
80 g zerlassene, abgekühlte Butter oder Margarine
100 g Buttermilch

Für den Belag:

500 g Schmand (Sauerrahm, 24 % Fett)
1 Pck. Dr. Oetker Vanillin-Zucker
30 g Zucker
500 g Erdbeeren

Für den Guss:

1 Pck. ungezuckerter Tortenguss, klar
250 ml Orangensaft

Zubereitungszeit: 50 Minuten, ohne Kühlzeit
Backzeit: etwa 25 Minuten

1. Den Backofen vorheizen.
Ober-/Unterhitze: etwa 180 °C
Heißluft: etwa 160 °C

2. Für den Teig Mehl mit Backpulver in einer Rührschüssel mischen. Zucker, Vanillin-Zucker, Eier, Butter oder Margarine und Buttermilch hinzufügen. Die Zutaten mit einem Mixer (Rührstäbe) zunächst kurz auf niedrigster, dann auf höchster Stufe in etwa 1 Minute zu einem glatten Teig verarbeiten.

3. Den Teig in eine Springform (Ø 26 cm, Boden gefettet) geben und glatt streichen. Die Form auf dem Rost in den vorgeheizten Backofen (unteres Drittel) schieben. Den Gebäckboden **etwa 25 Minuten backen.**

4. Die Form auf einen Kuchenrost stellen. Den Gebäckboden etwa 10 Minuten in der Form stehen lassen, dann aus der Form lösen und auf eine Tortenplatte legen. Den Springformrand säubern und um den Gebäckboden stellen.

5. Für den Belag Schmand mit Vanillin-Zucker und Zucker in einer Schüssel verrühren.

6. Die Schmandmasse sofort auf dem noch warmen Gebäckboden verteilen und glatt streichen. Die Torte erkalten lassen.

7. Erdbeeren putzen, abspülen, trocken tupfen und halbieren. Die Erdbeeren dachziegelartig von außen nach innen auf die Schmandmasse legen.

8. Für den Guss aus Tortengusspulver und Saft einen Guss nach Packungsanleitung, aber ohne Zucker zubereiten.

9. Den Guss mit einem Esslöffel von der Mitte aus zügig über die Erdbeeren geben. Die Torte mindestens 1 Stunde in den Kühlschrank stellen. Vor dem Servieren Springformrand lösen und entfernen.

Erdbeer-Sekt-Torte | Mit Alkohol

16 Stücke

Pro Stück: E: 4 g, F: 17 g, Kh: 29 g,
kJ: 1217, kcal: 291, BE: 2,5

Für den Rührteig:

100 g Butter oder Margarine (zimmerwarm)
75 g Zucker
1 Pck. Dr. Oetker Vanillin-Zucker
2 Eier (Größe M)
100 g Weizenmehl
½ gestr. TL Dr. Oetker Backin

3 EL Erdbeerkonfitüre
500 g Erdbeeren

Für die Füllung:

9 Blatt weiße Gelatine
300 g Joghurt (3,5 % Fett)
100 g Zucker
1 Pck. Dr. Oetker Finesse Geriebene Zitronenschale
100 ml trockener Sekt
500 g Schlagsahne (mind. 30 % Fett)

Für den Guss:

1 Pck. gezuckerter Tortenguss mit Erdbeer-Geschmack
3 gestr. EL Zucker
100 ml trockener Sekt
150 ml Wasser

Zubereitungszeit: 35 Minuten, ohne Kühlzeit
Backzeit: etwa 20 Minuten

1. Den Backofen vorheizen.
Ober-/Unterhitze: etwa 180 °C
Heißluft: etwa 160 °C

2. Für den Teig Butter oder Margarine mit einem Mixer (Rührstäbe) auf höchster Stufe geschmeidig rühren. Nach und nach Zucker und Vanillin-Zucker unterrühren. So lange rühren, bis eine gebundene Masse entstanden ist. Eier nach und nach unterrühren (jedes Ei etwa ½ Minute).

3. Mehl mit Backpulver mischen und kurz auf mittlerer Stufe unterrühren. Den Teig in eine Springform (Ø 26 cm, gefettet, mit Backpapier belegt) geben und glatt streichen. Die Form auf dem Rost in den vorgeheizten Backofen schieben. Den Gebäckboden **etwa 20 Minuten backen.**

4. Den Gebäckboden aus der Form lösen, auf einen mit Backpapier belegten Kuchenrost stürzen und erkalten lassen. Mitgebackenes Backpapier abziehen. Gebäckboden auf eine Tortenplatte legen. Einen Tortenring darumstellen.

5. Gebäckboden mit Konfitüre bestreichen. Erdbeeren putzen, abspülen, gut abtropfen lassen und entstielen.

6. Etwa 125 g große Erdbeeren in dünne Scheiben schneiden und mit dem Stängelansatz nach unten rundherum an den inneren Tortenring stellen.

7. Etwa 250 g Erdbeeren vierteln und auf dem Tortenboden verteilen. Die restlichen Erdbeeren in kleine Würfel schneiden.

8. Für die Füllung Gelatine nach Packungsanleitung einweichen. Joghurt mit Zucker, Zitronenschale und Sekt verrühren. Die Gelatine leicht ausdrücken und in einem kleinen Topf bei schwacher Hitze unter Rühren auflösen (nicht kochen).

9. Zuerst etwa 4 Esslöffel der Joghurtmasse mit der Gelatine verrühren, dann unter die restliche Joghurtmasse rühren. Sahne steif schlagen.

10. Wenn die Joghurtmasse anfängt zu gelieren, die Sahne und Erdbeerwürfel unterheben. Die Creme auf dem Tortenboden verteilen.

11. Für den Guss aus Tortengusspulver, Zucker, Sekt und Wasser einen Guss nach Packungsanleitung zubereiten.

12. Den Guss vorsichtig auf die Creme gießen, sodass ein Marmormuster entsteht. Die Torte mindestens 3 Stunden in den Kühlschrank stellen.

13. Den Tortenring vorsichtig lösen und entfernen.

Erdnusskuchen | Für Kinder

20 Stücke

Pro Stück: E: 4 g, F: 13 g, Kh: 20 g,
kJ: 882, kcal: 211, BE: 1,5

Zum Vorbereiten:
125 g geröstete, gesalzene Erdnusskerne

Für den Rührteig:
150 ml Speiseöl, z. B. Sonnenblumenöl
170 g Puderzucker
1 Pck. Dr. Oetker Vanillin-Zucker
3 Eier (Größe M)
250 g Weizenmehl
2 gestr. TL Dr. Oetker Backin
5 EL Mineralwasser (mit Kohlensäure)

Für den Guss:
50 g Zartbitter-Schokolade
1/2 TL Speiseöl, z. B. Sonnenblumenöl

Zubereitungszeit: 30 Minuten, ohne Abkühlzeit
Backzeit: etwa 45 Minuten

1. Zum Vorbereiten die Erdnusskerne sehr fein hacken.

2. Den Backofen vorheizen.
Ober-/Unterhitze: etwa 180 °C
Heißluft: etwa 160 °C

3. Für den Teig Speiseöl, Puderzucker und Vanillin-Zucker mit einem Mixer (Rührstäbe) auf höchster Stufe glatt rühren. Eier nach und nach unterrühren (jedes Ei etwa 1/2 Minute). Die Zutaten anschließend etwa 1 Minute auf höchster Stufe schaumig rühren.

4. Mehl mit Backpulver mischen, in 2 Portionen kurz auf mittlerer Stufe unterrühren. Gehackte Erdnusskerne und Mineralwasser unterrühren.

5. Den Teig in eine Gugelhupfform (Ø 22 cm, mit Speiseöl gefettet, gemehlt) geben und glatt streichen. Die Form auf dem Rost in den vorgeheizten Backofen schieben. Den Kuchen **etwa 45 Minuten backen.**

6. Die Form auf einen Kuchenrost stellen. Den Kuchen etwa 10 Minuten in der Form stehen lassen, dann aus der Form lösen und auf den Kuchenrost stürzen. Kuchen erkalten lassen.

7. Für den Guss Schokolade in kleine Stücke schneiden, mit Speiseöl in einem kleinen Topf im Wasserbad bei schwacher Hitze unter Rühren schmelzen. Den Guss mit einem Löffel auf den Kuchen träufeln, die Schokolade fest werden lassen.

Espresso-Karamell-Kuchen I

Raffiniert – mit Alkohol

16 Stücke

Pro Stück: E: 5 g, F: 17 g, Kh: 36 g, kJ: 1361, kcal: 325, BE: 3,0

Für den Rührteig:

250 g	*Butter oder Margarine (zimmerwarm)*
225 g	*Zucker*
1 Prise	*Salz*
5	*Eier (Größe M)*
350 g	*Weizenmehl*
2 gestr. TL	*Dr. Oetker Backin*
3 gestr. TL	*Instant-Espresso-Pulver*
1–2 EL	*brauner Rum*
100 g	*Karamell-Kugeln*

Für den Guss:

2–3 TL	*Instant-Espresso-Pulver*
2 EL	*heißes Wasser*
4–5 EL	*Puderzucker*

Zubereitungszeit: 40 Minuten, ohne Abkühlzeit
Backzeit: etwa 60 Minuten

1. Den Backofen vorheizen.
Ober-/Unterhitze: etwa 180 °C
Heißluft: etwa 160 °C

2. Für den Teig die Butter oder Margarine mit einem Mixer (Rührstäbe) auf höchster Stufe geschmeidig rühren. Nach und nach Zucker und Salz unterrühren. So lange rühren, bis eine gebundene Masse entstanden ist. Eier nach und nach unterrühren (jedes Ei etwa ½ Minute). Mehl mit Backpulver mischen, in 2 Portionen kurz auf mittlerer Stufe unterrühren. Den Teig halbieren. Espresso-Pulver mit Rum verrühren und unter eine Teighälfte rühren.

3. Mit einem Esslöffel abwechselnd etwas von dem hellen und dunklen Rührteig in eine Kastenform (30 x 11 cm, gefettet, mit Backpapier ausgelegt) geben. Auf jede Teigschicht einige Karamell-Kugeln streuen. Die Form auf dem Rost in den vorgeheizten Backofen schieben. Den Kuchen **etwa 60 Minuten backen.** Dann den Kuchen aus der Form lösen und auf einem Kuchenrost erkalten lassen.

4. Für den Guss Espresso-Pulver in dem Wasser unter Rühren auflösen. Puderzucker nach und nach unterrühren. Den Kuchen mit dem Guss bestreichen. Guss trocknen lassen.

Fanta Schnitten mit Roter Grütze* I

Raffiniert

20 Stücke

Pro Stück: E: 6 g, F: 25 g, Kh: 41 g, kJ: 1701, kcal: 407, BE: 3,5

Für den Rührteig:

4 Eier (Größe M)
250 g Zucker
1 Pck. Dr. Oetker Vanillin-Zucker
125 ml Speiseöl
150 ml Fanta Orange (Limonade)
250 g Weizenmehl
3 gestr. TL Dr. Oetker Backin

Für den Belag:

940 g abgetropfte Pfirsichhälften (aus Dosen)
600 g Schlagsahne (mind. 30 % Fett)
3 Pck. Sahnesteif
5 Pck. Dr. Oetker Vanillin-Zucker
500 g Schmand (Sauerrahm)

500 g Rote Grütze (aus dem Kühlregal)

Zubereitungszeit: 35 Minuten, ohne Kühlzeit
Backzeit: etwa 25 Minuten

1. Den Backofen vorheizen.
Ober-/Unterhitze: etwa 180 °C
Heißluft: etwa 160 °C

2. Für den Teig Eier, Zucker und Vanillin-Zucker mit einem Mixer (Rührstäbe) auf höchster Stufe schaumig schlagen. Speiseöl und Limonade unterrühren.

3. Mehl mit Backpulver mischen, in 2 Portionen kurz auf mittlerer Stufe unterrühren. Den Teig auf ein Backblech (30 x 40 cm, gefettet) geben und glatt streichen. Das Backblech in den vorgeheizten Backofen schieben. Den Gebäckboden **etwa 25 Minuten backen.**

4. Das Backblech auf einen Kuchenrost stellen. Den Gebäckboden erkalten lassen.

5. Für den Belag Pfirsichhälften in kleine Stücke schneiden. Sahne mit Sahnesteif und 3 Päckchen Vanillin-Zucker steif schlagen.

6. Schmand mit dem restlichen Vanillin-Zucker verrühren. Pfirsichstücke unter den Schmand rühren und die Sahne locker unterheben. Die Masse gleichmäßig auf den Gebäckboden geben und glatt streichen. Den Kuchen 2–3 Stunden in den Kühlschrank stellen.

7. Kurz vor dem Servieren mithilfe eines Teelöffels Rote Grütze in Klecksen auf dem Belag verteilen.

Tipps: Statt Pfirsichhälften können auch 960 g abgetropfte Mandarinen (aus Dosen) verwendet werden. Der Schmand kann durch Crème fraîche ersetzt werden.

*Rezept nicht durch Coca-Cola autorisiert.

Feigenkuchen | Erfrischend – für Gäste

20 Stücke

Pro Stück: E: 8 g, F: 17 g, Kh: 29 g, kJ: 1279, kcal: 306, BE: 2,5

Für den All-in-Teig:

100 g Weizenmehl
1 gestr. TL Dr. Oetker Backin
200 g gem. Haselnusskerne
100 g Zucker
1 Pck. Dr. Oetker Vanillin-Zucker
2 Eier (Größe M)
100 g Nuss-Nougat (zimmerwarm)
100 g Butter oder Margarine (zimmerwarm)

Für den Belag:

6 Blatt weiße Gelatine
500 ml Vanillemilch
1 Pck. Dr. Oetker Pudding-Pulver Vanille-Geschmack
50 g Zucker
630 g abgetropfte, ganze Feigen (aus Dosen)
500 g Speisquark (20 % Fett)
200 g Schlagsahne (mind. 30 % Fett)

Für den Guss:

500 ml Feigensaft (aus den Dosen)
2 Pck. ungezuckerter Tortenguss, klar
1 TL Zucker

Zubereitungszeit: 40 Minuten, ohne Kühlzeit
Backzeit: 10–15 Minuten

1. Den Backofen vorheizen.
Ober-/Unterhitze: etwa 180 °C
Heißluft: etwa 160 °C

2. Für den Teig Mehl mit Backpulver und Haselnusskernen mischen, in eine Rührschüssel geben. Zucker, Vanillin-Zucker, Eier, Nuss-Nougat und Butter oder Margarine hinzufügen. Die Zutaten mit einem Mixer (Rührstäbe) zunächst kurz auf niedrigster, dann auf höchster Stufe in etwa 2 Minuten zu einem glatten Teig verarbeiten.

3. Einen Backrahmen auf ein Backblech (30 x 40 cm, mit Backpapier belegt) stellen. Den Teig auf das Backblech geben und glatt streichen. Die Gebäckplatte **10–15 Minuten backen.**

4. Das Backblech auf einen Kuchenrost stellen. Die Gebäckplatte erkalten lassen.

5. Für den Belag Gelatine nach Packungsanleitung einweichen. Aus Vanillemilch, Pudding-Pulver und Zucker einen Pudding nach Packungsanleitung zubereiten. Gelatine leicht ausdrücken, im heißen Pudding unter Rühren auflösen. Den Pudding etwa 15 Minuten unter gelegentlichem Rühren erkalten lassen.

6. Von den Feigen den Saft auffangen. Feigen der Länge nach halbieren, nochmals in einem Sieb abtropfen lassen und den Saft auffangen.

7. Den Quark unter den abgekühlten Pudding rühren. Sahne steif schlagen und ebenfalls unterheben. Die Creme auf der Gebäckplatte verstreichen. Die Feigenhälften darauf verteilen und den Kuchen etwa 2 Stunden in den Kühlschrank stellen.

8. Für den Guss aus Feigensaft, Tortengusspulver und Zucker einen Guss nach Packungsanleitung zubereiten. Guss auf dem Kuchen verteilen. Kuchen nochmals etwa 30 Minuten in den Kühlschrank stellen.

9. Den Backrahmen lösen und entfernen. Den Feigenkuchen in Stücke schneiden.

Feine Schokoladentorte

Für Gäste – gut vorzubereiten

16 Stücke

Pro Stück: E: 5 g, F: 16 g, Kh: 30 g, kJ: 1214, kcal: 290, BE: 2,5

Zum Vorbereiten:

150 g Zartbitter-Schokolade

Für den Rührteig:

150 g Butter oder Margarine (zimmerwarm)
75 g Zucker
1 Pck. Dr. Oetker Vanillin-Zucker
2 Eier (Größe M)
4 Eigelb (Größe M)
150 g Weizenmehl
15 g gesiebtes Kakaopulver
1 gestr. TL Dr. Oetker Backin
4 Eiweiß (Größe M)
75 g Zucker

Zum Bestreichen:

4–6 EL Johannisbeergelee

Für den Guss:

100 g Zartbitter-Schokolade
5 EL Schlagsahne

Zubereitungszeit: 35 Minuten, ohne Kühlzeit
Backzeit: etwa 45 Minuten

1. Zum Vorbereiten Schokolade in Stücke brechen, in einem kleinen Topf im Wasserbad bei schwacher Hitze unter Rühren schmelzen. Schokolade abkühlen lassen.

2. Den Backofen vorheizen.
Ober-/Unterhitze: etwa 180 °C
Heißluft: etwa 160 °C

3. Für den Teig die Butter oder Margarine mit einem Mixer (Rührstäbe) auf höchster Stufe geschmeidig rühren. Nach und nach Zucker, Vanillin-Zucker und geschmolzene Schokolade unterrühren. So lange rühren, bis eine gebundene Masse entstanden ist. Eier und Eigelb nach und nach unterrühren (jeweils Ei/Eigelb etwa 1/2 Minute).

4. Das Mehl mit Kakao und Backpulver mischen, in 2 Portionen kurz auf mittlerer Stufe unterrühren. Eiweiß steif schlagen (der Eischnee muss so fest sein, dass ein Messerschnitt sichtbar bleibt), Zucker nach und nach unterschlagen. Den Eischnee vorsichtig unter den Teig heben.

5. Den Teig in eine Springform (Ø 26 oder 28 cm, Boden gefettet, mit Backpapier belegt) geben und glatt streichen. Die Form auf dem Rost in den vorgeheizten Backofen schieben. Den Gebäckboden **etwa 45 Minuten backen.**

6. Den Gebäckboden aus der Form lösen und auf einen Kuchenrost stürzen. Mitgebackenes Backpapier abziehen. Gebäckboden erkalten lassen, anschließend einmal waagerecht durchschneiden.

7. Zum Bestreichen den unteren Boden auf eine Tortenplatte legen und mit der Hälfte des Gelees bestreichen. Den oberen Boden darauflegen. Tortenrand und -oberfläche mit dem restlichen Gelee bestreichen.

8. Für den Guss die Schokolade mit Sahne wie unter Punkt 1 beschrieben schmelzen. Die Torte damit überziehen, den Guss fest werden lassen. Die Torte in Alufolie verpackt mindestens 1 Tag an einem kühlen, trockenen Ort lagern.

Feiner Früchte-Gugelhupf I

Beliebt

20 Stücke

Pro Stück: E: 4 g, F: 10 g, Kh: 39 g, kJ: 1116, kcal: 267, BE: 3,5

Zum Vorbereiten:

200 g Caribic Royal Knabbermischung (von Seeberger)

Für den All-in-Teig:

450 g Weizenmehl (Type 550)
4 gestr. TL Dr. Oetker Backin
180 g Zucker
1 Pck. Dr. Oetker Vanillin-Zucker
1 Pck. Dr. Oetker Finesse Geriebene Zitronenschale
1 Prise Salz
4 Eier (Größe M)
180 g Butter oder Margarine (zimmerwarm)
300 ml Maracuja-Mango-Nektar

Für den Guss:

100 g Puderzucker
1–2 EL Maracuja-Mango-Nektar

Zubereitungszeit: 30 Minuten, ohne Abkühlzeit
Backzeit: etwa 55 Minuten

1. Zum Vorbereiten nach Belieben Nuss-, Mandel- und Kokosstücke von den Fruchtstücken trennen, Nusskerne fein hacken und in einer Pfanne ohne Fett unter Rühren goldbraun rösten, herausnehmen und auf einem Teller abkühlen lassen. Restliche Knabbermischung (Früchte) etwas klein hacken.

2. Den Backofen vorheizen.
Ober-/Unterhitze: etwa 180 °C
Heißluft: etwa 160 °C

3. Für den Teig Mehl mit Backpulver mischen und in eine Rührschüssel geben. Zucker, Vanillin-Zucker, Zitronenschale, Salz, Eier, Butter oder Margarine und Nektar hinzufügen. Die Zutaten mit einem Mixer (Rührstäbe) zunächst kurz auf niedrigster, dann auf höchster Stufe in etwa 2 Minuten zu einem glatten Teig verarbeiten. Fruchtstücke und die gerösteten Nussstückchen kurz unterrühren.

4. Den Teig in eine Gugelhupfform (Ø 22 cm, gefettet, gemehlt) geben und glatt streichen. Die Form auf dem Rost in den vorgeheizten Backofen (unteres Drittel) schieben. Den Gugelhupf **etwa 55 Minuten backen.**

5. Die Form auf einen Kuchenrost stellen. Den Gugelhupf etwa 10 Minuten in der Form stehen lassen, dann aus der Form lösen und auf einen Kuchenrost stürzen. Gugelhupf erkalten lassen.

6. Für den Guss den Puderzucker mit Nektar zu einer dickflüssigen Masse verrühren. Den Gugelhupf damit bestreichen oder besprenkeln. Guss trocknen lassen.

Feiner Mohnkuchen mit Kokoshaube | Für Gäste

16 Stücke

Pro Stück: E: 8 g, F: 26 g, Kh: 29 g, kJ: 1598, kcal: 382, BE: 2,5

Zum Vorbereiten:

1 Bio-Orange (unbehandelt, ungewachst)
1 Orange

Für den Rührteig:

200 g Butter oder Margarine (zimmerwarm)
170 g Zucker
1 Pck. Dr. Oetker Bourbon-Vanille-Zucker
4 Eier (Größe M)
3 Eigelb (Größe M)
120 g Weizenmehl
2 gestr. TL Dr. Oetker Backin
250 g gem. Mohn
3 EL Orangensaft (von den Orangen)

Für den Belag:

3 Eiweiß (Größe M)
1 Prise Salz
150 g Zucker
1 EL Orangensaft (von den Orangen)
150 g Kokosraspel

Zubereitungszeit: 35 Minuten
Backzeit: etwa 25 Minuten

1. Zum Vorbereiten die Bio-Orange heiß abwaschen, abtrocknen und von einer Hälfte die Schale abreiben. Die Bio-Orange und die Hälfte der zweiten Orange so schälen, dass die weiße Haut vollständig entfernt wird. Orangen filetieren und dabei den Saft auffangen. Orangenfilets beiseitestellen. Von der restlichen Orangenhälfte den Saft auspressen und mit dem aufgefangenen Saft insgesamt 4 Esslöffel abmessen.

2. Den Backofen vorheizen.
Ober-/Unterhitze: etwa 180 °C
Heißluft: etwa 160 °C

3. Für den Teig Butter oder Margarine mit einem Mixer (Rührstäbe) auf höchster Stufe geschmeidig rühren.

4. Nach und nach Zucker, Vanille-Zucker und abgeriebene Orangenschale unterrühren. So lange rühren, bis eine gebundene Masse entstanden ist.

5. Eier und Eigelb nach und nach unterrühren (jedes Ei/Eigelb etwa ½ Minute).

6. Das Mehl mit Backpulver und Mohn mischen, in 2 Portionen mit dem Orangensaft kurz auf mittlerer Stufe unterrühren. Beiseitegestellte Orangenfilets in kleine Stücke schneiden und unter den Teig heben.

7. Einen Backrahmen auf ein Backblech (30 x 40 cm, mit Backpapier belegt) stellen. Den Rührteig auf dem Backblech verteilen, glatt streichen.

8. Das Backblech in den vorgeheizten Backofen schieben. Die Gebäckplatte **etwa 15 Minuten vorbacken.**

9. Das Backblech auf einen Kuchenrost stellen. Die Backofentemperatur um etwa 20 °C heraufschalten.

10. Für den Belag Eiweiß und Salz mit dem Mixer (Rührstäbe) auf höchster Stufe steif schlagen. Der Schnee muss so fest sein, dass ein Messerschnitt sichtbar bleibt.

11. Zucker nach und nach kurz unterschlagen. Orangensaft unterrühren und Kokosraspel unterheben.

12. Die Kokosmasse auf die heiße, vorgebackene Gebäckplatte geben und unregelmäßig verstreichen. Das Backblech wieder in den heißen Backofen schieben. Den Mohnkuchen **weitere etwa 10 Minuten backen.**

13. Das Backblech auf einen Kuchenrost stellen. Den Mohnkuchen erkalten lassen. Den Backrahmen lösen und entfernen.

14. Den Kuchen in Stücke schneiden. Mitgebackenes Backpapier entfernen.

Feiner Napfkuchen mit Schokoguss I

Einfach
20 Stücke

Pro Stück: E: 4 g, F: 20 g, Kh: 35 g, kJ: 1399, kcal: 334, BE: 3,0

Für den Rührteig:
350 g Butter oder Margarine (zimmerwarm)
300 g Zucker
1 Pck. Dr. Oetker Vanillin-Zucker
4 Eier (Größe M)
350 g Weizenmehl
50 g Speisestärke
4 gestr. TL Dr. Oetker Backin
1 EL Milch (3,5 % Fett)

Für den Guss:
200 g Zartbitter-Schokolade
1 EL Speiseöl

Zubereitungszeit: 30 Minuten, ohne Abkühlzeit
Backzeit: etwa 60 Minuten

1. Den Backofen vorheizen.
Ober-/Unterhitze: etwa 180 °C
Heißluft: etwa 160 °C

2. Für den Teig Butter oder Margarine mit einem Mixer (Rührstäbe) auf höchster Stufe geschmeidig rühren. Nach und nach Zucker und Vanillin-Zucker unterrühren. So lange rühren, bis eine gebundene Masse entstanden ist.

3. Die Eier nach und nach unterrühren (jedes Ei etwa ½ Minute). Mehl mit Speisestärke und Backpulver mischen, abwechselnd in 2 Portionen mit der Milch kurz auf mittlerer Stufe unterrühren.

4. Den Teig in eine Gugelhupfform (Ø 24 cm, gefettet, gemehlt) geben und glatt streichen.

5. Die Form auf dem Rost in den vorgeheizten Backofen (unteres Drittel) schieben und den Kuchen **etwa 60 Minuten backen.**

6. Die Form auf einen Kuchenrost stellen. Den Kuchen etwa 10 Minuten in der Form stehen lassen, dann aus der Form lösen und auf einen Kuchenrost stürzen. Den Kuchen erkalten lassen.

7. Für den Guss Schokolade in kleine Stücke brechen, mit Speiseöl in einem kleinen Topf im Wasserbad bei schwacher Hitze unter Rühren schmelzen. Kuchen damit überziehen. Den Guss trocknen und fest werden lassen.

Tipp: Der Napfkuchen kann ohne Guss eingefroren werden.

Feiner Schokoladen-Gugelhupf I

Beliebt – gefriergeeignet
20 Stücke

Pro Stück: E: 4 g, F: 11 g, Kh: 17 g,
kJ: 777, kcal: 186, BE: 1,5

Für den Rührteig:
150 g Zartbitter-Schokolade
4 Eiweiß (Größe M)
75 g Zucker
150 g Butter oder Margarine (zimmerwarm)
75 g Zucker
1 Pck. Dr. Oetker Vanillin-Zucker
1 Prise Salz
2 Eier (Größe M)
4 Eigelb (Größe M)
150 g Weizenmehl
1 gestr. TL Dr. Oetker Backin
10 g gesiebtes Kakaopulver

Semmelbrösel für die Form

Zum Bestäuben:
1 EL Puderzucker

Zubereitungszeit: 30 Minuten, ohne Abkühlzeit
Backzeit: etwa 45 Minuten

1. Für den Teig Schokolade in Stücke brechen. Zwei Drittel davon in einem kleinen Topf im Wasserbad bei schwacher Hitze unter Rühren schmelzen. Den Topf aus dem Wasserbad nehmen. Restliche Schokolade darin unter Rühren schmelzen, abkühlen lassen. Das Eiweiß mit Zucker so steif schlagen, dass ein Messerschnitt sichtbar bleibt.

2. Den Backofen vorheizen.
Ober-/Unterhitze: etwa 180 °C
Heißluft: etwa 160 °C

3. Butter oder Margarine mit einem Mixer (Rührstäbe) auf höchster Stufe geschmeidig rühren. Nach und nach Zucker, Vanillin-Zucker, Salz und flüssige Schokolade unterrühren. So lange rühren, bis eine gebundene Masse entstanden ist. Eier und Eigelb nach und nach unterrühren (jedes Ei etwa ½ Minute). Das Mehl mit Backpulver und Kakao mischen, kurz auf mittlerer Stufe unterrühren. Eischnee mit einem Teigschaber unterheben.

4. Den Teig in eine Gugelhupfform (Ø 22–24 cm, gefettet, mit Semmelbröseln ausgestreut) füllen und glatt streichen. Die Form auf dem Rost in den vorgeheizten Backofen (untere Schiene) schieben. Den Gugelhupf **etwa 45 Minuten backen.**

5. Die Form auf einen Kuchenrost stellen. Den Kuchen etwa 10 Minuten in der Form stehen lassen, danach aus der Form lösen und auf einen mit Backpapier belegten Kuchenrost stürzen. Gugelhupf erkalten lassen. Den Gugelhupf vor dem Servieren mit Puderzucker bestäuben.

Tipp: Der Kuchen kann bereits am Vortag gebacken werden.

Frankfurter Kranz

Traditionell – klassisch

16 Stücke

Pro Stück: E: 5 g, F: 26 g, Kh: 38 g,
kJ: 1705, kcal: 408, BE: 3,0

Für den Rührteig:

100 g Butter oder Margarine (zimmerwarm)
150 g Zucker
1 Pck. Dr. Oetker Vanillin-Zucker
4 Tropfen Zitronen-Aroma
1 Prise Salz
3 Eier (Größe M)
150 g Weizenmehl
50 g Speisestärke
2 gestr. TL Dr. Oetker Backin

Für den Krokant:

10 g Butter
60 g Zucker
125 g gehackte Mandeln

Für die Buttercreme:

1 Pck. Dr. Oetker Pudding-Pulver Vanille-Geschmack
100 g Zucker
500 ml Milch (3,5 % Fett)
250 g Butter (zimmerwarm)

Außerdem:

3 EL Johannisbeergelee oder Erdbeerkonfitüre
einige Belegkirschen

Zubereitungszeit: 60 Minuten, ohne Kühlzeit
Backzeit: etwa 40 Minuten

1. Den Backofen vorheizen.
Ober-/Unterhitze: etwa 180 °C
Heißluft: etwa 160 °C

2. Für den Teig die Butter oder Margarine mit einem Mixer (Rührstäbe) auf höchster Stufe geschmeidig rühren. Nach und nach Zucker, Vanillin-Zucker, Aroma und Salz unterrühren. So lange rühren, bis eine gebundene Masse entstanden ist. Eier nach und nach unterrühren (jedes Ei etwa ½ Minute).

3. Mehl mit Speisestärke und Backpulver mischen, in 2 Portionen kurz auf mittlerer Stufe unterrühren. Den Teig in eine Kranzform (Ø 22 cm, gefettet) geben und glatt streichen. Die Form auf dem Rost in den vorgeheizten Backofen (unteres Drittel) schieben. Den Gebäckkranz **etwa 40 Minuten backen.**

4. Die Form auf einen Kuchenrost stellen. Den Gebäckkranz etwa 10 Minuten in der Form stehen lassen, dann aus der Form lösen und auf einen mit Backpapier belegten Kuchenrost stürzen. Den Gebäckkranz erkalten lassen.

5. Für den Krokant Butter, Zucker und Mandeln in einer Pfanne unter Rühren so lange erhitzen, bis die Mandelmasse gebräunt ist. Krokantmasse auf ein Stück Alufolie geben und erkalten lassen.

6. Für die Buttercreme aus Pudding-Pulver, Zucker und Milch einen Pudding nach Packungsanleitung, aber mit 100 g Zucker zubereiten. Den Pudding erkalten lassen (nicht kalt stellen), dabei gelegentlich durchrühren.

7. Butter mit dem Mixer (Rührstäbe) auf höchster Stufe geschmeidig rühren. Den erkalteten Pudding esslöffelweise unterrühren. Dabei darauf achten, dass Butter und Pudding Zimmertemperatur haben, da die Buttercreme sonst gerinnt.

8. Dann den Gebäckkranz zweimal waagerecht durchschneiden. Gelee mit einem Schneebesen glatt rühren oder Konfitüre durch ein Sieb streichen. Den unteren Gebäckboden damit bestreichen. Die beiden unteren Böden mit insgesamt der Hälfte der Buttercreme bestreichen. Alle Gebäckböden vorsichtig wieder zu einem Kranz zusammensetzen.

9. Mit der restlichen Buttercreme den Kranz vollständig bestreichen (1–2 Esslöffel abnehmen) und mit Krokant bestreuen.

10. Die abgenommene Buttercreme in einen Spritzbeutel mit Sterntülle (Ø etwa 5 mm) geben. Den Kranz

damit verzieren und mit Belegkirschen garnieren. Den Kranz etwa 2 Stunden in den Kühlschrank stellen.

Abwandlung: Backen Sie den Frankfurter Kranz in einer großen Kranzform (Ø 26 cm). Dafür einen Rührteig aus 200 g zimmerwarmer Butter oder Margarine, 300 g Zucker, 2 Päckchen Dr. Oetker Vanillin-Zucker, 1 Röhrchen Rum-Aroma, 1 Prise Salz, 6 Eiern (Größe M), 300 g Weizenmehl, 100 g Speisestärke und 4 gestrichenen Teelöffeln Backpulver wie im Rezept beschrieben zubereiten und bei angegebener Backofentemperatur etwa 45 Minuten backen. Den Krokant aus 25 g Butter, 125 g Zucker und 200 g gehackten Mandeln zubereiten. Für die Buttercreme 2 Päckchen Dr. Oetker Pudding-Pulver Vanille-Geschmack, 200 g Zucker, 1 Liter Milch (3,5 % Fett) und 500 g zimmerwarme Butter verwenden. Den Gebäckkranz dreimal waagerecht durchschneiden und füllen. Außerdem benötigen Sie 150 g rotes Gelee oder Konfitüre und einige Belegkirschen.

Frankfurter Kranz mit Erdbeercreme

Raffiniert

20 Stücke

Pro Stück: E: 5 g, F: 21 g, Kh: 30 g, kJ: 1374, kcal: 328, BE: 2,5

Für den Rührteig:

140 g Butter oder Margarine (zimmerwarm)
170 g Zucker
1 Prise Salz
4 Eier (Größe M)
200 g Weizenmehl
70 g Speisestärke
2 geh. TL Dr. Oetker Backin
3 EL Milch (3,5 % Fett)
2 EL Zitronensaft

Für die Füllung:

400 g Erdbeeren
1 Pck. Dr. Oetker Pudding-Pulver Vanille-Geschmack
75 g Zucker
1 Eigelb (Größe M)
500 ml Milch (3,5 % Fett)
1 Pck. Dr. Oetker Vanillin-Zucker
1 Prise Salz
30 g Kokosfett
200 g Butter (zimmerwarm)
50 g Puderzucker

Zum Bestreuen:

100 g grob gem. Pistazienkerne

Zubereitungszeit: 50 Minuten, ohne Abkühl- und Durchziehzeit
Backzeit: 35–40 Minuten

1. Den Backofen vorheizen.
Ober-/Unterhitze: etwa 180 °C
Heißluft: etwa 160 °C

2. Für den Teig die Butter oder Margarine mit einem Mixer (Rührstäbe) auf höchster Stufe geschmeidig rühren. Nach und nach Zucker und Salz unterrühren. So lange rühren, bis eine gebundene Masse entstanden ist. Eier nach und nach unterrühren (jedes Ei etwa 1/2 Minute). Das Mehl mit Speisestärke und Backpulver mischen, abwechselnd mit Milch und Zitronensaft in 2 Portionen kurz auf mittlerer Stufe unterrühren.

3. Den Teig in eine Kranzform (Ø 24 cm, gefettet) geben und glatt streichen. Die Form auf dem Rost in den vorgeheizten Backofen schieben. Den Gebäckkranz **35–40 Minuten backen.**

4. Die Form auf einen Kuchenrost stellen. Den Gebäckkranz etwa 10 Minuten in der Form stehen lassen, danach aus der Form lösen und auf einen mit Backpapier belegten Kuchenrost stürzen. Gebäckkranz erkalten lassen, dann zweimal waagerecht durchschneiden.

5. Für die Füllung Erdbeeren putzen, abspülen, gut abtropfen lassen, entstielen und halbieren. Pudding-Pulver, Zucker und Eigelb mit etwas Milch anrühren. Restliche Milch mit Vanillin-Zucker, Salz und Kokosfett in einem Topf zum Kochen bringen. Angerührtes Pudding-Pulver in die von der Kochstelle genommene Milch rühren und unter Rühren gut aufkochen lassen. Den Pudding in eine Rührschüssel geben, Frischhaltefolie direkt auf die Puddingoberfläche legen, damit sich keine Haut bildet. Den Pudding erkalten lassen (nicht kalt stellen).

6. Die Butter mit Puderzucker geschmeidig rühren. Den Pudding esslöffelweise unterrühren. Dabei darauf achten, dass Butter und Pudding Zimmertemperatur haben, da die Creme sonst gerinnt. Gut die Hälfte der Buttercreme auf den unteren und mittleren Kranzboden streichen und mit Erdbeerhälften belegen. Jeweils etwas Buttercreme daraufstreichen und die einzelnen Böden zu einem Kranz zusammensetzen. Den oberen Gebäckboden darauflegen und etwas andrücken. Den Kranz mit der restlichen Buttercreme bestreichen und mit Pistazienkernen bestreuen.

7. Den Frankfurter Kranz in den Kühlschrank stellen und gut durchziehen lassen.

Tipp: Den Frankfurter Kranz zusätzlich mit 125 g vorbereiteten Erdbeeren garnieren.

Früchtekuchen mit Couscous

Klassisch

15 Stücke

Pro Stück: E: 3 g, F: 7 g, Kh: 32 g, kJ: 863, kcal: 206, BE: 2,5

Zum Vorbereiten:

50 g Soft-Feigen (ohne Stiel)
50 g getrocknete Aprikosen
50 g getrocknete Apfelringe
100 g getrocknete Cranberrys
100 g Couscous
250 ml Wasser

Für den Rührteig:

100 g Butter oder Margarine (zimmerwarm)
150 g Zucker
1 Prise Salz
2 Eier (Größe M)
150 g Vollkorn-Weizenmehl
4 gestr. TL Dr. Oetker Backin
1–2 gestr. TL gem. Zimt
1 Msp. gem. Gewürznelken

Zubereitungszeit: 35 Minuten, ohne Durchzieh- und Abkühlzeit
Backzeit: etwa 45 Minuten

1. Zum Vorbereiten die getrockneten Früchte sehr fein hacken und mit dem Couscous vermischen. Wasser in einem Topf zum Kochen bringen. Die Früchte-Couscous-Mischung unterrühren. Den Topf von der Kochstelle nehmen. Die Früchte-Couscous-Mischung zugedeckt etwa 30 Minuten stehen lassen, bis die Flüssigkeit aufgesogen ist, abkühlen lassen.

2. Den Backofen vorheizen.
Ober-/Unterhitze: etwa 180 °C
Heißluft: etwa 160 °C

3. Für den Teig die Butter oder Margarine mit einem Mixer (Rührstäbe) auf höchster Stufe geschmeidig rühren. Nach und nach Zucker und Salz unterrühren. So lange rühren, bis eine gebundene Masse entstanden ist. Eier nach und nach unterrühren (jedes Ei etwa ½ Minute).

4. Mehl mit Backpulver, Zimt und Nelken mischen, in 2 Portionen kurz auf mittlerer Stufe unterrühren. Früchte-Couscous-Masse kurz unterrühren. Den Teig in eine Kastenform (25 x 11 cm, gefettet, gemehlt) geben und glatt streichen. Die Form auf dem Rost in den vorgeheizten Backofen schieben. Den Früchtekuchen **etwa 45 Minuten backen.**

5. Die Form auf einen Kuchenrost stellen. Den Kuchen etwa 5 Minuten in der Form stehen lassen, dann aus der Form lösen, auf den Kuchenrost stürzen und wieder umdrehen. Früchtekuchen erkalten lassen.

Tipps: Vor dem Servieren evtl. einen Kuchenrost auf den Kuchen legen. Den Kuchen mit Puderzucker bestäuben und anschließend den Kuchenrost vorsichtig entfernen.

Gefüllte Schokoladentorte

Beliebt

16 Stücke

Pro Stück: E: 6 g, F: 25 g, Kh: 29 g, kJ: 1536, kcal: 367, BE: 2,5

Für den Rührteig:

250 g Butter oder Margarine (zimmerwarm)
150 g Zucker
2 Pck. Dr. Oetker Vanillin-Zucker
1 Msp. Salz
5 Eier (Größe M)
150 g Vollkorn-Weizenmehl
50 g gesiebtes Kakaopulver
2 gestr. TL Dr. Oetker Backin

Für die Füllung:

30 g Speisestärke
1 Ei (Größe M)
2 EL brauner Zucker
2 Pck. Dr. Oetker Bourbon-Vanille-Zucker
30 g gesiebtes Kakaopulver
300 ml Milch (3,5 % Fett)
150 g Butter (zimmerwarm)
100 g Puderzucker

20 g Zartbitter-Raspelschokolade

Zubereitungszeit: 45 Minuten, ohne Abkühlzeit
Backzeit: 15–20 Minuten je Boden

1. Den Backofen vorheizen.
Ober-/Unterhitze: etwa 180 °C
Heißluft: etwa 160 °C

2. Für den Teig die Butter oder Margarine mit einem Mixer (Rührstäbe) auf höchster Stufe geschmeidig rühren. Nach und nach Zucker, Vanillin-Zucker und Salz unterrühren. So lange rühren, bis eine gebundene Masse entstanden ist. Eier nach und nach unterrühren (jedes Ei etwa ½ Minute).

3. Das Mehl mit Kakao und Backpulver mischen, in 2 Portionen kurz auf mittlerer Stufe unterrühren. Den Teig halbieren. Jeweils eine Teighälfte in eine Springform (Ø 26 cm, Boden gefettet) geben, glatt streichen. Die Formen nacheinander (bei Heißluft zusammen) auf dem Rost in den vorgeheizten Backofen schieben. Die Gebäckböden **15–20 Minuten je Boden backen.**

4. Die Formen auf Kuchenroste stellen. Die Gebäckböden etwa 10 Minuten in den Formen stehen lassen, dann aus den Formen lösen und auf je einen Kuchenrost stürzen. Gebäckböden erkalten lassen.

5. Für die Füllung Speisestärke mit dem Ei in einem Topf anrühren. Zucker, Vanille-Zucker und Kakao hinzufügen. Milch hinzugießen, unter Rühren zum Kochen bringen und gut aufkochen lassen. Den Topf von der Kochstelle nehmen. Frischhaltefolie direkt auf den Pudding legen. Den Pudding bei Zimmertemperatur erkalten lassen.

6. Butter und Puderzucker mit dem Mixer (Rührstäbe) schaumig schlagen. Nach und nach den Pudding unterrühren. Darauf achten, dass Butter und Pudding Zimmertemperatur haben, da die Creme sonst gerinnt.

7. Einen Gebäckboden auf eine Tortenplatte legen. Zwei Drittel der Creme daraufgeben und glatt streichen. Den zweiten Gebäckboden darauflegen, leicht andrücken. Tortenoberfläche und -rand mit der restlichen Creme bestreichen und mit einem Esslöffel wellenartig verzieren. Tortenoberfläche mit Raspelschokolade bestreuen.

Geschichteter Topfkuchen

Raffiniert

15 Stücke

Pro Stück: E: 6 g, F: 24 g, Kh: 32 g, kJ: 1523, kcal: 364, BE: 2,5

Für den Rührteig:

250 g Butter oder Margarine (zimmerwarm)
150 g Zucker
1 Pck. Dr. Oetker Vanillin-Zucker
1 Prise Salz
5 Eier (Größe M)
200 g Weizenmehl
70 g Speisestärke
2 gestr. TL Dr. Oetker Backin
50 g Nuss-Nougat-Creme (zimmerwarm)
3 EL Sanddornsaft (100 % Direktsaft mit Fruchtmark)
100 g abgezogene, gem. Mandeln
1 Marzipanbrot mit Schokoüberzug (etwa 50 g)

Für den Guss:

75 g dunkle Kuchenglasur

Zubereitungszeit: 35 Minuten, ohne Abkühlzeit
Backzeit: 50–60 Minuten

1. Den Backofen vorheizen.
Ober-/Unterhitze: etwa 180 °C
Heißluft: etwa 160 °C

2. Für den Teig die Butter oder Margarine mit einem Mixer (Rührstäbe) auf höchster Stufe geschmeidig rühren. Nach und nach Zucker, Vanillin-Zucker und Salz unterrühren. So lange rühren, bis eine gebundene Masse entstanden ist. Eier nach und nach unterrühren (jedes Ei etwa ½ Minute).

3. Mehl mit Speisestärke und Backpulver mischen, in 2 Portionen kurz auf mittlerer Stufe unterrühren. Den Teig in 5 gleich große Portionen teilen. Eine Teigportion mit Nougat-Creme verrühren, in eine Kastenform (25 x 11 cm, gefettet, gemehlt) geben und glatt streichen. Eine weitere Teigportion daraufgeben und glatt streichen.

4. Die dritte Teigportion mit Sanddornsaft und der Hälfte der Mandeln verrühren, auf die zweite Teigschicht geben und glatt streichen. Die vierte Teigportion daraufgeben und glatt streichen.

5. Marzipanbrot in kleine Würfel schneiden, mit den restlichen Mandeln unter den restlichen Teig rühren, auf die vierte Teigschicht geben und glatt streichen. Die Form auf dem Rost in den vorgeheizten Backofen schieben. Den Kuchen **50–60 Minuten backen.**

6. Die Form auf einen Kuchenrost stellen. Den Kuchen etwa 10 Minuten in der Form stehen lassen, danach aus der Form lösen, auf einen Kuchenrost stürzen und wieder umdrehen. Kuchen erkalten lassen.

7. Für den Guss Kuchenglasur nach Packungsanleitung schmelzen. Den Kuchen mit dem Guss überziehen. Guss fest werden lassen.

Tipps: Die einzelnen Teigportionen lassen sich prima schichten und glatt streichen, wenn man sie in kleinen Häufchen auf die vorige Teigschicht gibt. Ohne Guss lässt sich der Kuchen einfrieren.

Gewürz-Kirsch-Tarte

Einfach

16 Stücke

Pro Stück: E: 5 g, F: 17 g, Kh: 35 g, kJ: 1309, kcal: 313, BE: 3,0

Für den Rührteig:

125 g Butter oder Margarine (zimmerwarm)
110 g Zucker
1 gestr. TL gem. Zimt
½ TL gem. Piment
1 gestr. TL Dr. Oetker Finesse Geriebene Zitronenschale
2 Eier (Größe M)
170 g Weizenmehl
2 gestr. TL Dr. Oetker Backin
370 g gut abgetropfte Sauerkirschen (aus dem Glas)

Für die Streusel:

170 g Weizenmehl
1 gestr. TL Dr. Oetker Backin
40 g gesiebtes Kakaopulver
110 g Zucker
3 EL gehackte Cashewkerne
25 g gehackte Pistazienkerne
125 g Butter oder Margarine (zimmerwarm)

Zubereitungszeit: 50 Minuten
Backzeit: etwa 45 Minuten

1. Den Backofen vorheizen.
Ober-/Unterhitze: etwa 180 °C
Heißluft: etwa 160 °C

2. Für den Teig die Butter oder Margarine mit einem Mixer (Rührstäbe) auf höchster Stufe geschmeidig rühren. Nach und nach Zucker, Zimt, Piment und Zitronenschale unterrühren. So lange rühren, bis eine gebundene Masse entstanden ist. Eier nach und nach unterrühren (jedes Ei etwa ½ Minute).

3. Mehl mit Backpulver mischen, kurz auf mittlerer Stufe unterrühren. Teig in eine Tarteform (Ø 28 cm, gefettet) geben und glatt streichen. Sauerkirschen darauf verteilen.

4. Für die Streusel Mehl mit Backpulver und Kakao mischen und in eine Rührschüssel geben. Zucker, Cashew-, Pistazienkerne und Butter oder Margarine hinzufügen. Die Zutaten mit dem Mixer (Rührstäbe) zu Streuseln von gewünschter Größe verarbeiten. Die Teigstreusel auf den Sauerkirschen verteilen. Die Form auf dem Rost in den vorgeheizten Backofen schieben. Die Tarte **etwa 45 Minuten backen.**

5. Die Tarte aus der Form lösen und auf einem Kuchenrost erkalten lassen.

Gewürzkuchen | Mit Alkohol

16 Stücke

Pro Stück: E: 4 g, F: 22 g, Kh: 32 g, kJ: 1449, kcal: 346, BE: 2,5

Zum Vorbereiten:

300 g Rote Bete (gegart, vakuumverpackt)

Für den Rührteig:

180 g Butter oder Margarine (zimmerwarm)
170 g brauner Zucker
1 Prise Salz
3 Eier (Größe M)
250 g Weizenmehl
20 g Weichweizengrieß
4 gestr. TL Dr. Oetker Backin
3 gestr. TL Lebkuchengewürz

Für die Buttercreme:

1 Pck. Dr. Oetker Pudding-Pulver Sahne-Geschmack
80 g Zucker
450 ml Milch (3,5 % Milch)
200 g Butter (zimmerwarm)
evtl. 1–2 EL brauner Rum

Zum Bestäuben:

1 TL Lebkuchengewürz
1 TL Puderzucker

Zubereitungszeit: 40 Minuten, ohne Kühlzeit
Backzeit: etwa 40 Minuten

1. Zum Vorbereiten die Rote Bete trocken tupfen, in Würfel schneiden (evtl. Handschuhe tragen, Rote Bete färbt), in einen hohen Rührbecher geben und mit dem Pürierstab fein pürieren.

2. Den Backofen vorheizen.
Ober-/Unterhitze: etwa 180 °C
Heißluft: etwa 160 °C

3. Für den Teig die Butter oder Margarine mit einem Mixer (Rührstäbe) auf höchster Stufe geschmeidig rühren. Nach und nach Zucker und Salz unterrühren. So lange rühren, bis eine gebundene Masse entstanden ist. Eier nach und nach unterrühren (jedes Ei etwa ½ Minute).

4. Mehl mit Grieß, Backpulver und Lebkuchengewürz mischen, abwechselnd in 2 Portionen mit dem Rote-Bete-Püree kurz auf mittlerer Stufe unterrühren.

5. Den Teig in eine Springform (Ø 26 cm, Boden gefettet, gemehlt) geben und glatt streichen. Die Form auf dem Rost in den vorgeheizten Backofen schieben. Den Gebäckboden **etwa 40 Minuten backen.**

6. Die Form auf einen Kuchenrost stellen. Den Gebäckboden etwa 10 Minuten in der Form stehen lassen, dann aus der Form lösen und auf dem Kuchenrost erkalten lassen. Gebäckboden einmal waagerecht durchschneiden.

7. Für die Buttercreme aus Pudding-Pulver, Zucker und Milch einen Pudding nach Packungsanleitung, aber mit 80 g Zucker und 450 ml Milch zubereiten. Den Topf von der Kochstelle nehmen. Die Puddingoberfläche sofort mit Frischhaltefolie belegen, damit sich keine Haut bildet. Den Pudding erkalten lassen (nicht kalt stellen).

8. Die Butter mit dem Mixer (Rührstäbe) geschmeidig rühren. Den erkalteten Pudding esslöffelweise unterrühren. Dabei darauf achten, dass Butter und Pudding Zimmertemperatur haben, da die Creme sonst gerinnt.

9. Die Creme nach Belieben mit Rum abschmecken.

10. Den unteren Gebäckboden auf eine Tortenplatte legen. Die Hälfte der Buttercreme darauf verteilen.

11. Anschließend den oberen Gebäckboden darauflegen. Den Kuchen mit der restlichen Buttercreme rundherum bestreichen.

12. Mit einer Gabel von der Mitte aus nach außen ein wellenartiges Muster in die Kuchenoberfläche ziehen.

13. Den Kuchen zugedeckt mindestens 1 Stunde in den Kühlschrank stellen.

14. Zum Bestäuben kurz vor dem Servieren Puderzucker und Lebkuchengewürz mischen. Den Kuchen damit bestäuben.

Tipp: Sehr lecker schmeckt es auch, wenn Sie den Kuchen ungefüllt z. B. mit halbsteif geschlagener Sahne servieren.

Gewürzkuchenkranz I

Raffiniert – für die Adventszeit
20 Stücke

Pro Stück: E: 5 g, F: 16 g, Kh: 51 g, kJ: 1548, kcal: 370, BE: 4,0

Für den Rührteig:
200 g gefüllte Lebkuchenherzen (edelherb)
250 g Butter oder Margarine (zimmerwarm)
250 g Zucker
1 Pck. Dr. Oetker Vanillin-Zucker
4 Eier (Größe M)
500 g Weizenmehl
2 gestr. TL Natron
½ TL gem. Zimt
3 Msp. gem. Gewürznelken
355 g Apfelmus (aus dem Glas)

Zum Aprikotieren:
200 g Aprikosenkonfitüre

Zum Tränken:
100 ml Orangensaft

Für den Guss:
150 g Zartbitter-Kuvertüre

Zum Garnieren:
evtl. einige Gelee-Orangen
20 g gehobelte, geröstete Haselnusskerne

Zubereitungszeit: 35 Minuten, ohne Abkühlzeit
Backzeit: etwa 50 Minuten

1. Den Backofen vorheizen.
Ober-/Unterhitze: etwa 180 °C
Heißluft: etwa 160 °C

2. Für den Teig Lebkuchenherzen fein hacken. Die Butter oder Margarine mit einem Mixer (Rührstäbe) auf höchster Stufe geschmeidig rühren. Nach und nach Zucker und Vanillin-Zucker unterrühren. So lange rühren, bis eine gebundene Masse entstanden ist. Die Eier nach und nach unterrühren (jedes Ei etwa ½ Minute).

3. Das Mehl mit Natron, Zimt und Nelken mischen, in 3 Portionen auf mittlerer Stufe unterrühren. Apfelmus und gehackte Lebkuchenherzen unterrühren.

4. Den Rührteig in eine Springform mit Rohrboden (Ø 26 cm, gefettet) geben und glatt streichen.

5. Die Form auf dem Rost in den vorgeheizten Backofen schieben und den Kuchen **etwa 50 Minuten backen.**

6. Die Form auf einen Kuchenrost stellen. Den Kuchen etwa 10 Minuten in der Form abkühlen lassen.

7. In der Zwischenzeit zum Aprikotieren die Konfitüre durch ein Sieb streichen und in einem kleinen Topf unter Rühren erhitzen.

8. Den Kuchen auf einen Kuchenrost stürzen. Zum Tränken den Kuchen mit einem Schaschlikspieß dicht an dicht einstechen, sofort mit Orangensaft tränken und dick mit der heißen Konfitüre bestreichen. Den Kuchen erkalten lassen.

9. Für den Guss Kuvertüre in Stücke hacken, in einem kleinen Topf im Wasserbad bei schwacher Hitze unter Rühren schmelzen.

10. Zum Garnieren nach Belieben einige Gelee-Orangen zur Hälfte mit dem Guss überziehen, auf Backpapier legen.

11. Den Kuchen mit dem restlichen Guss überziehen, sofort mit Haselnusskernen bestreuen und mit den Gelee-Orangen garnieren. Guss fest werden lassen.

Tipps: Der Gewürzkuchenkranz wird schön saftig, wenn Sie ihn 1–2 Tage durchziehen lassen. Nach Belieben den Kranz statt mit Gelee-Orangen mit gefüllten Lebkuchenherzen garnieren. Gut schmeckt der Kuchen auch, wenn Sie ihn statt mit Aprikosenkonfitüre mit Orangenmarmelade ohne Schale bestreichen.

Glücklichmacher-Kuchen I

Für KiBa-Liebhaber

20 Stücke

Pro Stück: E: 4 g, F: 20 g, Kh: 31 g, kJ: 1333, kcal: 319, BE: 2,5

Für den Rührteig:

175 g Butter oder Margarine (zimmerwarm)
175 g Zucker
1 Pck. Dr. Oetker Vanillin-Zucker
4 Eier (Größe M)
175 g Weizenmehl
50 g Speisestärke
3 gestr. TL Dr. Oetker Backin
1 Banane
70 g Zartbitter-Raspelschokolade

Für die Füllung:

9 Blatt weiße Gelatine
250 ml Bananenmilch (aus dem Kühlregal)
50 g Zucker
600 g Schlagsahne (mind. 30 % Fett)
175 g abgetropfte Sauerkirschen (aus dem Glas)

Zum Bestreuen und Garnieren:

30 g Zartbitter-Raspelschokolade
einige Gelee-Bananen (etwa 60 g)

Zubereitungszeit: 45 Minuten, ohne Kühlzeit
Backzeit: etwa 40 Minuten

1. Den Backofen vorheizen.
Ober-/Unterhitze: etwa 180 °C
Heißluft: etwa 160 °C

2. Für den Teig Butter oder Margarine mit einem Mixer (Rührstäbe) auf höchster Stufe geschmeidig rühren. Nach und nach Zucker und Vanillin-Zucker unterrühren. So lange rühren, bis eine gebundene Masse entstanden ist. Die Eier nach und nach unterrühren (jedes Ei etwa ½ Minute).

3. Das Mehl mit Speisestärke und Backpulver mischen, in 2 Portionen kurz auf mittlerer Stufe unterrühren. Banane schälen, fein zerdrücken und mit der Raspelschokolade zuletzt unter den Teig rühren.

4. Den Teig in eine Kranzform (Ø 22 cm, gefettet, gemehlt) füllen und glatt streichen.

5. Form auf dem Rost in den vorgeheizten Backofen schieben. Gebäckkranz **etwa 40 Minuten backen.**

6. Die Form auf einen Kuchenrost stellen. Den Gebäckkranz etwa 10 Minuten in der Form stehen lassen, dann aus der Form lösen und auf einen Kuchenrost stürzen. Gebäckkranz erkalten lassen. Danach zweimal waagerecht durchschneiden.

7. Für die Füllung Gelatine nach Packungsanleitung einweichen. Bananenmilch mit Zucker verrühren. Die Gelatine leicht ausdrücken und in einem kleinen Topf bei schwacher Hitze unter Rühren auflösen (nicht kochen). Gelatine zuerst mit etwa 3 Esslöffeln der Bananenmilch verrühren, dann unter die restliche Bananenmilch rühren, in den Kühlschrank stellen.

8. Sahne steif schlagen. Sobald die Bananenmilch anfängt zu gelieren, Sahne unterheben.

9. Den unteren Gebäckboden auf eine Tortenplatte legen. Die Sauerkirschen in 2 Reihen darauf verteilen. Ein Drittel der Creme daraufstreichen und den mittleren Boden darauflegen. Knapp die Hälfte der restlichen Creme darauf verstreichen und den oberen Boden darauflegen.

10. Drei Esslöffel von der restlichen Creme in einen Spritzbeutel mit Lochtülle (Ø etwa 5 mm) füllen. Mit der restlichen Creme den Kuchen rundherum bestreichen. Den Kuchen mit der Creme aus dem Spritzbeutel verzieren.

11. Zum Bestreuen und Garnieren den unteren Rand des Kuchens mit Raspelschokolade bestreuen. Den Kuchen in den Kühlschrank stellen.

12. Vor dem Servieren die Gelee-Bananen dekorativ darauflegen.

Göttliche Zitrusschnitten I

Fruchtig

20 Stücke

Pro Stück: E: 6 g, F: 14 g, Kh: 32 g, kJ: 1188, kcal: 284, BE: 2,5

Für den All-in-Teig:

250 g Weizenmehl
2 1/2 gestr. TL Dr. Oetker Backin
150 g Puderzucker
1 Pck. Dr. Oetker Vanillin-Zucker
1 Pck. Dr. Oetker Finesse Geriebene Zitronenschale
3 Eier (Größe M)
100 ml Speiseöl
100 ml Zitronenlimonade

Für die Füllung:

1 Beutel aus
1 Pck. Götterspeise Zitronen-Geschmack
150 ml Wasser
100 g Zucker
500 g Ricotta (ital. Frischkäse)
200–250 g Schlagsahne (mind. 30 % Fett)
Saft von
1 Zitrone

Für den Belag:

2 Beutel aus
1 Pck. Götterspeise Zitronen-Geschmack
350 ml Wasser
250 ml Zitronenlimonade
50 g Zucker
1 Bio-Limette (unbehandelt, ungewachst)
10 Kumquats (unbehandelt)
2 Orangen
1 Pink Grapefruit
175 g abgetropfte Mandarinen (aus der Dose)

Zubereitungszeit: 60 Minuten, ohne Kühlzeit
Backzeit: etwa 20 Minuten

1. Den Backofen vorheizen.
Ober-/Unterhitze: etwa 180 °C
Heißluft: etwa 160 °C

2. Für den Teig Mehl mit Backpulver und Puderzucker in einer Rührschüssel mischen. Die restlichen Zutaten hinzufügen und mit einem Mixer (Rührstäbe) zunächst kurz auf niedrigster, dann auf höchster Stufe in etwa 2 Minuten zu einem glatten Teig verarbeiten.

3. Einen Backrahmen auf ein Backblech (30 x 40 cm, gefettet) stellen. Den Teig auf das Backblech geben und glatt streichen. Backblech in den vorgeheizten Backofen schieben. Boden **etwa 20 Minuten backen.**

4. Das Backblech auf einen Kuchenrost stellen. Den Gebäckboden erkalten lassen.

5. Für die Füllung Götterspeise nach Packungsanleitung, aber nur mit 150 ml Wasser und 100 g Zucker zubereiten, abkühlen lassen. Ricotta mit Sahne und Zitronensaft in einer Rührschüssel mit einem Schneebesen glatt rühren. Die abgekühlte Götterspeisenflüssigkeit unterrühren. Die Ricotta-Sahne-Masse auf dem Gebäckboden verteilen. Den Kuchen etwa 1 Stunde in den Kühlschrank stellen.

6. Für den Belag 2 Beutel Götterspeise nach Packungsanleitung, aber nur mit 350 ml Wasser, 250 ml Zitronenlimonade und 50 g Zucker zubereiten. Die Götterspeisenflüssigkeit in eine Rührschüssel geben, beiseitestellen und abkühlen lassen.

7. Limette und Kumquats heiß abwaschen und abtrocknen. Die Limette dünn schälen, die Schale in dünne Streifen schneiden. Orangen, Grapefruit und die dünn geschälte Limette so schälen, dass die weiße Haut mitentfernt wird. Kumquats und Orangen in Scheiben schneiden. Die Limette und die Grapefruit filetieren. Das vorbereitete Obst mit den Mandarinen auf der Ricotta-Sahne-Masse verteilen.

8. Sobald die beiseitegestellte Götterspeisenflüssigkeit kalt, aber noch flüssig ist, auf den Früchten verteilen, sodass sie bedeckt sind. Den Kuchen mindestens 2 Stunden in den Kühlschrank stellen. Den Backrahmen, entfernen. Den Kuchen in Stücke schneiden.

Grillkuchen (Schichtkuchen, Baumkuchen) | Mit Alkohol

6 Stangen

Pro Stange: E: 21 g, F: 93 g, Kh: 150 g, kJ: 6547, kcal: 1564, BE: 12,5

Für den Rührteig:

8 Eiweiß (Größe M)
400 g Butter oder Margarine (zimmerwarm)
400 g Zucker
2 Pck. Dr. Oetker Vanillin-Zucker
1 Prise Salz
2 Eier (Größe M)
8 Eigelb (Größe M)
100 ml Rum
250 g Weizenmehl
150 g Speisestärke
4 gestr. TL Dr. Oetker Backin

400 g Zartbitter-Schokolade
3 EL Speiseöl, z. B. Sonnenblumenöl

Zubereitungszeit: 25 Minuten, ohne Abkühlzeit

1. Einen Backrahmen (etwa 25 x 28 cm) auf ein Backblech (mit Backpapier belegt) stellen. Den Backofengrill vorheizen.

2. Für den Teig Eiweiß sehr steif schlagen. Butter oder Margarine mit einem Mixer (Rührstäbe) auf höchster Stufe geschmeidig rühren. Nach und nach Zucker, Vanillin-Zucker und Salz unterrühren. So lange rühren, bis eine gebundene Masse entstanden ist. Eier nach und nach unterrühren (jedes Ei etwa ½ Minute). Eigelb und Rum nach und nach kurz unterrühren. Mehl mit Speisestärke und Backpulver mischen, in 2 Portionen kurz auf mittlerer Stufe unterrühren. Eischnee vorsichtig unter den Teig heben.

3. Etwa 3 gehäufte Esslöffel des Teiges mit einem breiten Backpinsel oder einem Tortenheber gleichmäßig in dem Backrahmen verstreichen. Das Backblech unter den vorgeheizten Grill schieben (Abstand zwischen Grill und Teigschicht etwa 20 cm). Die Teigschicht **etwa 2 Minuten hellbraun backen.**

4. Das Backblech aus dem Backofen nehmen und als zweite Schicht wieder 3 Esslöffel Teig auf die gebackene Schicht streichen. Das Backblech wieder unter den heißen Grill schieben und auf diese Weise den ganzen Teig verarbeiten, dabei die Einschubhöhe nach Möglichkeit so verändern, dass der Abstand von etwa 20 cm zwischen Grill und Teigschicht bestehen bleibt.

5. Nach dem Backen den Backrahmen mit einem Messer lösen und entfernen. Den Grillkuchen mit dem Backpapier vom Backblech auf einen Kuchenrost ziehen und erkalten lassen. Anschließend den Kuchen in Stangen von etwa 4 cm Breite schneiden.

6. Für den Guss Schokolade in Stücke brechen. Zwei Drittel davon mit dem Speiseöl im Wasserbad bei schwacher Hitze unter Rühren schmelzen. Den Topf von der Kochstelle nehmen. Restliche Schokolade darin unter Rühren schmelzen. Die Grillstangen rundherum mit dem Guss überziehen. Schokolade fest werden lassen.

Tipps: Heizen Sie den Grill auf eine Temperatur von etwa 260 °C vor, beachten Sie dabei die Anleitung des Backofenherstellers. Die Grillstangen in Alufolie gewickelt aufbewahren, damit sie saftig bleiben, oder einfrieren.

Gugelhupf mit Trockenfrüchten I

Klassisch

16 Stücke

Pro Stück: E: 7 g, F: 17 g, Kh: 44 g, kJ: 1492, kcal: 356, BE: 3,5

Für den Rührteig:

150 g Butter oder Margarine (zimmerwarm)
175 g Zucker
1 Pck. Dr. Oetker Vanillin-Zucker
4 Eier (Größe M)
400 g Weizenmehl
1 Pck. Dr. Oetker Backin
200 g Schlagsahne
100 g gehackte Mandeln
100 g rote Belegkirschen, gewürfelt
100 g Rosinen
100 g getrocknete Aprikosen, gewürfelt

Zum Bestäuben:

10 g Puderzucker

Zubereitungszeit: 25 Minuten, ohne Abkühlzeit
Backzeit: etwa 60 Minuten

1. Den Backofen vorheizen.
Ober-/Unterhitze: etwa 180 °C
Heißluft: etwa 160 °C

2. Für den Teig Butter oder Margarine mit einem Mixer (Rührstäbe) auf höchster Stufe geschmeidig rühren. Nach und nach Zucker und Vanillin-Zucker unterrühren. So lange rühren, bis eine gebundene Masse entstanden ist.

3. Die Eier nach und nach unterrühren (jedes Ei etwa 1/2 Minute). Mehl mit Backpulver mischen, abwechselnd in 2 Portionen mit der Sahne kurz auf mittlerer Stufe unterrühren. Zuletzt Mandeln, Belegkirschen, Rosinen und Aprikosen unterheben.

4. Den Teig in eine Gugelhupfform (Ø 22 cm, gefettet, gemehlt) geben und glatt streichen. Die Form auf dem Rost in den vorgeheizten Backofen (unteres Drittel) schieben. Den Gugelhupf **etwa 60 Minuten backen.**

5. Die Form auf einen Kuchenrost stellen. Den Gugelhupf etwa 10 Minuten in der Form stehen lassen, dann auf einen Kuchenrost stürzen. Gugelhupf erkalten lassen und mit Puderzucker bestäuben.

Tipps: Der Teig kann zusätzlich mit 3 Esslöffeln Rum verfeinert werden. Der Gugelhupf hält sich gut verpackt mehrere Tage frisch und lässt sich auch gut einfrieren. Er schmeckt auch sehr gut mit getrockneten Feigen, Mandeln und Pistazienkernen oder Orangeat und Zitronat.

Haferflockentorte

Gut vorzubereiten

16 Stücke

Pro Stück: E: 5 g, F: 24 g, Kh: 31 g, kJ: 1498, kcal: 358, BE: 2,5

Für den Belag:

125 g Butter
100 g brauner Zucker
4 EL Schlagsahne
200 g kernige Haferflocken

Für den Rührteig:

200 g Butter oder Margarine (zimmerwarm)
150 g brauner Zucker
1 Pck. Dr. Oetker Vanillin-Zucker
1 Prise ger. Muskatnuss
3 Eier (Größe M)
150 g Weizenmehl
2 gestr. TL Dr. Oetker Backin
80 g gem. Haselnusskerne

Zum Verzieren:

30 g Zartbitter-Schokolade

Zubereitungszeit: 30 Minuten, ohne Abkühlzeit
Backzeit: etwa 30 Minuten

1. Für den Belag Butter, Zucker und Sahne in einem Topf zum Kochen bringen und 1–2 Minuten kochen lassen. Dann Haferflocken unterrühren.

2. Den Backofen vorheizen.
Ober-/Unterhitze: etwa 180 °C
Heißluft: etwa 160 °C

3. Für den Teig Butter oder Margarine mit einem Mixer (Rührstäbe) auf höchster Stufe geschmeidig rühren. Nach und nach Zucker, Vanillin-Zucker und Muskat unterrühren. So lange rühren, bis eine gebundene Masse entstanden ist. Eier nach und nach unterrühren (jedes Ei etwa ½ Minute).

4. Mehl mit Backpulver und Haselnusskernen mischen, in 2 Portionen kurz auf mittlerer Stufe unterrühren. Den Teig in eine Springform (Ø 28 cm, Boden gefettet, mit Backpapier belegt) füllen und glatt streichen. Die Haferflockenmasse darauf verteilen. Dann die Form auf dem Rost in den vorgeheizten Backofen schieben. Den Kuchen **etwa 30 Minuten backen.**

5. Die Form auf einen Kuchenrost stellen. Den Kuchen in der Form etwas abkühlen lassen, danach mithilfe eines Messers vorsichtig aus der Form lösen und das mitgebackene Backpapier entfernen. Den Kuchen auf dem Kuchenrost erkalten lassen.

6. Zum Verzieren Schokolade in kleine Stücke brechen, in einem kleinen Topf im Wasserbad bei schwacher Hitze unter Rühren schmelzen. Die Schokolade in einen Gefrierbeutel füllen und eine kleine Spitze abschneiden. Den Kuchen mit der Schokolade verzieren, Schokolade fest werden lassen.

Tipps: Die Torte hält sich gut in Alufolie verpackt bis zu 1 Woche frisch. Nach Belieben zusätzlich etwas gemahlenen Zimt unter den Teig rühren.

Heidelbeer-Haferflocken-Kranz

Einfach

20 Stücke

Pro Stück: E: 4 g, F: 14 g, Kh: 22 g, kJ: 963, kcal: 230, BE: 2,0

Für den Rührteig:

230 g Butter oder Margarine (zimmerwarm)
160 g brauner Zucker
1 Pck. Dr. Oetker Vanillin-Zucker
1 Prise Salz
1 Pck. Dr. Oetker Finesse Geriebene Zitronenschale
5 Eier (Größe M)
100 g Weizenmehl
2 gestr. TL Dr. Oetker Backin
200 g Haferflocken, blütenzart
150 g TK-Heidelbeeren
1 Pck. Dr. Oetker Bourbon-Vanille-Zucker
1 EL Weizenmehl

Für den Guss:

100 g weiße Kuvertüre

Zubereitungszeit: 45 Minuten, ohne Abkühlzeit
Backzeit: 50–55 Minuten

1. Den Backofen vorheizen.
Ober-/Unterhitze: etwa 200 °C
Heißluft: etwa 180 °C

2. Für den Teig die Butter oder Margarine mit einem Mixer (Rührstäbe) auf höchster Stufe geschmeidig rühren. Nach und nach Zucker, Vanillin-Zucker, Salz und Zitronenschale unterrühren. So lange rühren, bis eine gebundene Masse entstanden ist. Eier nach und nach unterrühren (jedes Ei etwa 1/2 Minute).

3. Mehl mit Backpulver mischen, mit den Haferflocken in 2 Portionen kurz auf mittlerer Stufe unterrühren.

4. TK-Heidelbeeren unaufgetaut in eine Schüssel geben. Vanille-Zucker und 1 Esslöffel Mehl hinzufügen, mit den Beeren vermischen und unter den Teig heben.

5. Den Teig in eine Kranzbodenform (Ø 26 cm, gut gefettet, gemehlt) geben und glatt streichen. Die Form auf dem Rost in den vorgeheizten Backofen schieben. Den Kuchen **50–55 Minuten backen.**

6. Den Kuchen evtl. einige Minuten vor Ende der Backzeit mit Backpapier belegen, damit die Oberfläche nicht zu dunkel wird.

7. Die Form auf einen Kuchenrost stellen. Den Kuchen etwa 30 Minuten in der Form stehen lassen, danach vorsichtig aus der Form lösen, auf einen Kuchenrost stürzen und erkalten lassen.

8. Für den Guss Kuvertüre in Stücke hacken, in einem kleinen Topf im Wasserbad bei schwacher Hitze unter Rühren schmelzen. Den Haferflocken-Kranz damit besprenkeln. Guss fest werden lassen.

Heidesand-Gugelhupf I

Gut vorzubereiten – klassisch

20 Stücke

Pro Stück: E: 3 g, F: 14 g, Kh: 28 g, kJ: 1041, kcal: 249, BE: 2,5

Zum Vorbereiten:

250 g Butter
250 g Cranberrys
100 g Zucker
50 ml Wasser
30 g kernige Haferflocken

Für den All-in-Teig:

250 g Weizenmehl
50 g Speisestärke
3 gestr. TL Dr. Oetker Backin
1/2 TL gem. Zimt
150 g Zucker
1 Pck. Dr. Oetker Vanillin-Zucker
1 Prise Salz
4 Eier (Größe M)

Für den Guss:

100 g helle Kuchenglasur (Vanille oder Zitrone)
50 g Puderzucker
etwa 1 EL Cranberrysaft (von den Cranberrys)

Zubereitungszeit: 35 Minuten, ohne Abkühlzeit
Backzeit: 50–60 Minuten

1. Zum Vorbereiten Butter in einem Topf bei mittlerer Hitze zerlassen und hellbraun werden lassen. Die Butter so lange abkühlen lassen, bis eine cremige Konsistenz entstanden ist.

2. Cranberrys abspülen und gut abtropfen lassen.

3. Zucker mit Wasser in einem Topf zum Kochen bringen. Die Cranberrys hinzufügen, wieder zum Kochen bringen und bei mittlerer Hitze etwa 1 Minute kochen lassen. Den Topf von der Kochstelle nehmen, Cranberrys erkalten lassen.

4. Cranberrys in einem Sieb abtropfen lassen, dabei den Saft auffangen. Cranberrys mit den Haferflocken verrühren.

5. Den Backofen vorheizen.
Ober-/Unterhitze: etwa 180 °C
Heißluft: etwa 160 °C

6. Für den Teig Mehl mit Speisestärke, Backpulver und dem Zimt in einer Rührschüssel mischen. Zucker, Vanillin-Zucker, Salz, Eier und die gebräunte Butter hinzufügen.

7. Die Zutaten mit einem Mixer (Rührstäbe) zunächst kurz auf niedrigster, dann auf höchster Stufe in etwa 2 Minuten zu einem glatten Teig verarbeiten.

8. Den Teig dritteln. Ein Drittel des Teiges in eine Gugelhupfform (Ø 22 cm, gefettet) geben und glatt streichen. Die Hälfte der Cranberrymasse in Form eines Ringes in die Mitte des Teiges geben. Zweites Teigdrittel daraufgeben und glatt streichen. Restliche Cranberrymasse wieder in Form eines Ringes in die Mitte des Teiges geben. Den restlichen Teig darauf verteilen.

9. Die Form auf dem Rost in den vorgeheizten Backofen schieben und den Gugelhupf **50–60 Minuten backen.**

10. Die Form auf einen Kuchenrost stellen. Den Gugelhupf etwa 10 Minuten in der Form stehen lassen, dann aus der Form lösen und auf einen mit Backpapier belegten Kuchenrost stürzen. Gugelhupf erkalten lassen.

11. Für den Guss Kuchenglasur nach Packungsanleitung schmelzen. Den Gugelhupf damit begießen, sodass der Guss in „Nasen" herunterläuft. Puderzucker mit dem Saft zu einer dickflüssigen Masse verrühren und in einen kleinen Gefrierbeutel geben. Beutel verschließen und eine kleine Ecke abschneiden. Den Gugelhupf mit dem Guss verzieren. Guss trocknen lassen.

Tipp: Es können auch 125 g getrocknete Cranberrys verwendet werden.

Herbstkuchen, sehr fein I

Gut vorzubereiten

16 Stücke

Pro Stück: E: 3 g, F: 9 g, Kh: 27 g, kJ: 841, kcal: 201, BE: 2,0

Für den Rührteig:

125 g Butter oder Margarine (zimmerwarm)
125 g Zucker
1 Pck. Dr. Oetker Vanillin-Zucker
1 Prise Salz
1 Pck. Dr. Oetker Finesse Geriebene Zitronenschale
3 Eier (Größe M)
200 g Weizenmehl
2 gestr. TL Dr. Oetker Backin
1–2 EL Milch

Für den Belag:

250 g blaue Pflaumen
2 kleine Äpfel, z. B. Boskop (je etwa 125 g)
2 kleine Birnen (je etwa 125 g)
25 g zerlassene Butter

Zum Bestreichen und Bestreuen:

2 geh. EL Apfelgelee
2 EL Hagelzucker

Zubereitungszeit: 35 Minuten, ohne Abkühlzeit
Backzeit: etwa 45 Minuten

1. Den Backofen vorheizen.
Ober-/Unterhitze: etwa 180 °C
Heißluft: etwa 160 °C

2. Für den Teig die Butter oder Margarine mit einem Mixer (Rührstäbe) auf höchster Stufe geschmeidig rühren. Nach und nach Zucker, Vanillin-Zucker, Salz und Zitronenschale unterrühren. So lange rühren, bis eine gebundene Masse entstanden ist. Eier nach und nach unterrühren (jedes Ei etwa ½ Minute).

3. Das Mehl mit Backpulver mischen, abwechselnd in 2 Portionen mit der Milch kurz auf mittlerer Stufe unterrühren (nur so viel Milch verwenden, dass der Teig schwerreißend von einem Löffel fällt). Den Teig in eine Springform (Ø 26 cm, Boden gefettet) geben und glatt streichen.

4. Für den Belag Pflaumen heiß abspülen, abtrocknen, halbieren und entsteinen. Die Äpfel und Birnen schälen, vierteln und entkernen. Die Wölbungen mit einem Messer mehrmals längs einschneiden (nicht durchschneiden).

5. Das vorbereitete Obst kranzförmig auf dem Teig verteilen und mit Butter bestreichen. Die Form auf dem Rost in den vorgeheizten Backofen schieben. Den Kuchen **etwa 45 Minuten backen.**

6. Den Kuchen aus der Form lösen und auf einen Kuchenrost setzen.

7. Zum Bestreichen Apfelgelee in einem kleinen Topf unter Rühren erwärmen. Den heißen Kuchen damit bestreichen. Den Kuchen erkalten lassen.

8. Zum Bestreuen den Kuchen vor dem Servieren mit Hagelzucker bestreuen.

Tipps: Nach Belieben die Birnen durch Aprikosen ersetzen. Sie können den Kuchen bereits 1 Tag vor dem Verzehr zubereiten. Besonderen Pfiff bekommt der Kuchen, wenn Sie zum Bestreichen Apfelgelee mit Calvados verwenden.

Himbeer-Kokosnuss-Schnitten I

Fruchtig

20 Stücke

Pro Stück: E: 5 g, F: 23 g, Kh: 29 g, kJ: 1443, kcal: 345, BE: 2,5

Für den Rührteig:

200 g Butter oder Margarine (zimmerwarm)
100 g Zucker
1 Pck. Dr. Oetker Vanillin-Zucker
1 Ei (Größe M)
300 g Weizenmehl
1 gestr. TL Dr. Oetker Backin

Zum Bestreichen:

200 g Himbeerkonfitüre

Für den Belag:

300 g TK-Himbeeren
4 Eier (Größe M)
75 g Zucker
200 g Schlagsahne
300 g Kokosraspel

Zubereitungszeit: 35 Minuten, ohne Abkühlzeit
Backzeit: etwa 45 Minuten

1. Den Backofen vorheizen.
Ober-/Unterhitze: etwa 180 °C
Heißluft: etwa 160 °C

2. Für den Teig die Butter oder Margarine mit einem Mixer (Rührstäbe) auf höchster Stufe geschmeidig rühren. Nach und nach Zucker und Vanillin-Zucker unterrühren. So lange rühren, bis eine gebundene Masse entstanden ist. Ei in etwa 1/2 Minute unterrühren.

3. Das Mehl mit Backpulver mischen, hinzufügen, zunächst kurz auf niedrigster, dann auf höchster Stufe gut unterarbeiten. Den Teig mit etwas Mehl bestäuben, aus der Schüssel nehmen und auf einem Backblech (30 x 40 cm, gefettet) verteilen. Den Teig mit bemehlten Händen glatt drücken oder den Teig mit einem Tortenheber glatt streichen. Das Backblech in den vorgeheizten Backofen schieben. Den Gebäckboden **etwa 20 Minuten vorbacken.**

4. Das Backblech auf einen Kuchenrost stellen. Den Gebäckboden etwas abkühlen lassen und mit Konfitüre bestreichen.

5. Für den Belag die gefrorenen Himbeeren auf dem bestrichenen Gebäckboden verteilen. Eier und Zucker verrühren, Sahne unterrühren, Kokosraspel unterheben. Die Kokosmasse auf den Himbeeren verteilen. Das Backblech wieder in den heißen Backofen schieben. Den Kuchen **bei gleicher Backofentemperatur in etwa 25 Minuten fertig backen.**

6. Das Backblech auf einen Kuchenrost stellen. Den Kuchen erkalten lassen und in Stücke schneiden.

Tipp: Den Kuchen evtl. in einer Fettpfanne backen.

Himbeer-Schmand-Kuchen mit Eierlikörguss | Mit Alkohol

20 Stücke

Pro Stück: E: 5 g, F: 24 g, Kh: 38 g, kJ: 1739, kcal: 416, BE: 3,0

Für den Belag:

750 g–1 kg TK-Himbeeren
100 g Puderzucker

Für den Teig:

4 Eier (Größe M)
250 g Zucker
1 Pck. Dr. Oetker Vanillin-Zucker
125 ml Sonnenblumenöl
150 ml Ginger Ale oder Mineralwasser
250 g Weizenmehl
3 gestr. TL Dr. Oetker Backin

Für den Belag:

500 g Schlagsahne (mind. 30 % Fett)
2 Pck. Dr. Oetker Vanillin-Zucker
3 Pck. Sahnesteif
600 g Schmand (Sauerrahm)

Für den Eierlikörguss:

400 ml Eierlikör
1 Pck. Saucenpulver Vanille-Geschmack ohne Kochen

Zubereitungszeit: 30 Minuten, ohne Auftau- und Kühlzeit
Backzeit: etwa 25 Minuten

1. Für den Belag Himbeeren mit Puderzucker bestreuen und nach Packungsanleitung auftauen lassen.

2. Den Backofen vorheizen.
Ober-/Unterhitze: etwa 180 °C
Heißluft: etwa 160 °C

3. Einen Backrahmen auf ein Backblech (30 x 40 cm, gefettet) stellen.

4. Für den Teig Eier, Zucker und Vanillin-Zucker in einer Rührschüssel mit einem Mixer (Rührstäbe) auf höchster Stufe in gut 1 Minute schaumig schlagen. Sonnenblumenöl und Ginger Ale oder Mineralwasser unterrühren.

5. Mehl mit Backpulver mischen. Die Hälfte davon kurz auf niedrigster Stufe unterrühren. Das restliche Mehlgemisch auf die gleiche Weise unterarbeiten. Den Teig auf das Backblech in den Backrahmen geben. Das Backblech in den vorgeheizten Backofen schieben. Die Gebäckplatte **etwa 25 Minuten backen.**

6. Das Backblech auf einen Kuchenrost stellen. Die Gebäckplatte erkalten lassen.

7. Für den Belag die aufgetauten Himbeeren in einem Sieb gut abtropfen lassen und auf der Gebäckplatte verteilen. Sahne mit Vanillin-Zucker und Sahnesteif steif schlagen. Schmand glatt rühren und unterheben. Die Schmand-Sahne-Masse auf den Himbeeren verteilen und glatt streichen. Den Kuchen etwa 1 Stunde in den Kühlschrank stellen.

8. Für den Guss Eierlikör mit Saucenpulver verrühren, auf der Schmand-Sahne-Masse verteilen. Den Kuchen nochmals etwa 1 Stunde in den Kühlschrank stellen, bis der Guss fest geworden ist.

9. Vor dem Servieren den Backrahmen mit einem Messer lösen und entfernen.

Ingwergebäck mit Schokolade I

Für die Adventszeit

40 Stücke

Pro Stück: E: 2 g, F: 6 g, Kh: 18 g, kJ: 582, kcal: 139, BE: 1,5

Für den Rührteig:

200 g Rosinen
125 g Butter oder Margarine (zimmerwarm)
200 g Zucker
1 Pck. Dr. Oetker Vanillin-Zucker
2 TL gem. Ingwer
4 Eier (Größe M)
250 g Weizenmehl
1 gestr. TL Dr. Oetker Backin
250 g Zartbitter-Raspelschokolade

Für den Guss:

150 g Zartbitter-Kuvertüre
2 TL Speiseöl

evtl. einige Belegkirschen

Zubereitungszeit: 20 Minuten, ohne Abkühlzeit
Backzeit: 20–25 Minuten
Haltbarkeit: etwa 2 Wochen in gut schließenden Dosen

1. Den Backofen vorheizen.
Ober-/Unterhitze: etwa 180 °C
Heißluft: etwa 160 °C

2. Für den Teig Rosinen klein schneiden. Butter oder Margarine mit einem Mixer (Rührstäbe) auf höchster Stufe geschmeidig rühren. Nach und nach Zucker, Vanillin-Zucker und Ingwer unterrühren. So lange rühren, bis eine gebundene Masse entstanden ist. Eier nach und nach unterrühren (jedes Ei etwa ½ Minute).

3. Mehl mit Backpulver mischen, in 2 Portionen kurz auf mittlerer Stufe unterrühren. Rosinen und Raspelschokolade unterheben.

4. Den Teig auf ein Backblech (30 x 40 cm, gefettet, mit Backpapier belegt) geben und glatt streichen. Das Backblech in den vorgeheizten Backofen schieben. Den Gebäckboden **20–25 Minuten backen.**

5. Das Backblech auf einen Kuchenrost stellen. Den Gebäckboden erkalten lassen und anschließend in etwa 40 gleich große Stücke schneiden.

6. Für den Guss Kuvertüre in Stücke hacken. Zwei Drittel davon mit dem Speiseöl in einem Topf im Wasserbad bei schwacher Hitze unter Rühren schmelzen. Den Topf aus dem Wasserbad nehmen. Die restliche Kuvertüre darin unter Rühren schmelzen.

7. Das Gebäck damit bestreichen und nach Belieben mit halbierten Belegkirschen garnieren. Guss fest werden lassen.

Ingwer-Zitronen-Muffins | Raffiniert

12 Stück

Pro Stück: E: 4 g, F: 5 g, Kh: 46 g, kJ: 1045, kcal: 250, BE: 4,0

Zum Vorbereiten:

60 g kandierter Ingwer
½ Bio-Zitrone (unbehandelt, ungewachst)
etwa 20 g frischer Ingwer

Für den Teig:

300 g Weizenmehl
1 Pck. Dr. Oetker Backin
100 g Zucker
1 Pck. Dr. Oetker Vanillin-Zucker
¼ gestr. TL Salz
1 Ei (Größe M)
250 g Zitronenjoghurt (3,5 % Fett)
4 EL Sonnenblumen- oder Rapsöl

Für den Guss:

125 g Puderzucker

Zubereitungszeit: 40 Minuten, ohne Abkühlzeit
Backzeit: etwa 25 Minuten

1. Zum Vorbereiten Ingwer in kleine Würfel schneiden. Zitrone heiß abwaschen, abtrocknen und die Schale mit einem Zestenreißer abziehen. Den Saft auspressen und beiseitestellen. Ingwer schälen und fein reiben.

2. Den Backofen vorheizen.
Ober-/Unterhitze: etwa 180 °C
Heißluft: etwa 160 °C

3. Für den Teig Mehl mit Backpulver in einer Rührschüssel mischen. Zucker, Vanillin-Zucker und Salz untermischen. Ei, Joghurt, Sonnenblumen- oder Rapsöl, geriebenen Ingwer und Zitronenschale hinzufügen. Zutaten mit einem Mixer (Rührstäbe) kurz auf mittlerer Stufe zu einem glatten Teig verarbeiten. Zwei Drittel der Ingwerwürfel unterheben.

4. Den Teig in eine Muffinform (für 12 Muffins, gefettet, gemehlt) geben und glatt streichen. Die Form auf dem Rost in den vorgeheizten Backofen schieben. Die Muffins **etwa 25 Minuten backen.**

5. Die Form auf einen Kuchenrost stellen. Die Muffins etwa 10 Minuten in der Form stehen lassen, dann aus der Form lösen und auf dem Kuchenrost erkalten lassen.

6. Für den Guss den beiseitegestellten Zitronensaft mit Puderzucker zu einer dickflüssigen Masse verrühren. Die Muffins damit bestreichen und mit den restlichen Ingwerwürfeln bestreuen. Guss trocknen lassen.

Irish-Cream-Baiser-Torte I

Raffiniert – mit Alkohol

12 Stücke

Pro Stück: E: 3 g, F: 28 g, Kh: 32 g, kJ: 1679, kcal: 401, BE: 2,5

Für den All-in-Teig:

75 g Weizenmehl
75 g Speisestärke
1 gestr. TL Dr. Oetker Backin
50 g Kokosraspel
100 g Zucker
125 g Butter oder Margarine (zimmerwarm)
2 Eier (Größe M)

Zum Bestreichen:

125 g dunkle Kuchenglasur

Zum Beträufeln:

100 ml Irish-Cream-Likör

400 g gekühlte Schlagsahne (mind. 30 % Fett)
2 Pck. Sahnesteif
etwa 50 g Fertigbaiser (in Tupfen gespritzt oder als Baiserschalen vom Bäcker)

Zubereitungszeit: 30 Minuten, ohne Abkühlzeit
Backzeit: etwa 25 Minuten

1. Den Backofen vorheizen.
Ober-/Unterhitze: etwa 200 °C
Heißluft: etwa 180 °C

2. Für den Teig Mehl mit Speisestärke und Backpulver in einer Rührschüssel mischen. Von den Kokosraspeln 1 Esslöffel zum Bestreuen beiseitestellen.

3. Restliche Kokosraspel, Zucker, Butter oder Margarine und die Eier mit in die Rührschüssel geben, mit einem Mixer (Rührstäbe) zunächst kurz auf niedrigster, dann auf höchster Stufe in etwa 2 Minuten zu einem glatten Teig verarbeiten.

4. Den Teig in eine Springform (Ø 26 cm, Boden gefettet, mit Backpapier belegt) geben, glatt streichen. Die Form auf dem Rost in den vorgeheizten Backofen schieben und den Tortenboden **etwa 25 Minuten backen.**

5. Die Form auf einen Kuchenrost stellen. Den Tortenboden sofort aus der Form lösen, Backpapier entfernen und auf einem Kuchenrost erkalten lassen.

6. Zum Bestreichen Kuchenglasur nach Packungsanleitung schmelzen. Tortenboden damit bestreichen und die Glasur fest werden lassen.

7. Beiseitegelegte Kokosraspel in einer Pfanne ohne Fett goldbraun rösten und auf einen Teller geben.

8. Den Boden mit der Schokoladenseite nach unten auf eine Tortenplatte legen. Den Cream-Likör daraufträufeln.

9. Sahne mit Sahnesteif steif schlagen und in einen Spritzbeutel mit großer Sterntülle füllen. Große Tupfen dicht an dicht auf den getränkten Boden spritzen.

10. Die Torte kurz vor dem Servieren mit den Baisertupfen (Baiserschalen grob zerkleinern) belegen und mit den Kokosraspeln bestreuen.

Jägertorte I

Mit Alkohol – für Gäste

16 Stücke

Pro Stück: E: 6 g, F: 30 g, Kh: 31 g, kJ: 1744, kcal: 417, BE: 2,5

Für den Rührteig:

150 g Butter oder Margarine (zimmerwarm)
150 g Zucker
1 Pck. Dr. Oetker Vanillin-Zucker
½ Fl. Rum-Aroma
1 Prise Salz
4 Eigelb (Größe M)
60 g Weizenmehl
2 gestr. TL Dr. Oetker Backin
100 g geraspelte Zartbitter-Schokolade (etwa 50 % Kakaoanteil)
100 g gem. Haselnusskerne
50 g gehackte Mandeln
4 Eiweiß (Größe M)

Für die Füllung:

270 g abgetropfte Preiselbeeren (aus Gläsern)
1 Pck. ungezuckerter Tortenguss, rot
250 ml Preiselbeersaft (aus den Gläsern)
1 TL Zucker
600 g Schlagsahne (mind. 30 % Fett)
2 Pck. Sahnesteif
2 Pck. Dr. Oetker Vanillin-Zucker

Zum Garnieren:

einige vorbereitete Zitronenmelisseblättchen
etwa 40 g Zartbitter-Schokolade (etwa 50 % Kakaoanteil)

Zubereitungszeit: 35 Minuten, ohne Abkühlzeit
Backzeit: etwa 40 Minuten

1. Den Backofen vorheizen.
Ober-/Unterhitze: etwa 180 °C
Heißluft: etwa 160 °C

2. Für den Teig die Butter oder Margarine mit einem Mixer (Rührstäbe) auf höchster Stufe geschmeidig rühren. Nach und nach Zucker, Vanillin-Zucker, Aroma und Salz unterrühren. So lange rühren, bis eine gebundene Masse entstanden ist. Eigelb nach und nach kurz unterrühren.

3. Mehl mit Backpulver mischen, kurz auf mittlerer Stufe unterrühren. Schokoladenraspel, Haselnusskerne und Mandeln unterrühren. Eiweiß sehr steif schlagen und vorsichtig unter den Teig heben.

4. Den Teig in eine Springform (Ø 26 cm, Boden gefettet, mit Backpapier belegt) geben und glatt streichen. Die Form auf dem Rost in den vorgeheizten Backofen schieben. Den Gebäckboden **etwa 40 Minuten backen.**

5. Den Gebäckboden aus der Form lösen und auf einen Kuchenrost stürzen. Gebäckboden erkalten lassen. Mitgebackenes Backpapier entfernen. Gebäckboden einmal waagerecht durchschneiden.

6. Für die Füllung von den Preiselbeeren den Saft auffangen und 250 ml (evtl. mit Wasser auffüllen) abmessen.

7. Aus Tortengusspulver, Preiselbeersaft und Zucker einen Guss nach Packungsanleitung zubereiten. Die Hälfte der Preiselbeeren unterrühren.

8. Den unteren Gebäckboden auf eine Tortenplatte legen. Die Preiselbeermasse darauf verteilen, dabei einen etwa 1 cm breiten Rand frei lassen. Preiselbeermasse erkalten lassen.

9. Sahne mit Sahnesteif und Vanillin-Zucker steif schlagen. Unter die Hälfte der Sahne gut die Hälfte der restlichen Preiselbeeren rühren und auf der Preiselbeermasse verteilen. Den oberen Gebäckboden darauflegen.

10. Die Hälfte der restlichen Sahne in einen Spritzbeutel mit Sternbandtülle (flach gezackt) füllen. Tortenoberfläche und -rand mit der restlichen Sahne bestreichen. In den Tortenrand mit einem Teelöffel leichte Vertiefungen eindrücken.

11. Die Tortenoberfläche mit der Sahne aus dem Spritzbeutel verzieren. Torte mit restlichen Preiselbeeren, Zitronenmelisseblättchen und geschabter Schokolade garnieren. Die Torte bis zum Verzehr in den Kühlschrank stellen.

Tipps: Statt Zartbitter-Schokolade für den Teig und für die Verzierung kann auch Zartbitter-Raspelschokolade verwendet werden. Versuchen Sie statt des Rum-Aromas mal Bittermandel-Aroma und verwenden Sie nur Mandeln statt der Haselnüsse.

Joghurttorte mit Aprikosen I

Gut vorzubereiten – erfrischend

16 Stücke

Pro Stück: E: 5 g, F: 17 g, Kh: 34 g, kJ: 1331, kcal: 318, BE: 3,0

Für den Rührteig:

100 g Butter oder Margarine (zimmerwarm)
100 g Zucker
1 Pck. Dr. Oetker Vanillin-Zucker
3 Eier (Größe M)
100 g Weizenmehl
15 g Speisestärke
1 gestr. TL Dr. Oetker Backin

Für die Joghurtcreme:

8 Blatt weiße Gelatine
450 g Joghurt (3,5 % Fett)
150 g Zucker
2 Pck. Dr. Oetker Finesse Geriebene Zitronenschale
Saft von
2 Zitronen
500 g Schlagsahne (mind. 30 % Fett)

Für den Belag und den Guss:

80 g abgetropfte Aprikosenhälften (aus der Dose)
6 Blatt weiße Gelatine
500 ml Aprikosenflüssigkeit (aus der Dose)
Saft von
1 Zitrone
50 g Puderzucker

Zubereitungszeit: 50 Minuten, ohne Kühlzeit
Backzeit: etwa 20 Minuten

1. Den Backofen vorheizen.
Ober-/Unterhitze: etwa 180 °C
Heißluft: etwa 160 °C

2. Für den Teig Butter oder Margarine mit einem Mixer (Rührstäbe) auf höchster Stufe geschmeidig rühren. Nach und nach Zucker und Vanillin-Zucker unterrühren. So lange rühren, bis eine gebundene Masse entstanden ist. Eier nach und nach unterrühren (jedes Ei etwa ½ Minute).

3. Mehl mit Speisestärke und Backpulver mischen, auf mittlerer Stufe unterrühren. Den Rührteig in eine Springform (Ø 26 cm, Boden gefettet, mit Backpapier belegt) füllen und glatt streichen. Die Form auf dem Rost in den vorgeheizten Backofen schieben. Den Gebäckboden **etwa 20 Minuten backen.**

4. Den Gebäckboden aus der Form lösen und auf einen mit Backpapier belegten Kuchenrost stürzen, mitgebackenes Backpapier abziehen. Gebäckboden erkalten lassen.

5. Für die Joghurtcreme Gelatine nach Packungsanleitung einweichen. Den Joghurt mit Zucker, Zitronenschale und -saft verrühren.

6. Gelatine leicht ausdrücken, in einem kleinen Topf bei schwacher Hitze unter Rühren auflösen (nicht kochen). Gelatine zuerst mit etwa 3 Esslöffeln der Joghurtmasse verrühren, dann unter die restliche Joghurtmasse rühren.

7. Sahne steif schlagen. Sobald die Joghurtmasse anfängt zu gelieren, Sahne unterheben.

8. Für den Belag und den Guss von den Aprikosenhälften den Saft auffangen. Den Gebäckboden auf eine Tortenplatte legen und einen Tortenring darumlegen. Gebäckboden mit etwa der Hälfte der Aprikosenhälften belegen. Joghurtcreme daraufgeben, glatt streichen. Die Torte etwa 1 Stunde in den Kühlschrank stellen.

9. Für den Guss Gelatine wie zuvor beschrieben einweichen und auflösen. Die restlichen Aprikosenhälften pürieren und mit dem aufgefangenen Aprikosensaft auf 500 ml auffüllen. Zitronensaft und Puderzucker untermischen. Gelatine zuerst mit etwa 3 Esslöffeln der Flüssigkeit verrühren, dann unter die restliche Flüssigkeit rühren.

10. Wenn die Flüssigkeit anfängt zu gelieren, sie gleichmäßig auf der Joghurtcreme verteilen. Die Torte etwa 2 Stunden in den Kühlschrank stellen.

11. Vor dem Servieren die Joghurttorte mit Aprikosen mithilfe eines Messers vom Tortenringrand lösen und entfernen.

Tipps: Sie können die Torte bereits am Vortag zubereiten. Die Torte schmeckt auch mit Pfirsichen, Himbeeren oder Erdbeeren.

Johannisbeer-Baiser-Torte I

Für Gäste – fruchtig

16 Stücke

Pro Stück: E: 2 g, F: 6 g, Kh: 26 g, kJ: 723, kcal: 173, BE: 2,0

Für den Rührteig:

100 g Butter oder Margarine (zimmerwarm)
100 g Zucker
1 Pck. Dr. Oetker Vanillin-Zucker
1 Prise Salz
2 Eier (Größe M)
100 g Weizenmehl
1 Msp. Dr. Oetker Backin

Zum Bestreuen:

etwas Sahnesteif

Für den Belag:

500 g Johannisbeeren
125 g Zucker

Für den Guss:

1 Pck. ungezuckerter Tortenguss, klar
30 g Zucker
250 ml Johannisbeersaft (evtl. mit Wasser aufgefüllt)

Für das Baiser:

1 Eiweiß (Größe M)
50 g Zucker

Zubereitungszeit: 45 Minuten, ohne Saftzieh- und Abkühlzeit
Backzeit: 30–35 Minuten

1. Den Backofen vorheizen:
Ober-/Unterhitze: etwa 180 °C
Heißluft: etwa 160 °C

2. Für den Teig Butter oder Margarine mit einem Mixer (Rührbesen) auf höchster Stufe geschmeidig rühren. Nach und nach Zucker, Vanillin-Zucker und Salz unterrühren. So lange rühren, bis eine gebundene Masse entstanden ist. Eier nach und nach unterrühren (jedes Ei etwa ½ Minute).

3. Mehl mit Backpulver mischen, kurz auf mittlerer Stufe unterrühren. Teig in eine Springform (Ø 26 cm, gefettet) geben und glatt streichen.

4. Die Form auf dem Rost in den vorgeheizten Backofen schieben. Den Gebäckboden **20–25 Minuten backen.**

5. Den Boden aus der Form lösen und auf einen Kuchenrost stürzen. Gebäckboden erkalten lassen, auf eine Tortenplatte legen und mit Sahnesteif bestreuen, damit er nicht durchweicht.

6. Für den Belag Johannisbeeren abspülen, abtropfen lassen und entstielen. Die Johannisbeeren mit Zucker mischen und eine Zeit lang zum Saftziehen stehen lassen.

7. Johannisbeeren in einem Sieb abtropfen lassen, den Saft dabei auffangen. Johannisbeeren auf dem Gebäckboden verteilen.

8. Für den Guss aus Tortengusspulver, Zucker und Saft einen Guss nach Packungsanleitung zubereiten und auf den Johannisbeeren verteilen. Guss fest werden lassen.

9. Für das Baiser Eiweiß mit dem Mixer (Rührstäbe) auf höchster Stufe steif schlagen. Der Schnee muss so fest sein, dass ein Messerschnitt sichtbar bleibt. Nach und nach kurz Zucker unterschlagen.

10. Den Backofengrill vorheizen.

11. Die Baisermasse in einen Spritzbeutel mit Sterntülle (Ø etwa 5 mm) füllen.

12. Nach Belieben ein Blüte auf den fest gewordenen Tortenguss spritzen.

13. Die Torte auf dem Rost unter den vorgeheizten Grill schieben. Die Baiserblüte **etwa 10 Minuten überbacken.**

Johannisbeerkuchen mit Maismehl | Glutenfrei – für jeden Tag

16 Stücke

Pro Stück: E: 4 g, F: 14 g, Kh: 21 g, kJ: 952, kcal: 227, BE: 2,0

Zum Vorbereiten:

350 g Johannisbeeren
100 g gem. Mandeln

Für den Rührteig:

180 g Butter oder Margarine (zimmerwarm)
150 g brauner Zucker
1 Pck. Dr. Oetker Vanillin-Zucker
1 Prise Salz
3 Eier (Größe M)
100 g Maismehl
100 g Kartoffelmehl
3 gestr. TL glutenfreies Backpulver

Zum Bestäuben:

2 TL Puderzucker

Zubereitungszeit: 40 Minuten, ohne Abkühlzeit
Backzeit: etwa 40 Minuten

1. Zum Vorbereiten Johannisbeeren abspülen, abtropfen lassen und entstielen. Die Mandeln in einer Pfanne ohne Fett unter Rühren goldbraun rösten, herausnehmen und auf einem Teller erkalten lassen.

2. Den Backofen vorheizen.
Ober-/Unterhitze: etwa 180 °C
Heißluft: etwa 160 °C

3. Für den Teig die Butter oder Margarine mit einem Mixer (Rührstäbe) auf höchster Stufe geschmeidig rühren. Nach und nach Zucker, Vanillin-Zucker und Salz unterrühren. So lange rühren, bis eine gebundene Masse entstanden ist. Eier nach und nach unterrühren (jedes Ei etwa ½ Minute).

4. Mandeln, Maismehl, Kartoffelmehl und Backpulver mischen, in 2 Portionen kurz auf mittlerer Stufe unterrühren. Die Hälfte der Johannisbeeren unterheben.

5. Den Teig in eine Springform (Ø 26 cm, Boden gefettet, mit Maismehl bestreut) geben und glatt streichen. Restliche Johannisbeeren auf dem Teig verteilen.

6. Die Form auf dem Rost in den vorgeheizten Backofen schieben und den Johannisbeerkuchen **etwa 40 Minuten backen.**

7. Die Form auf einen Kuchenrost stellen. Den Kuchen etwa 10 Minuten in der Form stehen lassen, dann aus der Form lösen und auf dem Kuchenrost erkalten lassen.

8. Den Kuchen vor dem Servieren mit Puderzucker bestäuben. Dafür evtl. einen Kuchenrost auf den Kuchen legen, mit Puderzucker bestäuben und den Kuchenrost vorsichtig abheben.

Tipps: Anstelle von frischen Johannisbeeren können Sie auch 300 g TK-Johannisbeeren oder Gemischte Beeren verwenden. Die Beeren gefroren verwenden. Noch fruchtiger wird der Kuchen, wenn Sie 4–5 Esslöffel schwarzes Johannisbeergelee unter Rühren aufkochen lassen und den Kuchen sofort nach dem Backen mithilfe eines Backpinsels damit bestreichen. Anschließend den Kuchen auf einem Kuchenrost erkalten lassen. Geben Sie zusätzlich 1 Teelöffel gemahlenen Zimt mit in den Rührteig, er ist dann noch aromatischer.

Kaffee-Karamello-Torte I

Mit Alkohol – erfrischend

16 Stücke

Pro Stück: E: 3 g, F: 15 g, Kh: 27 g, kJ: 1139, kcal: 272, BE: 2,0

Zum Vorbereiten:

125 g Sahne Muh-Muhs (Milch-Toffee)
175 ml Kaffee-Creme-Likör (17 Vol.-%)

Für den Rührteig:

50 g Zartbitter-Schokolade
100 g Butter oder Margarine (zimmerwarm)
70 g Zucker
1 Pck. Dr. Oetker Vanillin-Zucker
2 Eier (Größe M)
80 g Weizenmehl
1 gestr. TL Dr. Oetker Backin
3 EL Kaffee-Creme-Likör (17 Vol.-%)

Für den Belag:

450 g gut abgetropfte Birnenhälften (aus der Dose)
400 g Schlagsahne (mind. 30 % Fett)
2 Pck. Sahnesteif
1 TL Instant-Cappuccino-Pulver

Zubereitungszeit: 45 Minuten, ohne Kühlzeit
Backzeit: etwa 30 Minuten

1. Zum Vorbereiten Sahne Muh-Muhs grob hacken, mit Likör in einem kleinen Topf unter Rühren erwärmen und schmelzen lassen. Masse erkalten lassen.

2. Den Backofen vorheizen.
Ober-/Unterhitze: etwa 180 °C
Heißluft: etwa 160 °C

3. Für den Teig die Schokolade in Stücke brechen, in einem kleinen Topf im Wasserbad bei schwacher Hitze unter Rühren schmelzen. Den Topf von der Kochstelle nehmen, Schokolade abkühlen lassen.

4. Butter oder Margarine mit einem Mixer (Rührstäbe) auf höchster Stufe geschmeidig rühren. Nach und nach Zucker und Vanillin-Zucker unterrühren. So lange rühren, bis eine gebundene Masse entstanden ist. Die Eier nach und nach unterrühren (jedes Ei etwa ½ Minute).

5. Mehl mit Backpulver mischen und auf mittlerer Stufe unterrühren. Likör und die flüssige Schokolade unterrühren. Den Teig in einer Springform (Ø 26 cm, Boden gefettet, mit Backpapier belegt) verstreichen. Die Form auf dem Rost in den vorgeheizten Backofen schieben und den Gebäckboden **etwa 30 Minuten backen.**

6. Den Gebäckboden aus der Form lösen und auf einen mit Backpapier belegten Kuchenrost stürzen. Mitgebackenes Backpapier abziehen. Boden erkalten lassen, auf eine Tortenplatte legen und mit 2 Esslöffeln von der vorbereiteten Likörmasse bestreichen.

7. Für den Belag Birnenhälften mit der Schnittseite nach unten auf den Gebäckboden legen.

8. Sahne mit Sahnesteif steif schlagen. Die Hälfte der Likörmasse unter zwei Drittel der Sahne ziehen und auf den Birnenhälften verstreichen. Restliche Sahne in einen Spritzbeutel mit kleiner Sterntülle (Ø etwa 5 mm) füllen. Die Sahne auf die Tortenoberfläche spritzen. Die restliche Likörmasse als Spiegel mittig auf die Tortenoberfläche geben. Den Sahnerand mit Cappuccino-Pulver bestäuben.

Kaffeekuchen | Raffiniert

8 Sturz-Form-Gläser je 250 ml Inhalt

Pro Glas: E: 11 g, F: 35 g, Kh: 49 g, kJ: 2343, kcal: 560, BE: 4,0

Zum Vorbereiten:

100 g gehackte Mandeln
30 g Kaffeebohnen

Für den Rührteig:

200 g Butter oder Margarine (zimmerwarm)
170 g brauner Zucker
1 Pck. Dr. Oetker Vanillin-Zucker
1 Prise Salz
4 Eier (Größe M)
250 g Weizenmehl
2 gestr. TL Dr. Oetker Backin
50 g Schlagsahne

Zubereitungszeit: 35 Minuten, ohne Abkühlzeit
Backzeit: etwa 35 Minuten
Haltbarkeit: etwa 1 Monat

1. Zum Vorbereiten die Mandeln in einer Pfanne ohne Fett unter Rühren goldbraun rösten, herausnehmen und auf einem Teller erkalten lassen. Kaffeebohnen im Zerkleinerer sehr fein hacken.

2. Den Backofen vorheizen.
Ober-/Unterhitze: etwa 180 °C
Heißluft: etwa 160 °C

3. Für den Teig Butter oder Margarine mit einem Mixer (Rührstäbe) auf höchster Stufe geschmeidig rühren. Nach und nach Zucker, Vanillin-Zucker und Salz unterrühren. So lange rühren, bis eine gebundene Masse entstanden ist. Eier nach und nach unterrühren (jedes Ei etwa ½ Minute).

4. Mehl und Backpulver mischen, abwechselnd in 2 Portionen mit der Sahne kurz auf mittlerer Stufe unterrühren.

5. Den Teig in 8 Sturz-Form-Gläser (je 250 ml, bis 2 cm unter den Rand gefettet und gemehlt) geben und glatt streichen. Die Glasränder säubern. Das Backblech in den vorgeheizten Backofen schieben. Die Gläser auf das Backblech stellen. Die Kuchen **etwa 35 Minuten backen.**

6. In der Zwischenzeit die Gummiringe in einer Schüssel mit kaltem Wasser einweichen.

7. Nach dem Backen ein Glas mit Topflappen aus dem Backofen nehmen und verschließen. Dazu den vorbereiteten, feuchten Gummiring auf die Innenseite eines Glasdeckels legen. Das Glas sofort mit Deckel und 2 Klammern verschließen. Restliche Gläser auf die gleiche Weise verschließen. Nach jedem Glas, das aus dem Backofen genommen wird, den Backofen wieder schließen.

8. Die Gläser auf einem Kuchenrost vollständig erkalten lassen, dann die Klammern lösen und die Gläser kühl aufbewahren.

Tipp: Vor dem Backen evtl. einige Kaffeebohnen auf den Teig in die Gläser geben.

Variante: Den Teig in eine Kastenform (25 x 11 cm, gefettet, gemehlt) geben und im vorgeheizten Backofen bei gleicher Backofentemperatur wie im Rezept beschrieben etwa 55 Minuten backen. Die Form auf einen Kuchenrost stellen. Den Kuchen etwa 10 Minuten in der Form stehen lassen, dann aus der Form lösen und auf einen Kuchenrost stürzen. Kuchen wieder umdrehen und erkalten lassen. Für einen Guss 100 g Mokka-Schokolade in kleine Stücke brechen, mit 1 Teelöffel Speiseöl in einem kleinen Topf bei schwacher Hitze unter Rühren schmelzen. Den Kuchen mit der Schokolade überziehen. Schokolade fest werden lassen.

Kaffee-Löffelbiskuit-Kuchen

Mit Alkohol

3 Sturz-Form-Gläser je 750 ml Inhalt

Pro Glas: E: 27 g, F: 64 g, Kh: 167 g, kJ: 5738, kcal: 1372, BE: 14,0

Für die Kaffee-Biskuit-Masse:

200 g Löffelbiskuits
2 Pck. Instant-Kaffeepulver (je 2 g)
100 ml heißes Wasser
1 EL Mandellikör oder Rum

Für den Rührteig:

175 g Butter oder Margarine (zimmerwarm)
125 g Zucker
4 Eier (Größe M)
300 g Weizenmehl
3 gestr. TL Dr. Oetker Backin

Zubereitungszeit: 30 Minuten
Backzeit: etwa 50 Minuten
Haltbarkeit: etwa 1 Monat

1. Von den Löffelbiskuits 12 Stück beiseitelegen. Für die Kaffee-Biskuit-Masse die restlichen Löffelbiskuits in einen Gefrierbeutel geben, Beutel fest verschließen. Löffelbiskuits mit einer Teigrolle fein zerbröseln. Biskuitbrösel in eine Rührschüssel geben.

2. Kaffeepulver in dem heißen Wasser auflösen, mit dem Mandellikör oder Rum unter die Biskuitbrösel rühren.

3. Den Backofen vorheizen.
Ober-/Unterhitze: etwa 180 °C
Heißluft: etwa 160 °C

4. Für den Teig die Butter oder Margarine mit einem Mixer (Rührstäbe) auf höchster Stufe geschmeidig rühren. Nach und nach Zucker unterrühren. So lange rühren, bis eine gebundene Masse entstanden ist. Eier nach und nach unterrühren (jedes Ei etwa ½ Minute).

5. Mehl mit Backpulver mischen, in 2 Portionen kurz auf mittlerer Stufe unterrühren. Den Teig in 2 Portionen teilen. Unter eine Teigportion die Kaffee-Biskuit-Masse rühren.

6. Je knapp 1 Esslöffel von dem hellen Teig in jedes vorbereitete Glas (gefettet) füllen. Von den beiseitegelegten Löffelbiskuits jeweils 4 in gleichmäßigem Abstand senkrecht an die Gläserwände stellen und leicht in den Teig drücken, damit sie etwas Halt haben. Die Zuckerseite der Löffelbiskuits soll nach innen zum Teig zeigen.

7. Vorsichtig abwechselnd die beiden Teige esslöffelweise in die Gläser füllen. Die Glasränder säubern. Das Backblech im unteren Drittel in den vorgeheizten Backofen schieben. Die Gläser auf das Backblech stellen. Die Kuchen **etwa 50 Minuten backen.**

8. Nach dem Backen ein Glas mit Topflappen aus dem Backofen nehmen und verschließen. Dazu den vorbereiteten, feuchten Gummiring auf die Innenseite eines Glasdeckels legen. Das Glas sofort mit dem Deckel und 2 Klammern verschließen. Restliche Gläser auf die gleiche Weise verschließen. Nach jedem Glas, das aus dem Backofen genommen wird, den Backofen wieder schließen.

9. Die Gläser auf einem Kuchenrost vollständig erkalten lassen (am besten über Nacht), dann die Klammern lösen und die Gläser kühl aufbewahren.

Kakao-Sandkuchen I

Klassisch

20 Stücke

Pro Stück: E: 3 g, F: 12 g, Kh: 20 g, kJ: 840, kcal: 201, BE: 1,5

Für den Teig:

250 g Butter oder Margarine
4 Eier (Größe M)
250 g Zucker
1 Pck. Dr. Oetker Vanillin-Zucker
100 g Weizenmehl
50 g Speisestärke
50 g gesiebtes Kakaopulver
1 gestr. TL Dr. Oetker Backin

Zum Bestäuben:

1 EL Puderzucker
1 TL Kakaopulver

Zubereitungszeit: 25 Minuten, ohne Abkühlzeit
Backzeit: etwa 45 Minuten

1. Den Backofen vorheizen.
Ober-/Unterhitze: etwa 180 °C
Heißluft: etwa 160 °C

2. Für den Teig Butter oder Margarine zerlassen und abkühlen lassen. Eier mit einem Mixer (Rührstäbe) auf höchster Stufe in etwa 1 Minute schaumig schlagen. Zucker und Vanillin-Zucker mischen, in etwa 1 Minute einstreuen, noch etwa 2 Minuten schlagen.

3. Mehl mit Speisestärke, Kakao und Backpulver mischen, die Hälfte davon auf die Eiercreme geben und kurz auf niedrigster Stufe unterrühren. Restliches Mehlgemisch auf die gleiche Weise unterarbeiten. Zuletzt die flüssige Butter oder Margarine kurz unterrühren.

4. Den Teig in eine Gugelhupfform (Ø 22 cm, gefettet, gemehlt) geben und glatt streichen. Die Form auf dem Rost in den vorgeheizten Backofen (unteres Drittel) schieben. Den Kuchen **etwa 45 Minuten backen.**

5. Die Form auf einen Kuchenrost stellen. Den Kuchen etwa 10 Minuten in der Form stehen lassen, danach aus der Form lösen und auf einen Kuchenrost stürzen. Den Kuchen erkalten lassen.

6. Den Kuchen zuerst mit Puderzucker, dann mit Kakao bestäuben.

Tipp: Der Kuchen ist gefriergeeignet.

Karamell-Gugelhupf | Einfach

16 Stücke

Pro Stück: E: 5 g, F: 19 g, Kh: 36 g,
kJ: 1407, kcal: 336, BE: 3,0

Zum Vorbereiten:

150 g Florentiner-Plätzchen

Für den All-in-Teig:

250 g Weizenmehl
2 Pck. Gala Karamell-Pudding-Pulver
3 gestr. TL Dr. Oetker Backin
170 g Zucker
1 Pck. Dr. Oetker Vanillin-Zucker
5 Eier (Größe M)
250 g zerlassene, abgekühlte Butter oder Margarine
100 g Schlagsahne

Zum Bestreichen:

etwa 100 g Orangenmarmelade oder Aprikosenkonfitüre

Zubereitungszeit: 30 Minuten, ohne Abkühlzeit
Backzeit: etwa 50 Minuten

1. Zum Vorbereiten die Florentiner Plätzchen mit einem Messer fein hacken. Ein Drittel davon zum Garnieren beiseitelegen.

2. Den Backofen vorheizen.
Ober-/Unterhitze: etwa 180 °C
Heißluft: etwa 160 °C

3. Für den Teig das Mehl mit Pudding-Pulver und Backpulver in einer Rührschüssel mischen. Zucker, Vanillin-Zucker, Eier, Butter oder Margarine und Sahne hinzufügen. Die Zutaten mit einem Mixer (Rührstäbe) zunächst kurz auf niedrigster, dann auf höchster Stufe in etwa 2 Minuten zu einem glatten Teig verarbeiten. Florentinerstückchen unterheben.

4. Den Teig in eine Gugelhupfform (Ø 22 cm, gefettet, gemehlt) füllen und glatt streichen. Die Form auf dem Rost in den vorgeheizten Backofen (unteres Drittel) schieben. Den Gugelhupf **etwa 50 Minuten backen.**

5. Die Form auf einen Kuchenrost stellen. Den Gugelhupf etwa 10 Minuten in der Form stehen lassen, dann aus der Form lösen und auf einen Kuchenrost stürzen. Gugelhupf erkalten lassen.

6. Zum Bestreichen Marmelade oder Konfitüre durch ein Sieb streichen und in einem kleinen Topf kurz aufkochen lassen. Den Gugelhupf damit bestreichen. Die beiseitegelegten Florentinerstückchen daraufstreuen und leicht andrücken.

Tipp: Sie können den Gugelhupf auch mit einem Orangen-Puderzucker-Guss überziehen. Dafür 150 g Puderzucker mit 2–3 Esslöffeln Orangensaft und 1 Päckchen Dr. Oetker Finesse Orangenschalen-Aroma verrühren. Den Gugelhupf damit überziehen, den Guss fest werden lassen.

Kartoffel-Haselnuss-Torte I

Für Gäste – mit Alkohol

12 Stücke

Pro Stück: E: 5 g, F: 14 g, Kh: 36 g, kJ: 1231, kcal: 294, BE: 3,0

Für den Teig:

250 g gekochte, noch warme Kartoffeln
3 Eigelb (Größe M)
160 g Zucker
100 g gem. Haselnusskerne
2 EL Rum
3 Eiweiß (Größe M)

Zum Bestreichen:

2–3 EL Aprikosenkonfitüre
1 EL Wasser

Für den Guss:

100 g Zartbitter-Kuvertüre
1 EL Speiseöl

Zum Verzieren:

50 g weiße Kuvertüre

Zum Garnieren:

einige Marzipan-Kartoffeln (etwa 145 g)

Zubereitungszeit: 45 Minuten, ohne Abkühlzeit
Backzeit: etwa 35 Minuten

1. Den Backofen vorheizen.
Ober-/Unterhitze: etwa 180 °C
Heißluft: etwa 160 °C

2. Für den Teig Kartoffeln durch ein Sieb passieren oder durch eine Kartoffelpresse drücken. Eigelb und den Zucker mit einem Mixer (Rührstäbe) auf höchster Stufe zu einer cremigen Masse schlagen. Kartoffelmus, Haselnusskerne und Rum hinzufügen. Die Zutaten auf mittlerer Stufe unterrühren. Eiweiß steif schlagen und unterheben.

3. Den Teig in eine Springform (Ø 24 cm, Boden gefettet) füllen und glatt streichen. Die Form auf dem Rost in den vorgeheizten Backofen schieben. Den Kuchen **etwa 35 Minuten backen.**

4. Den Kuchen aus der Form lösen und auf einem Kuchenrost etwas abkühlen lassen.

5. Zum Bestreichen die Aprikosenkonfitüre mit Wasser in einem kleinen Topf unter Rühren etwas einkochen lassen. Tortenoberfläche und -rand mit der Konfitüre bestreichen.

6. Für den Guss die Kuvertüre in Stücke hacken und mit Speiseöl in einem kleinen Topf im Wasserbad bei schwacher Hitze unter Rühren schmelzen. Die Torte damit überziehen. Weiße Kuvertüre ebenfalls schmelzen, in ein Pergamentpapiertütchen füllen und eine kleine Ecke abschneiden. Nach Belieben ein Fantasiemuster auf die Tortenoberfläche spritzen, mit Marzipan-Kartoffeln garnieren. Kuvertüre fest werden lassen.

Käsekuchen mit gemischtem Obst I

Fruchtig – für Kinder

20 Stücke

Pro Stück: E: 10 g, F: 12 g, Kh: 34 g, kJ: 1232, kcal: 295, BE: 3,0

Für den Rührteig:

150 g Butter oder Margarine (zimmerwarm)
150 g Zucker
1 Pck. Dr. Oetker Vanillin-Zucker
1 Prise Salz
3 Eier (Größe M)
150 g Weizenmehl
2 gestr. TL Dr. Oetker Backin

Für die Käsemasse:

4 Eiweiß (Größe M)
4 Eigelb (Größe M)
125 g Zucker
2 Pck. Dr. Oetker Vanillin-Zucker
1 Pck. Dr. Oetker Pudding-Pulver Vanille-Geschmack
1 kg Magerquark
250 g Crème fraîche oder Schmand (Sauerrahm, 24 % Fett)

Für den Belag:

1 kg abgetropfte Cocktailfrüchte (aus Dosen)

Für den Guss:

2 Pck. ungezuckerter Tortenguss, klar
20 g Zucker
500 ml Fruchtsaft (aus den Dosen)

Zubereitungszeit: 45 Minuten, ohne Abkühlzeit
Backzeit: etwa 40 Minuten

1. Den Backofen vorheizen.
Ober-/Unterhitze: etwa 180 °C
Heißluft: etwa 160 °C

2. Für den Teig Butter oder Margarine mit einem Mixer (Rührstäbe) auf höchster Stufe geschmeidig rühren. Nach und nach Zucker, Vanillin-Zucker und Salz unterrühren. So lange rühren, bis eine gebundene Masse entstanden ist.

3. Die Eier nach und nach unterrühren (jedes Ei etwa ½ Minute).

4. Mehl mit Backpulver mischen, kurz auf mittlerer Stufe unterrühren. Einen Backrahmen in Größe des Backblechs auf ein Backblech (30 x 40 cm, gefettet) stellen. Den Teig auf das Backblech geben und glatt streichen.

5. Für die Käsemasse Eiweiß so steif schlagen, dass ein Messerschnitt sichtbar bleibt.

6. Eigelb mit Zucker und Vanillin-Zucker gut verrühren. Pudding-Pulver unterrühren. Quark und Crème fraîche oder Schmand hinzufügen und untermischen. Eischnee unterheben.

7. Die Käsemasse auf dem Teig verteilen und glatt streichen. Das Backblech in den vorgeheizten Backofen (unteres Drittel) schieben. Gebäckplatte **etwa 40 Minuten backen.**

8. Das Backblech auf einen Kuchenrost stellen. Die Gebäckplatte erkalten lassen.

9. Für den Belag von den Cocktailfrüchten den Saft auffangen und 500 ml abmessen, evtl. mit Wasser ergänzen. Cocktailfrüchte auf der Gebäckplatte verteilen.

10. Für den Guss aus Tortengusspulver, aber nur mit 20 g Zucker und dem abgemessenen Saft einen Guss nach Packungsanleitung zubereiten. Den Guss auf den Cocktailfrüchten verteilen. Guss fest werden lassen.

11. Den Backrahmen vorsichtig mit einem Messer lösen und entfernen. Den Kuchen in Stücke schneiden.

Tipps: Zum Steifschlagen von Eiweiß müssen Schüssel und Rührbesen absolut fettfrei sein und es darf keine Spur von Eigelb im Eiweiß sein. Garnieren Sie den Kuchen nach Belieben mit abgespülten und trocken getupften Zitronenmelisseblättchen.

Käse-Sahne-Torte | Klassisch

12 Stücke

Pro Stück: E: 13 g, F: 23 g, Kh: 39 g, kJ: 1767, kcal: 422, BE: 3,5

Für den Rührteig:

150 g Butter oder Margarine (zimmerwarm)
150 g Zucker
1 Pck. Dr. Oetker Vanillin-Zucker
1 Prise Salz
3 Eier (Größe M)
150 g Weizenmehl
1 gestr. TL Dr. Oetker Backin

Für die Füllung:

8 Blatt weiße Gelatine
750 g Magerquark
150 g Zucker
1 Pck. Dr. Oetker Vanillin-Zucker
100 ml Zitronensaft
1 Pck. Dr. Oetker Finesse Geriebene Zitronenschale
400 g Schlagsahne (mind. 30 % Fett)

Zum Bestäuben:

1–2 EL Puderzucker

Zubereitungszeit: 45 Minuten, ohne Kühlzeit
Backzeit: 25–30 Minuten

1. Den Backofen vorheizen.
Ober-/Unterhitze: etwa 180 °C
Heißluft: etwa 160 °C

2. Für den Teig die Butter oder Margarine mit einem Mixer (Rührstäbe) auf höchster Stufe geschmeidig rühren. Nach und nach Zucker, Vanillin-Zucker und Salz unterrühren. So lange rühren, bis eine gebundene Masse entstanden ist. Eier nach und nach unterrühren (jedes Ei etwa 1/2 Minute).

3. Mehl mit Backpulver mischen, in 2 Portionen kurz auf mittlerer Stufe unterrühren. Den Rührteig in eine Springform (Ø 26 cm, gefettet) füllen und glatt streichen. Die Form auf dem Rost in den vorgeheizten

Backofen schieben. Gebäckboden **25–30 Minuten backen.**

4. Die Form auf einen Kuchenrost stellen. Den Gebäckboden etwa 10 Minuten in der Form stehen lassen, dann aus der Form lösen und auf einem mit Backpapier belegten Kuchenrost etwa 1 Stunde erkalten lassen. Anschließend den Gebäckboden einmal waagerecht durchschneiden.

5. Den unteren Boden auf eine Tortenplatte legen. Einen Tortenring darumlegen.

6. Für die Füllung Gelatine nach Packungsanleitung einweichen. Quark mit Zucker, Vanillin-Zucker, Zitronensaft und -schale zu einer geschmeidigen Masse verrühren. Sahne steif schlagen. Gelatine leicht ausdrücken und in einem kleinen Topf bei schwacher Hitze unter Rühren auflösen (nicht kochen).

7. Gelatine zuerst mit 4 Esslöffeln von der Quarkmasse verrühren, dann unter die restliche Quarkmasse rühren. Sahne unterheben. Die Quark-Sahne-Creme auf dem unteren Boden verstreichen.

8. Den oberen Boden mit einem Sägemesser in 12 Stücke schneiden, auf die Creme legen und leicht andrücken. Die Torte mindestens 3 Stunden in den Kühlschrank stellen.

9. Den Tortenring mit einem kalt abgespülten Messer vom Tortenrand lösen und entfernen. Die Torte vor dem Servieren mit Puderzucker bestäuben.

Kefir-Grapefruit-Schnitten I

Kalorienarm

24 Stücke

Pro Stück: E: 4 g, F: 9 g, Kh: 19 g, kJ: 746, kcal: 178, BE: 1,5

Für den Rührteig:

125 g Butter oder Margarine (zimmerwarm)
100 g Zucker
1 Pck. Dr. Oetker Finesse Orangenschalen-Aroma
4 Eier (Größe M)
200 g Weizenmehl
3 gestr. TL Dr. Oetker Backin

Für die Füllung:

8 Blatt weiße Gelatine
4 Pink Grapefruits
500 g Kefir
100 g Zucker
1 Pck. Dr. Oetker Vanillin-Zucker
200 g Schlagsahne (mind. 30 % Fett)

Zubereitungszeit: 40 Minuten, ohne Kühlzeit
Backzeit: etwa 20 Minuten

1. Den Backofen vorheizen.
Ober-/Unterhitze: etwa 180 °C
Heißluft: etwa 160 °C

2. Für den Teig die Butter oder Margarine mit einem Mixer (Rührstäbe) auf höchster Stufe geschmeidig rühren. Nach und nach Zucker und Aroma unterrühren. So lange rühren, bis eine gebundene Masse entstanden ist. Eier nach und nach unterrühren (jedes Ei etwa ½ Minute).

3. Mehl mit Backpulver mischen, kurz auf mittlerer Stufe unterrühren. Einen Backrahmen auf ein Backblech (30 x 40 cm, gefettet) stellen. Den Teig auf das Backblech geben und glatt streichen. Das Backblech in den vorgeheizten Backofen schieben. Die Gebäckplatte **etwa 20 Minuten backen.** Das Backblech auf einen Kuchenrost stellen. Die Gebäckplatte erkalten lassen.

4. Für die Füllung Gelatine nach Packungsanleitung einweichen. Grapefruits so schälen, dass die weiße Haut vollständig entfernt wird. Fruchtfilets herausschneiden, dabei den Saft auffangen. Kefir mit Zucker und Vanillin-Zucker verrühren. Sahne steif schlagen.

5. Eingeweichte Gelatine in einem kleinen Topf bei schwacher Hitze unter Rühren auflösen (nicht kochen) und mit dem aufgefangenen Fruchtsaft verrühren. Zunächst etwa 4 Esslöffel des Kefirs mit der aufgelösten Gelatine verrühren, dann mit dem restlichen Kefir verrühren. Wenn die Kefirmasse anfängt zu gelieren, Sahne unterheben. Zuletzt die Fruchtfilets (einige zum Garnieren beiseitelegen) unterheben. Die Creme auf der Gebäckplatte verteilen und glatt streichen. Den Kuchen etwa 2 Stunden in den Kühlschrank stellen. Backrahmen lösen und entfernen.

6. Den Kuchen in Dreiecke schneiden und vor dem Servieren mit den beiseitegelegten Fruchtfilets garnieren.

Tipps: Sie können die Schnitten maximal 2 Tage vorher zubereiten. Die Schnitten nach Belieben mit abgespülten und trocken getupften Minzeblättchen garnieren.

Kleine Aprikosen-Reis-Kuchen

Lactosefrei – fruchtig

12 Sturz-Form-Gläser je 160 ml Inhalt

Pro Glas: E: 3 g, F: 10 g, Kh: 33 g, kJ: 1007, kcal: 241, BE: 3,0

Zum Vorbereiten:

470 g abgetropfte Aprikosenhälften (aus der Dose)
200 ml Aprikosensaft (aus der Dose)
100 g Milchreis (Rundkornreis)
1 Pck. Dr. Oetker Finesse Geriebene Zitronenschale

Für den Rührteig:

80 ml Speiseöl
100 g Puderzucker
1 Pck. Dr. Oetker Vanillin-Zucker
2 Eier (Größe M)
100 g Weizenmehl
2 gestr. TL Dr. Oetker Backin

Zubereitungszeit: 35 Minuten, ohne Quell- und Abkühlzeit
Backzeit: etwa 40 Minuten
Haltbarkeit: etwa 1 Monat

1. Zum Vorbereiten von den Aprikosenhälften den Saft auffangen, 200 ml Saft abmessen. 200 g der Aprikosenhälften in kleine Stücke schneiden, mit dem abgemessenen Saft in einen Rührbecher geben und mit einem Pürierstab pürieren.

2. Aprikosenpüree mit Reis und Zitronenschale in einen Topf geben, unter Rühren zum Kochen bringen. Den Reis zugedeckt bei schwacher Hitze etwa 25 Minuten unter gelegentlichem Rühren quellen lassen. Reismasse abkühlen lassen.

3. Restliche Aprikosenhälften (etwa 270 g) in etwa 1 cm große Würfel schneiden.

4. Den Backofen vorheizen.
Ober-/Unterhitze: etwa 180 °C
Heißluft: etwa 160 °C

5. Für den Teig Speiseöl mit Puderzucker und Vanillin-Zucker in eine Rührschüssel geben und mit einem Mixer (Rührstäbe) auf höchster Stufe glatt rühren. Eier nach und nach unterrühren (jedes Ei etwa ½ Minute). Die Masse anschließend etwa 2 Minuten auf höchster Stufe schaumig schlagen. Das Mehl mit Backpulver mischen, kurz auf mittlerer Stufe unterrühren. Aprikosenreis unterheben.

6. Den Teig in 12 Sturz-Form-Gläser (je 160 ml, bis 2 cm unter den Rand gefettet und gemehlt) geben und glatt streichen. Aprikosenwürfel darauf verteilen. Die Glasränder säubern. Das Backblech in den vorgeheizten Backofen schieben. Die Gläser auf das Backblech stellen. Die Kuchen **etwa 40 Minuten backen.**

7. In der Zwischenzeit die Gummiringe in einer Schüssel mit kaltem Wasser einweichen.

8. Nach dem Backen ein Glas mit Topflappen aus dem Backofen nehmen und verschließen. Dazu den vorbereiteten, feuchten Gummiring auf die Innenseite eines Glasdeckels legen. Das Glas sofort mit Deckel und 2 Klammern verschließen. Restliche Gläser auf die gleiche Weise verschließen. Nach jedem Glas, das aus dem Backofen genommen wird, den Backofen wieder schließen.

9. Die Gläser auf einem Kuchenrost vollständig erkalten lassen, dann die Klammern lösen und die Gläser kühl aufbewahren.

Kleine, feine Schokoladenkuchen I

Zum Verschenken

6 Sturz-Form-Gläser je 250 ml Inhalt

Pro Glas: E: 13 g, F: 38 g, Kh: 60 g,
kJ: 2642, kcal: 631, BE: 5,0

Für den Rührteig:

150 g Zartbitter-Schokolade
150 g Butter oder Margarine (zimmerwarm)
75 g Zucker
1 Pck. Dr. Oetker Vanillin-Zucker
1 Prise Salz
2 Eier (Größe M)
4 Eigelb (Größe M)
150 g Weizenmehl
10 g gesiebtes Kakaopulver
1 gestr. TL Dr. Oetker Backin
4 Eiweiß (Größe M)
75 g Zucker

Zubereitungszeit: 30 Minuten, ohne Abkühlzeit
Backzeit: etwa 45 Minuten
Haltbarkeit: etwa 2 Monate

1. Für den Teig Schokolade in Stücke brechen und in einem kleinen Topf im Wasserbad bei schwacher Hitze unter Rühren schmelzen, etwas abkühlen lassen.

2. Den Backofen vorheizen.
Ober-/Unterhitze: etwa 180 °C
Heißluft: etwa 160 °C

3. Butter oder Margarine mit einem Mixer (Rührstäbe) auf höchster Stufe geschmeidig rühren. Nach und nach Zucker, Vanillin-Zucker, Salz und die Schokoladenmasse unterrühren. So lange rühren, bis eine gebundene Masse entstanden ist.

4. Eier und Eigelb nach und nach unterrühren (jedes Ei/ Eigelb etwa ½ Minute). Mehl mit Kakao und Backpulver mischen, kurz auf mittlerer Stufe unterrühren.

5. Das Eiweiß mit Zucker so steif schlagen, dass ein Messerschnitt sichtbar bleibt. Eischnee unter den Teig heben.

6. Den Teig mit einem Esslöffel in die vorbereiteten Gläser (gefettet, gemehlt) füllen. Darauf achten, dass die Gläser maximal nur bis zu zwei Dritteln mit dem Teig gefüllt sind. Glasränder säubern.

7. Das Backblech in den vorgeheizten Backofen (mittlere Schiene) schieben. Die Gläser auf das Backblech stellen. Die Kuchen **etwa 45 Minuten backen.**

8. Nach dem Backen ein Glas mit Topflappen aus dem Backofen nehmen und verschließen. Dazu den vorbereiteten, feuchten Gummiring auf die Innenseite eines Glasdeckels legen. Das Glas sofort mit dem Deckel und 2 Klammern verschließen.

9. Die restlichen Gläser auf die gleiche Weise verschließen. Nach jedem Glas, das aus dem Backofen genommen wird, den Backofen wieder schließen.

10. Die Gläser auf einem Kuchenrost vollständig erkalten lassen (am besten über Nacht), dann die Klammern lösen und die Gläser kühl aufbewahren.

Tipp: Die kleinen feinen Schokoladenkuchen sind ein hübsches Mitbringsel für ein Geburtstagspicknick. Nehmen Sie noch eine Streudose mit Puderzucker und kleine Kerzen für Kuchen mit und dekorieren Sie die kleinen Kuchen vor Ort.

Kleine Kaki-Limetten-Kuchen

Raffiniert – für Gäste

12 Sturz-Form-Gläser je 160 ml Inhalt

Pro Glas: E: 3 g, F: 12 g, Kh: 22 g, kJ: 884, kcal: 211, BE: 2,0

Zum Vorbereiten:

2 Kaki- oder Sharonfrüchte (etwa 400 g)
1 Bio-Limette (unbehandelt, ungewachst)

Für den Rührteig:

125 g Butter oder Margarine (zimmerwarm)
80 g brauner Zucker
1 Prise Salz
2 Eier (Größe M)
170 g Weizenmehl
2 gestr. TL Dr. Oetker Backin
4 EL Buttermilch

Zubereitungszeit: 40 Minuten
Backzeit: etwa 30 Minuten
Haltbarkeit: etwa 1 Monat

1. Zum Vorbereiten Kaki- oder Sharonfrüchte abspülen, trocken tupfen und die Blütenansätze keilförmig herausschneiden. Früchte achteln, schälen und das Fruchtfleisch in kleine Würfel schneiden.

2. Die Limette heiß abwaschen, abtrocknen und die Schale auf einer Haushaltsreibe fein abreiben. Limette halbieren und den Saft auspressen. Fruchtwürfel mit Limettenschale und 1 Esslöffel Limettensaft mischen.

3. Den Backofen vorheizen.
Ober-/Unterhitze: etwa 180 °C
Heißluft: etwa 160 °C

4. Für den Teig die Butter oder Margarine mit einem Mixer (Rührstäbe) auf höchster Stufe geschmeidig rühren. Nach und nach Zucker und Salz unterrühren. So lange rühren, bis eine gebundene Masse entstanden ist. Eier nach und nach unterrühren (jedes Ei etwa ½ Minute) Mehl mit Backpulver mischen, abwechselnd in 2 Portionen mit der Buttermilch kurz auf mittlerer Stufe unterrühren. Die Hälfte der Fruchtwürfel unterheben.

5. Den Teig in 12 Sturz-Form-Gläsern (je 160 ml, gefettet, gemehlt) verteilen. Die restlichen Fruchtwürfel daraufgeben. Die Glasränder säubern. Das Backblech in den vorgeheizten Backofen schieben. Die Gläser auf das Backblech stellen. Die Kuchen **etwa 30 Minuten backen.**

6. In der Zwischenzeit die Gummiringe in kaltem Wasser einweichen.

7. Nach dem Backen ein Glas mit Topflappen aus dem Backofen nehmen und verschließen. Dazu den vorbereiteten, feuchten Gummiring auf die Innenseite eines Glasdeckels legen. Das Glas sofort mit Deckel und 2 Klammern verschließen. Restliche Gläser auf die gleiche Weise verschließen. Nach jedem Glas, das aus dem Backofen genommen wird, den Backofen wieder schließen.

8. Die Gläser auf einem Kuchenrost vollständig erkalten lassen, dann die Klammern lösen und die Gläser kühl aufbewahren.

Tipps: Den Teig in eine Muffinform (für 12 Muffins, gefettet, gemehlt) füllen. Den Teig wie beschrieben in die Formen geben und bei gleicher Backofentemperatur wie im Rezept beschrieben etwa 30 Minuten backen. Die Muffins nach Belieben mit Puderzucker bestäuben.

Kleine Schokokuchen mit Karamellkern

Für Kinder – für Gäste

12 Sturz-Form-Gläser je 160 ml Inhalt

Pro Glas: E: 5 g, F: 16 g, Kh: 31 g, kJ: 1225, kcal: 292, BE: 2,5

Für die Füllung:

170 g gezuckerte Kondensmilch
50 g Schlagsahne

Für den Rührteig:

125 g Butter oder Margarine (zimmerwarm)
100 g Zucker
1 Prise Salz
1 Ei (Größe M)
1 Eiweiß (Größe M)
140 g Weizenmehl
20 g gesiebtes Kakaopulver
1 gestr. TL Dr. Oetker Backin
50 ml Milch (3,5 % Fett)
50 g Zartbitter-Raspelschokolade

1 Eigelb (Größe M)

Zubereitungszeit: 35 Minuten, ohne Abkühlzeit
Backzeit: etwa 20 Minuten
Haltbarkeit: etwa 1 Monat

1. Für die Füllung Kondensmilch und Sahne in einem kleinen Topf verrühren, zum Kochen bringen und etwa 4 Minuten bei mittlerer Hitze unter Rühren einkochen, bis die Masse dicklich wird. Die Masse in eine Schüssel geben und erkalten lassen.

2. Den Backofen vorheizen.
Ober-/Unterhitze: etwa 180 °C
Heißluft: etwa 160 °C

3. Für den Teig die Butter oder Margarine mit einem Mixer (Rührstäbe) auf höchster Stufe geschmeidig rühren. Nach und nach Zucker und Salz unterrühren. So lange rühren, bis eine gebundene Masse entstanden ist. Zunächst das Ei etwa 1/2 Minute, anschließend das Eiweiß kurz unterrühren.

4. Mehl mit Kakao und Backpulver mischen, mit der Milch kurz auf mittlerer Stufe unterrühren. Raspelschokolade unterheben.

5. Das Eigelb unter die eingekochte Kondensmilch rühren.

6. Den Teig in 12 Sturz-Form-Gläser (je 160 ml, bis 2 cm unter den Rand gefettet und gemehlt) geben. Mit einem Teelöffel in die Mitte eine kraterförmige Vertiefung drücken. Die Milchmasse mit einem Teelöffel in die Vertiefungen geben. Die Glasränder säubern. Das Backblech in den vorgeheizten Backofen schieben. Die Gläser auf das Backblech stellen. Die Kuchen **etwa 20 Minuten backen.**

7. In der Zwischenzeit die Gummiringe in einer Schüssel mit kaltem Wasser einweichen.

8. Nach dem Backen ein Glas mit Topflappen aus dem Backofen nehmen und verschließen. Dazu den vorbereiteten, feuchten Gummiring auf die Innenseite eines Glasdeckels legen. Das Glas sofort mit Deckel und 2 Klammern verschließen. Restliche Gläser auf die gleiche Weise verschließen. Nach jedem Glas, das aus dem Backofen genommen wird, den Backofen wieder schließen.

9. Die Gläser auf einem Kuchenrost vollständig erkalten lassen, dann die Klammern lösen und die Gläser kühl aufbewahren.

Tipps: Die Kuchen schmecken auch lauwarm als Dessert sehr gut. Dazu passt z. B. eine Kugel Schokoladeneis. Anstelle der Sturz-Form-Gläser können Sie auch 12 ofenfeste, hohe Teegläser verwenden.

Knuspermüsli-Kuchen

Für jeden Tag – schnell
20 Stücke

Pro Stück: E: 5 g, F: 20 g, Kh: 32 g, kJ: 1382, kcal: 331, BE: 2,5

Für den All-in-Teig:
250 g Weizenmehl
3 gestr. TL Dr. Oetker Backin
200 g Zucker
200 g gem. Haselnusskerne
1 Msp. gem. Zimt
4 Eier (Größe M)
250 g Butter oder Margarine (zimmerwarm)
50 ml Milch (3,5 % Fett)

Für den Belag:
365 g Apfelkompott (aus dem Glas)
200 g Knuspermüsli

Zum Bestreichen:
100 g Apfelgelee
1 EL Zucker
1 EL Wasser

Zubereitungszeit: 15 Minuten, ohne Abkühlzeit
Backzeit: etwa 25 Minuten

1. Den Backofen vorheizen.
Ober-/Unterhitze: etwa 180 °C
Heißluft: etwa 160 °C

2. Für den Teig Mehl mit Backpulver mischen und in eine Rührschüssel geben. Zucker, Haselnusskerne, Zimt, Eier, Butter oder Margarine und Milch hinzufügen. Die Zutaten mit einem Mixer (Rührstäbe) zunächst kurz auf niedrigster, dann auf höchster Stufe in etwa 2 Minuten zu einem glatten Teig verarbeiten.

3. Den Teig auf ein Backblech (30 x 40 cm, gefettet) geben und glatt streichen. Für den Belag Apfelkompott auf dem Teig verteilen, mit Knuspermüsli bestreuen.

4. Das Backblech in den vorgeheizten Backofen schieben. Den Kuchen **etwa 25 Minuten backen.**

5. Das Backblech auf einen Kuchenrost stellen. Den Kuchen erkalten lassen.

6. Zum Bestreichen Apfelgelee mit Zucker und Wasser in einem Topf unter Rühren kurz aufkochen lassen, den Kuchen damit bestreichen.

Tipps: Aromatischer wird der Kuchen, wenn Sie für den Teig die Milch durch Rum ersetzen. Statt Knuspermüsli können Sie nach Belieben auch Knusperhoneys oder Apfel-Zimt-Müsli verwenden.

Kokos-Johannisbeer-Kuchen I

Einfach – erfrischend
20 Stücke

Pro Stück: E: 3 g, F: 15 g, Kh: 28 g,
kJ: 1083, kcal: 259, BE: 2,5

Für den Teig:

200 g Schlagsahne (mind. 30 % Fett)
200 g Zucker
1 Pck. Dr. Oetker Vanillin-Zucker
3 Eier (Größe M)
250 g Weizenmehl
1 Pck. Dr. Oetker Backin
1 Prise Salz

Für den Belag:

500 g Johannisbeeren
100 g Butter
100 g Zucker
1 Pck. Dr. Oetker Vanillin-Zucker
200 g Kokosraspel

Zubereitungszeit: 20 Minuten, ohne Abkühlzeit
Backzeit: etwa 27 Minuten

1. Den Backofen vorheizen.
Ober-/Unterhitze: etwa 180 °C
Heißluft: etwa 160 °C

2. Für den Teig Sahne, Zucker, Vanillin-Zucker und Eier in eine Rührschüssel geben und mit einem Mixer (Rührstäbe) gut verrühren. Mehl mit Backpulver und Salz mischen, hinzugeben und zu einem glatten Teig verrühren.

3. Den Teig auf ein Backblech (30 x 40 cm, gefettet, mit Backpapier belegt) geben und glatt streichen. Das Backblech in den vorgeheizten Backofen schieben. Den Gebäckboden **etwa 12 Minuten vorbacken.**

4. Für den Belag Johannisbeeren abspülen, abtropfen lassen und entstielen. Butter in einem kleinen Topf zerlassen. Zucker und Vanillin-Zucker unterrühren. Den Topf von der Kochstelle nehmen. Kokosraspel unter die Buttermasse rühren.

5. Das Backblech auf einen Kuchenrost stellen. Die Johannisbeeren auf dem vorgebackenen Boden verteilen. Die Kokosmasse gleichmäßig daraufgeben.

6. Anschließend das Backblech wieder in den heißen Backofen schieben. Den Kuchen **bei gleicher Backofentemperatur in etwa 15 Minuten fertig backen.**

7. Das Backblech auf einen Kuchenrost stellen. Den Kokos-Johannisbeer-Kuchen erkalten lassen und in etwa 7 x 8 cm große Stücke schneiden.

Kokoskuchen | Schnell

20 Stücke

Pro Stück: E: 3 g, F: 12 g, Kh: 28 g,
kJ: 993, kcal: 237, BE: 2,5

Für den All-in-Teig:

300 g Weizenmehl
3 gestr. TL Dr. Oetker Backin
225 g Zucker
2 Eier (Größe M)
225 g Buttermilch Zitronen-Geschmack

Für den Belag:

150 g Kokosraspel
75 g Zucker
400 g Schlagsahne (mind. 30 % Fett)

Zubereitungszeit: 20 Minuten, ohne Abkühlzeit
Backzeit: etwa 20 Minuten

1. Den Backofen vorheizen.
Ober-/Unterhitze: etwa 200 °C
Heißluft: etwa 180 °C

2. Für den Teig Mehl mit Backpulver in einer Rührschüssel mischen. Zucker, Eier und Buttermilch hinzufügen. Die Zutaten mit einem Mixer (Rührstäbe) zunächst kurz auf niedrigster, dann auf höchster Stufe in etwa 2 Minuten zu einem glatten Teig verarbeiten.

3. Den Teig auf ein Backblech (30 x 40 cm, gefettet) geben und glatt streichen.

4. Für den Belag Kokosraspel und Zucker vermischen und gleichmäßig auf den Teig streuen.

5. Das Backblech in den vorgeheizten Backofen schieben. Den Kuchen **etwa 20 Minuten backen.**

6. Das Backblech auf einen Kuchenrost stellen.

7. Die Sahne esslöffelweise auf den heißen Kuchen träufeln. Den Kokoskuchen erkalten lassen und in Stücke schneiden.

Tipps: Buttermilch (Zitronen-Geschmack) kann auch durch Reine Buttermilch und 1 Päckchen Dr. Oetker Finesse Geriebene Zitronenschale ersetzt werden. Wer noch mehr Kokosgeschmack möchte, ersetzt die Buttermilch durch 140 ml Kokosmilch. Die fehlende Flüssigkeit (85 ml) kann durch Wasser ersetzt werden. Für diesen Teig benötigt man 4 gestrichene Teelöffel Dr. Oetker Backin.

Kokosmilchkuchen

Für den Kindergeburtstag
20 Stücke

Pro Stück: E: 3 g, F: 8 g, Kh: 39 g, kJ: 1032, kcal: 247, BE: 3,0

Für den All-in-Teig:
400 g Weizenmehl
3 gestr. TL Dr. Oetker Backin
225 g Zucker
4 Eier (Größe M)
150 g Butter oder Margarine (zimmerwarm)
150 ml Kokosmilch

Für den Guss:
250 g Puderzucker
etwa 100 ml Kokosmilch
gelbe und rote Speisefarbe

Zubereitungszeit: 15 Minuten, ohne Abkühlzeit
Backzeit: etwa 20 Minuten

1. Den Backofen vorheizen.
Ober-/Unterhitze: etwa 180 °C
Heißluft: etwa 160 °C

2. Für den Teig Mehl mit Backpulver in einer Rührschüssel mischen. Zucker, Eier, Butter oder Margarine und Kokosmilch hinzufügen. Die Zutaten mit einem Mixer (Rührstäbe) zunächst kurz auf niedrigster, dann auf höchster Stufe in etwa 2 Minuten zu einem glatten Teig verarbeiten.

3. Den Teig auf einem Backblech (30 x 40 cm, gefettet, gemehlt) verteilen und glatt streichen. Das Backblech in den vorgeheizten Backofen schieben. Den Kuchen **etwa 20 Minuten backen.**

4. Das Backblech auf einen Kuchenrost stellen. Den Kuchen erkalten lassen.

5. Für den Guss den Puderzucker mit Kokosmilch zu einem dickflüssigen Guss verrühren. Den Kuchen mit etwa zwei Dritteln des Gusses überziehen. Den restlichen Guss in 3 Portionen teilen und mit Speisefarbe rot, gelb und orange einfärben.

6. Den Guss getrennt in Gefrierbeutel füllen und eine kleine Spitze abschneiden. Abwechselnd Linien auf den noch feuchten Guss spritzen. Mit einem Holzstäbchen abwechselnd von oben nach unten und von unten nach oben durch den Guss ziehen, sodass geschwungene Linien entstehen.

Königskuchen I

Beliebt – mit Alkohol

20 Stücke

Pro Stück: E: 4 g, F: 12 g, Kh: 36 g, kJ: 1126, kcal: 268, BE: 3,0

Für den Rührteig:

250 g Butter oder Margarine (zimmerwarm)
200 g Zucker
1 Pck. Dr. Oetker Vanillin-Zucker
½ Röhrchen Zitronen-Aroma oder 1 Röhrchen Rum-Aroma
1 Prise Salz
4 Eier (Größe M)
400 g Weizenmehl
4 gestr. TL Dr. Oetker Backin
2–3 EL Milch
200 g Rosinen
100 g Früchte-Mix (kandierte Früchte)

Zubereitungszeit: 30 Minuten
Backzeit: etwa 65 Minuten

1. Den Backofen vorheizen.
Ober-/Unterhitze: etwa 180 °C
Heißluft: etwa 160 °C

2. Für den Teig die Butter oder Margarine mit einem Mixer (Rührstäbe) auf höchster Stufe geschmeidig rühren.

3. Nach und nach Zucker, Vanillin-Zucker, Aroma und Salz unterrühren. So lange rühren, bis eine gebundene Masse entstanden ist. Eier nach und nach unterrühren (jedes Ei etwa ½ Minute).

4. Das Mehl mit Backpulver mischen, abwechselnd in 2 Portionen mit der Milch kurz auf mittlerer Stufe unterrühren. Rosinen und Früchte-Mix kurz auf niedrigster Stufe unter den Teig rühren.

5. Den Teig in eine Kastenform (30 x 11 cm, gefettet, gemehlt) geben und glatt streichen.

6. Die Form auf dem Rost in den vorgeheizten Backofen schieben. Den Königskuchen **etwa 65 Minuten backen.**

7. Die Kastenform auf einen Kuchenrost stellen. Den Kuchen etwa 10 Minuten in der Form stehen lassen, dann aus der Form lösen und auf einem Kuchenrost erkalten lassen.

Tipps: Statt Früchte-Mix können Sie ersatzweise auch 50 g klein geschnittene Belegkirschen und 50 g Zitronat (Sukkade) verwenden. Noch saftiger und besser haltbar wird der Kuchen, wenn Sie ihn nach dem Backen mit einem Puderzucker- oder Schokoladenguss überziehen. Dafür 100 g Schokolade grob zerkleinern, mit Speiseöl im Wasserbad bei schwacher Hitze unter Rühren schmelzen und den erkalteten Kuchen damit überziehen. Oder 100 g Puderzucker mit 1–2 Esslöffeln Zitronensaft oder Wasser verrühren und den erkalteten Kuchen damit überziehen.

Variante: Für **Königsschnitten** den Teig wie angegeben zubereiten. Den Teig auf einem Backblech (30 x 40 cm, gefettet) verstreichen. Einen mehrfach geknickten Streifen Alufolie vor den Teig legen. Das Backblech auf mittlerer Einschubleiste bei den oben angegebenen Backofentemperaturen in den Backofen schieben. Den Kuchen etwa 25 Minuten backen. Den erkalteten Kuchen mit dem oben beschriebenen Schokoladenguss besprenkeln und in Quadrate (etwa 5 x 5 cm) schneiden.

Krokantrauten I

Für Kinder – gut vorzubereiten

20 Stücke

Pro Stück: E: 4 g, F: 15 g, Kh: 25 g, kJ: 1057, kcal: 253, BE: 2,0

Zum Vorbereiten:

150 g Zartbitter-Kuvertüre
70 g Zwieback
6 Eiweiß (Größe M)

Für den Rührteig:

170 g Butter oder Margarine (zimmerwarm)
150 g Zucker
1 Pck. Dr. Oetker Bourbon-Vanille-Zucker
6 Eigelb (Größe M)
30 g Weizenmehl
1 gestr. TL Dr. Oetker Backin

Zum Bestreichen:

150 g Sauerkirschkonfitüre

Für den Guss und zum Bestreuen:

100 g Zartbitter-Kuvertüre
50 g weiße Kuvertüre
50 g Haselnusskrokant

Zubereitungszeit: 40 Minuten, ohne Abkühlzeit
Backzeit: 15–20 Minuten

1. Zum Vorbereiten die Kuvertüre in Stücke hacken, in einem kleinen Topf im Wasserbad bei schwacher Hitze unter Rühren schmelzen, abkühlen lassen. Zwiebäcke in einen Gefrierbeutel geben, den Beutel fest verschließen. Zwiebäcke mit einer Teigrolle fein zerbröseln. Das Eiweiß steif schlagen und beiseitestellen.

2. Den Backofen vorheizen.
Ober-/Unterhitze: etwa 200 °C
Heißluft: etwa 180 °C

3. Für den Teig die Butter oder Margarine mit einem Mixer (Rührstäbe) auf höchster Stufe geschmeidig rühren. Nach und nach Zucker und Vanille-Zucker unterrühren. So lange rühren, bis eine gebundene Masse entstanden ist. Eigelb nach und nach unterrühren, Kuvertüre unterrühren.

4. Mehl mit Backpulver und Zwiebackbröseln mischen, kurz auf mittlerer Stufe unterrühren. Beiseitegestellten Eischnee unterheben. Den Teig auf ein Backblech (30 x 40 cm, gefettet) geben und glatt streichen. Das Backblech in den vorgeheizten Backofen schieben. Den Gebäckboden **15–20 Minuten backen.**

5. Das Backblech auf einen Kuchenrost stellen. Zum Bestreichen Konfitüre durch ein Sieb streichen und in einem kleinen Topf unter Rühren aufkochen lassen. Den heißen Gebäckboden sofort damit bestreichen. Gebäckboden erkalten lassen.

6. Für den Guss Kuvertüre in kleine Stücke hacken, getrennt in einem kleinen Topf im Wasserbad bei schwacher Hitze unter Rühren schmelzen. Den Gebäckboden damit besprenkeln und mit Krokant bestreuen. Kuvertüre fest werden lassen. Den Gebäckboden in Rauten schneiden.

Kuhfleckenwaffeln

Für Kinder

8 Stück

Pro Stück: E: 8 g, F: 18 g, Kh: 44 g, kJ: 1579, kcal: 377, BE: 3,5

Für den Rührteig:

50 g	*weiße Schokolade*
50 g	*Vollmilch-Schokolade*
100 g	*Butter oder Margarine (zimmerwarm)*
100 g	*Zucker*
1 Pck.	*Dr. Oetker Vanillin-Zucker*
3	*Eier (Größe M)*
250 g	*Weizenmehl*
½ gestr. TL	*Dr. Oetker Backin*
200 ml	*Milch (3,5 % Fett)*
1 gestr. EL	*gesiebtes Kakaopulver*

Für das Waffeleisen:

etwas	*Speiseöl, z. B. Sonnenblumenöl*

Zubereitungszeit: 40 Minuten, ohne Abkühlzeit

1. Das Waffeleisen auf höchster Stufe vorheizen (dabei die Gebrauchsanleitung des Herstellers beachten).

2. Für den Teig beide Schokoladensorten in einem kleinen Topf im Wasserbad bei schwacher Hitze unter Rühren schmelzen, abkühlen lassen.

3. Butter oder Margarine mit einem Mixer (Rührstäbe) auf höchster Stufe geschmeidig rühren. Nach und nach Zucker und Vanillin-Zucker unterrühren. So lange rühren, bis eine gebundene Masse entstanden ist. Die Eier nach und nach unterrühren (jedes Ei etwa ½ Minute).

4. Das Mehl mit Backpulver mischen, abwechselnd in 2 Portionen mit der Milch kurz auf mittlerer Stufe unterrühren. Den Teig halbieren, unter eine Teighälfte die geschmolzene Schokolade und das Kakaopulver rühren.

5. Das Waffeleisen auf mittlere Temperatur zurückschalten und fetten.

6. Für jede Waffel von jeder Teighälfte etwa 1 Esslöffel in Klecksen im Wechseln in das Waffeleisen geben.

7. Die Waffeln goldbraun backen, anschließend herausnehmen und nebeneinander auf einem Kuchenrost erkalten lassen.

Tipp: Bestäuben Sie die Waffeln mit Puderzucker.

Lachgesichter-Muffins I

Für den Kindergeburtstag

12 Stück

Pro Stück: E: 4 g, F: 12 g, Kh: 34 g, kJ: 1090, kcal: 260, BE: 3,0

Für den All-in-Teig:

100 g	*Weizenmehl*
2 Pck.	*Gala Vanille-Pudding-Pulver*
3 gestr. TL	*Dr. Oetker Backin*
120 g	*Zucker*
4	*Eier (Größe M)*
100 g	*Butter oder Margarine (zimmerwarm)*
3 EL	*Schlagsahne*

Zum Verzieren und Garnieren:

70 g	*Puderzucker*
2–3 TL	*Zitronensaft*
einige	*Mini-Schokolinsen (etwa 100 g)*

Zubereitungszeit: 35 Minuten, ohne Abkühlzeit
Backzeit: etwa 20 Minuten

1. Den Backofen vorheizen.
Ober-/Unterhitze: etwa 180 °C
Heißluft: etwa 160 °C

2. Für den Teig Mehl mit Pudding-Pulver und Backpulver mischen, in eine Rührschüssel geben. Zucker, Eier, Butter oder Margarine und Sahne hinzufügen. Die Zutaten mit einem Mixer (Rührstäbe) zunächst kurz auf niedrigster, dann auf höchster Stufe in etwa 2 Minuten zu einem glatten Teig verarbeiten.

3. Den Teig in eine Muffinform (für 12 Muffins, gefettet, gemehlt) geben und glatt streichen. Die Form auf dem Rost in den vorgeheizten Backofen schieben. Die Muffins **etwa 20 Minuten backen.**

4. Die Muffins etwa 10 Minuten in der Form stehen lassen, dann vorsichtig aus der Form lösen und auf einem Kuchenrost erkalten lassen.

5. Zum Verzieren und Garnieren Puderzucker mit Zitronensaft zu einer dickflüssigen Masse verrühren, in einen kleinen Gefrierbeutel füllen und eine kleine Ecke abschneiden. Auf die Muffins jeweils ein Gesicht spritzen und mit Schokolinsen garnieren. Den Guss fest werden lassen.

Limetten-Mascarpone-Kuchen I

Einfach – gut vorzubereiten

48 Stücke

Pro Stück: E: 2 g, F: 8 g, Kh: 14 g, kJ: 578, kcal: 138, BE: 1,0

Für den All-in-Teig:

1	*Bio-Zitrone (unbehandelt, ungewachst)*
300 g	*Weizenmehl*
2 gestr. TL	*Dr. Oetker Backin*
300 g	*Zucker*
150 g	*Butter oder Margarine (zimmerwarm)*
100 ml	*Wasser*
4	*Eier (Größe M)*

Für den Belag:

3	*Bio-Limetten (unbehandelt, ungewachst)*
500 g	*Mascarpone (ital. Frischkäse)*
300 g	*Joghurt (3,5 % Fett)*
100 g	*Puderzucker*
500 g	*Erdbeeren*

Zubereitungszeit: 30 Minuten, ohne Abkühlzeit
Backzeit: etwa 25 Minuten

1. Den Backofen vorheizen.
Ober-/Unterhitze: etwa 180 °C
Heißluft: etwa 160 °C

2. Für den Teig Zitrone heiß abwaschen, abtrocknen und die Schale abreiben. Das Mehl mit Backpulver mischen und in eine Rührschüssel geben. Zucker, Butter oder Margarine, Wasser, Eier und die Zitronenschale hinzufügen. Die Zutaten mit einem Mixer (Rührstäbe) zunächst kurz auf niedrigster, dann auf höchster Stufe in etwa 2 Minuten zu einem glatten Teig verarbeiten.

3. Den Teig auf ein Backblech (30 x 40 cm, gefettet, mit Backpapier belegt) geben und glatt streichen.

4. Backblech in den vorgeheizten Backofen schieben. Den Gebäckboden **etwa 25 Minuten backen.**

5. Das Backblech auf einen Kuchenrost stellen. Den Gebäckboden erkalten lassen.

6. Für den Belag Limetten heiß abwaschen, abtrocknen und die Schale abreiben. Limetten halbieren und jeweils den Saft auspressen.

7. Mascarpone in eine Rührschüssel geben. Limettenschale, -saft, Joghurt und Puderzucker hinzugeben. Die Zutaten mit einem Schneebesen zu einer glatten Creme verrühren und auf dem Gebäckboden verteilen, evtl. die Gebäckränder gerade schneiden.

8. Erdbeeren putzen, abspülen, gut abtropfen lassen und entstielen. Den Limetten-Mascarpone-Kuchen in etwa 5 x 5 cm große Stücke schneiden und vom Backpapier lösen. Auf jedes Kuchenstück 1 Erdbeere setzen.

Tipps: Der Kuchen hält im Kühlschrank etwa 2 Tage frisch. Den Gebäckboden können Sie schon 1–2 Tage vor der Zubereitung backen. Wer es besonders sauer mag, kann noch den Saft von 2 weiteren Limetten auf den Gebäckboden träufeln.

Limetten-Sirup-Kuchen I

Sehr saftig

20 Stücke

Pro Stück: E: 3 g, F: 10 g, Kh: 31 g, kJ: 934, kcal: 223, BE: 2,5

Zum Vorbereiten:

2 Bio-Limetten (unbehandelt, ungewachst)

Für den Rührteig:

200 g Butter oder Margarine (zimmerwarm)
70 g brauner Zucker
100 g Karamellsirup (Fertigprodukt)
1 Prise Salz
4 Eier (Größe M)
220 g Weizenmehl
100 g Speisestärke
4 gestr. TL Dr. Oetker Backin
80 g Buttermilch

Für den Guss:

1 Limette
200 g Puderzucker

Zubereitungszeit: 35 Minuten, ohne Abkühlzeit
Backzeit: etwa 45 Minuten

1. Zum Vorbereiten die Limetten heiß abwaschen, abtrocknen und die Schale auf der feinen Seite der Haushaltsreibe abreiben.

2. Den Backofen vorheizen.
Ober-/Unterhitze: etwa 180 °C
Heißluft: etwa 160 °C

3. Für den Teig die Butter oder Margarine mit einem Mixer (Rührstäbe) auf höchster Stufe geschmeidig rühren.

4. Zucker, Sirup, Salz und die Limettenschale unterrühren. So lange rühren, bis eine gebundene Masse entstanden ist. Eier nach und nach unterrühren (jedes Ei etwa 1/2 Minute).

5. Mehl mit Speisestärke und Backpulver mischen, abwechselnd in 2 Portionen mit der Buttermilch kurz auf mittlerer Stufe unterrühren.

6. Den Teig in eine Gugelhupfform (Ø 22 cm gefettet, gemehlt) geben und glatt streichen.

7. Die Form auf dem Rost in den vorgeheizten Backofen schieben und den Kuchen **etwa 45 Minuten backen.**

8. Die Form auf einen Kuchenrost stellen. Den Kuchen etwa 10 Minuten in der Form stehen lassen, danach aus der Form lösen und auf einen Kuchenrost stürzen. Kuchen erkalten lassen.

9. Für den Guss alle Limetten (mit den 2 abgeriebenen Limetten, insgesamt 3 Limetten) halbieren und den Saft auspressen.

10. Puderzucker mit 4–5 Esslöffeln Limettensaft verrühren und auf den Limetten-Sirup-Kuchen träufeln. Guss trocknen lassen.

Tipp: Verwenden Sie für den Guss eine Bio-Limette. Reiben Sie diese ab. Bereiten Sie einen Guss wie beschrieben zu und bestreuen Sie den feuchten Guss mit dem Limettenabrieb.

Madeleines | Einfach – für Kinder

40–50 Stück

Pro Stück: E: 1 g, F: 6 g, Kh: 9 g, kJ: 406, kcal: 97, BE: 1,0

Für den Rührteig:

250 g Butter oder Margarine (zimmerwarm)
250 g Zucker
1 Prise Salz
5 Eier (Größe M)
250 g Weizenmehl
1 Msp. Dr. Oetker Backin

30 g zerlassene Butter

Außerdem:

Madeleine-Förmchen

Zubereitungszeit: 35 Minuten
Backzeit: etwa 15 Minuten je Rost

1. Den Backofen vorheizen.
Ober-/Unterhitze: etwa 180 °C
Heißluft: etwa 160 °C

2. Für den Teig die Butter oder Margarine mit einem Mixer (Rührstäbe) auf höchster Stufe geschmeidig rühren. Nach und nach Zucker und Salz unterrühren. So lange rühren, bis eine gebundene Masse entstanden ist.

3. Die Eier nach und nach unterrühren (jedes Ei etwa ½ Minute). Mehl mit Backpulver mischen und esslöffelweise auf mittlerer Stufe unterrühren.

4. Die Madeleine-Förmchen mit zerlassener Butter sehr gut fetten und den Teig in die Förmchen füllen (dürfen nur zu zwei Drittel gefüllt sein).

5. Förmchen nacheinander (bei Heißluft zusammen) auf dem Rost in den vorgeheizten Backofen schieben. Die Madeleines **etwa 15 Minuten je Rost backen.**

6. Die Madeleines vorsichtig aus den Förmchen lösen und auf Kuchenrosten erkalten lassen.

Tipps: Sie können den Teig auch in kleinen Papierbackförmchen backen. Das ergibt etwa 25 Stück, die etwa 25 Minuten bei gleicher Backofentemperatur gebacken werden müssen. Die ursprünglichen Madeleine-Formen sehen aus wie Muscheln.

Mallorquinischer Früchtekuchen

Gut vorzubereiten – mit Alkohol

16 Stücke

Pro Stück: E: 4 g, F: 15 g, Kh: 53 g, kJ: 1555, kcal: 372, BE: 4,5

100 g Rosinen
100 g gewürfeltes Zitronat (Sukkade)
100 g kandierter Ingwer
100 g kandierte Zitronenscheiben
100 g kandierte Orangenscheiben
50 g kandierte Kirschen
50 g gehackte Walnusskerne
125 ml Sherry

Für den Rührteig:
200 g Butter oder Margarine (zimmerwarm)
150 g brauner Zucker
1 Pck. Dr. Oetker Bourbon-Vanille-Zucker
1 Pck. Dr. Oetker Finesse Orangenschalen-Aroma
1 gestr. TL gem. Ingwer
1 Prise Salz
4 Eier (Größe M)
225 g Weizenmehl
3 gestr. TL Dr. Oetker Backin
25 g gesiebtes Kakaopulver

Für den Guss:
150 g Zucker
3 EL Wasser

Zubereitungszeit: 40 Minuten, ohne Einweichzeit
Backzeit: etwa 60 Minuten

1. Rosinen, Zitronat und 40 g gewürfelten Ingwer, 40 g gewürfelte Zitronen- und Orangenscheiben, die Kirschen und Walnusskerne mit dem Sherry in einer flachen Schüssel mischen und evtl. über Nacht einweichen lassen.

2. Den Backofen vorheizen.
Ober-/Unterhitze: etwa 180 °C
Heißluft: etwa 160 °C

3. Für den Teig Butter oder Margarine mit einem Mixer (Rührstäbe) auf höchster Stufe geschmeidig rühren. Nach und nach den Zucker, Vanille-Zucker, Orangenschalen-Aroma oder Orangenschale, Ingwer und Salz unterrühren. So lange rühren, bis eine gebundene Masse entstanden ist. Eier nach und nach unterrühren (jedes Ei etwa 1/2 Minute).

4. Das Mehl mit Backpulver und Kakao mischen, in 2 Portionen kurz auf mittlerer Stufe unterrühren. Die eingeweichten Früchte unterheben. Die Hälfte des Teiges in eine Springform (Ø 24 cm, Boden gefettet) füllen. Die restlichen, grob geschnittenen, kandierten Früchte (Ingwer, Zitronen- und Orangenscheiben) auf dem Teig verteilen. Den restlichen Teig daraufgeben und glatt streichen. Die Form auf dem Rost in den vorgeheizten Backofen schieben. Den Kuchen **etwa 60 Minuten backen.**

5. Für den Guss Zucker und Wasser in einem kleinen Topf einkochen lassen, bis die Masse leicht sirupartig wird. Den Guss auf dem heißen Kuchen verteilen und noch 3–4 Minuten im ausgeschalteten Backofen stehen lassen.

6. Die Form auf einen Kuchenrost stellen. Den Kuchen etwa 10 Minuten in der Form stehen lassen, dann aus der Form lösen und auf einem Kuchenrost erkalten lassen.

Mandarinenkuchen | Fruchtig

3 Tulpen-Form-Gläser oder
Sturz-Form-Gläser je 500 ml Inhalt

Pro Glas: E: 25 g, F: 74 g, Kh: 106 g,
kJ: 4989, kcal: 1192, BE: 9,0

Für den Rührteig:

150 g Butter oder Margarine (zimmerwarm)
100 g Zucker
1 Pck. Dr. Oetker Vanillin-Zucker
1 Pck. Dr. Oetker Finesse Orangenschalen-Aroma
3 Eier (Größe M)
225 g Weizenmehl
1 1/2 gestr. TL Dr. Oetker Backin
100 g abgezogene, gem. Mandeln
175 g abgetropfte Mandarinen (aus der Dose)

abgezogene, gem. Mandeln für die Gläser

Zubereitungszeit: 20 Minuten
Backzeit: etwa 40 Minuten
Haltbarkeit: etwa 1 Monat

1. Den Backofen vorheizen.
Ober-/Unterhitze: etwa 180 °C
Heißluft: etwa 160 °C

2. Für den Teig die Butter oder Margarine mit einem Mixer (Rührstäbe) auf höchster Stufe geschmeidig rühren. Nach und nach Zucker, Vanillin-Zucker und Orangenschalen-Aroma unterrühren. So lange rühren, bis eine gebundene Masse entstanden ist. Eier nach und nach unterrühren (jedes Ei etwa 1/2 Minute).

3. Mehl mit Backpulver mischen, in 2 Portionen kurz auf mittlerer Stufe unterrühren. Mandeln und Mandarinen kurz mit dem Mixer (Rührstäbe) unterrühren.

4. Den Teig mit einem Esslöffel in die vorbereiteten Gläser (gefettet, mit gemahlenen Mandeln ausgestreut) füllen. Glasränder säubern. Backblech im unteren Drittel in den vorgeheizten Backofen schieben. Die Gläser auf das Backblech stellen. Die Kuchen **etwa 40 Minuten backen.**

5. Nach dem Backen ein Glas mit Topflappen aus dem Backofen nehmen und verschließen. Dazu den vorbereiteten, feuchten Gummiring auf die Innenseite eines Glasdeckels legen. Das Glas sofort mit dem Deckel und 2 Klammern verschließen. Restliche Gläser auf die gleiche Weise verschließen. Nach jedem Glas, das aus dem Backofen genommen wird, den Backofen wieder schließen.

6. Die Gläser auf einem Kuchenrost vollständig erkalten lassen (am besten über Nacht), dann die Klammern lösen und die Gläser kühl aufbewahren.

Tipp: Nach Belieben können Sie die Kuchen nach dem Stürzen mit einem Guss, aus 40 g gesiebtem Puderzucker mit 1–2 Teelöffeln Mandarinensaft verrührt, verzieren. Streichen Sie zuerst etwa zwei Drittel des Gusses auf den Kuchen. Verrühren Sie eine Messerspitze Kakaopulver mit dem restlichen Guss und verzieren Sie die Oberfläche nach Belieben.

Mandel-Mirabellen-Kuchen I

Für Gäste – mit Alkohol
20 Stücke

Pro Stück: E: 10 g, F: 24 g, Kh: 22 g, kJ: 1434, kcal: 342, BE: 2,0

Für den Belag:

770 g abgetropfte Mirabellen (aus Gläsern)

Für den Rührteig:

150 g Butter oder Margarine (zimmerwarm)
125 g Zucker
1 Pck. Dr. Oetker Vanillin-Zucker
½ Röhrchen Rum-Aroma
8 Eigelb (Größe M)
400 g gem. Mandeln
100 g gehackte Mandeln
1 gestr. TL Dr. Oetker Backin
8 Eiweiß (Größe M)
1 Prise Salz
25 g Zucker

1 Pck. ungezuckerter Tortenguss, klar
250 ml Mirabellensaft (aus den Gläsern)
1 TL Zucker

100 g Haselnuss-Schokolade
1 TL Speiseöl

Zubereitungszeit: 35 Minuten, ohne Abkühlzeit
Backzeit: etwa 35 Minuten

1. Für den Belag von den Mirabellen den Saft auffangen. Die Mirabellen vorsichtig entsteinen und nochmals abtropfen lassen. Von dem Saft 250 ml für den Guss abmessen und beiseitestellen.

2. Den Backofen vorheizen.
Ober-/Unterhitze: etwa 180 °C
Heißluft: etwa 160 °C

3. Für den Teig Butter oder Margarine mit einem Mixer (Rührstäbe) auf höchster Stufe geschmeidig rühren. Nach und nach Zucker, Vanillin-Zucker und Rum-Aroma unterrühren. So lange rühren, bis eine gebundene Masse entstanden ist. Eigelb nach und nach unterrühren. Mandeln mit Backpulver mischen und kurz auf mittlerer Stufe unterrühren. Eiweiß mit Salz und Zucker steif schlagen, vorsichtig unter den Mandelteig heben.

4. Einen Backrahmen auf ein Backblech (30 x 40 cm, mit Backpapier belegt) stellen. Den Teig auf das Backblech geben und glatt streichen. Die Mirabellen in kleinen Gruppen darauf verteilen. Das Backblech in den vorgeheizten Backofen schieben. Den Kuchen **etwa 35 Minuten backen.**

5. Das Backblech auf einen Kuchenrost stellen. Den Kuchen erkalten lassen.

6. Für den Guss aus Tortengusspulver, beiseitegestelltem Mirabellensaft und Zucker einen Guss nach Packungsanleitung zubereiten. Den Guss auf den Mirabellen verteilen. Guss fest werden lassen.

7. Die Schokolade in Stücke brechen, mit Speiseöl in einem kleinen Topf im Wasserbad bei schwacher Hitze unter Rühren schmelzen. Schokolade in Form von Punkten oder Streifen auf die Kuchenoberfläche geben. Schokolade fest werden lassen.

8. Den Backrahmen lösen und entfernen. Den Kuchen in Stücke schneiden.

Mango-Streusel-Kuchen

Fruchtig

4 Sturz-Form-Gläser je 500 ml Inhalt

Pro Glas: E: 17 g, F: 57 g, Kh: 106 g, kJ: 4221, kcal: 1009, BE: 9,0

1 Mango

Für den Rührteig:

125 g Butter oder Margarine (zimmerwarm)
125 g Zucker
2 Eier (Größe M)
200 g Weizenmehl
2 gestr. TL Dr. Oetker Backin
100 g gehobelte Mandeln

Für die Streusel:

75 g Weizenmehl
1 gestr. EL gesiebtes Kakaopulver
50 g Zucker
1 Pck. Dr. Oetker Bourbon-Vanille-Zucker
50 g Butter oder Margarine (zimmerwarm)

Zubereitungszeit: 35 Minuten
Backzeit: etwa 40 Minuten
Haltbarkeit: etwa 1 Monat

1. Mango halbieren und das Fruchtfleisch vom Stein schneiden. Mango schälen und 8 dünne Mangospalten vom Fruchtfleisch schneiden. Von dem restlichen Fruchtfleisch 150 g abwiegen und pürieren.

2. Den Backofen vorheizen.
Ober-/Unterhitze: etwa 180 °C
Heißluft: etwa 160 °C

3. Für den Teig die Butter oder Margarine mit einem Mixer (Rührstäbe) auf höchster Stufe geschmeidig rühren. Nach und nach Zucker unterrühren. So lange rühren, bis eine gebundene Masse entstanden ist. Eier nach und nach unterrühren (jedes Ei etwa ½ Minute).

4. Mehl mit Backpulver mischen, in 2 Portionen kurz auf mittlerer Stufe unterrühren. Mandeln und Mangopüree unterheben.

5. Dann knapp 1 Esslöffel des Teiges in jedes Glas (gefettet) füllen. Von den Mangospalten senkrecht jeweils 2 Spalten gegenüber an die Glaswände stellen und leicht in den Teig drücken, damit sie Halt haben. Den Teig vorsichtig mit einem Esslöffel in die Gläser füllen.

6. Für die Streusel Mehl mit Kakaopulver in einer Rührschüssel mischen. Zucker, Vanille-Zucker und Butter oder Margarine hinzufügen. Zutaten mit dem Mixer (Rührstäbe) zu feinen Streuseln verarbeiten. Die Streusel auf dem Teig in den Gläsern verteilen. Glasränder säubern. Backblech im unteren Drittel in den vorgeheizten Backofen schieben. Gläser auf das Backblech stellen. Kuchen **etwa 40 Minuten backen.**

7. Nach dem Backen ein Glas mit Topflappen aus dem Backofen nehmen und verschließen. Dazu den vorbereiteten, feuchten Gummiring auf die Innenseite eines Glasdeckels legen. Das Glas sofort mit dem Deckel und 2 Klammern verschließen.

8. Die restlichen Gläser auf die gleiche Weise verschließen. Nach jedem Glas, das aus dem Backofen genommen wird, den Backofen wieder schließen.

9. Die Gläser auf einem Kuchenrost vollständig erkalten lassen (am besten über Nacht), dann die Klammern lösen und die Gläser kühl aufbewahren.

Marmorkuchen | Klassisch

3 Sturz-Form-Gläser je 750 ml Inhalt

Pro Glas: E: 27 g, F: 100 g, Kh: 203 g, kJ: 7629, kcal: 1824, BE: 17,0

Für den Rührteig:

300 g Butter oder Margarine (zimmerwarm)
275 g Zucker
1 Pck. Dr. Oetker Vanillin-Zucker
1 Prise Salz
5 Eier (Größe M)
375 g Weizenmehl
4 gestr. TL Dr. Oetker Backin
etwa 3 EL Milch (3,5 % Fett)

Für den dunklen Teig:

20 g gesiebtes Kakaopulver
20 g Zucker
2–3 EL Milch (3,5 % Fett)

Außerdem:

Semmelbrösel für die Gläser

Zubereitungszeit: 20 Minuten
Backzeit: etwa 65 Minuten
Haltbarkeit: etwa 2 Monate

1. Den Backofen vorheizen.
Ober-/Unterhitze: etwa 180 °C
Heißluft: etwa 160 °C

2. Für den Teig die Butter oder Margarine mit einem Mixer (Rührstäbe) auf höchster Stufe geschmeidig rühren. Nach und nach Zucker, Vanillin-Zucker und Salz unterrühren. So lange rühren, bis eine gebundene Masse entstanden ist. Eier nach und nach unterrühren (jedes Ei etwa 1/2 Minute).

3. Das Mehl mit Backpulver mischen, abwechselnd in 2–3 Portionen mit der Milch auf mittlerer Stufe unterrühren (nur so viel Milch verwenden, dass der Teig schwerreißend vom Löffel fällt). Für den dunklen Teig ein Drittel des Teiges abnehmen. Kakao, Zucker und Milch unterrühren (nur so viel Milch verwenden, dass der Teig schwerreißend vom Löffel fällt).

4. Die Gläser (gefettet, mit Semmelbröseln ausgestreut) etwa zur Hälfte mit dem hellen Teig füllen, dann darauf den dunklen Teig verteilen. Mit einer Gabel spiralförmig den Teig durchrühren, sodass eine Marmorierung entsteht. Glasränder säubern.

5. Den Rost im unteren Drittel in den vorgeheizten Backofen schieben. Die Gläser auf den Rost stellen. Die Marmorkuchen **etwa 65 Minuten backen.**

6. Nach dem Backen ein Glas mit Topflappen aus dem Backofen nehmen und verschließen. Dazu den vorbereiteten, feuchten Gummiring auf die Innenseite eines Glasdeckels legen. Das Glas sofort mit dem Deckel und 2 Klammern verschließen. Restliche Gläser auf die gleiche Weise verschließen. Nach jedem Glas, das aus dem Backofen genommen wird, den Backofen wieder schließen.

7. Die Gläser auf einem Kuchenrost vollständig erkalten lassen (am besten über Nacht), dann die Klammern lösen und die Gläser kühl aufbewahren.

Tipp: Zum Servieren die Marmorkuchen mit einer dunklen Schokoladenglasur bestreichen und mit Borkenschokolade oder geschabten Schokolocken garnieren.

Mascarpone-Zitronen-Kuchen

Zum Verschenken

5 Sturz-Form-Gläser je 500 ml Inhalt

Pro Glas: E: 11 g, F: 30 g, Kh: 85 g,
kJ: 2777, kcal: 663, BE: 7,0

Zum Vorbereiten:

1 Bio-Zitrone (unbehandelt, ungewachst)

Für den Rührteig:

250 g Mascarpone (ital. Frischkäse)
2 EL Speiseöl, z. B. Sonnenblumenöl
150 g Zucker
1 Prise Salz
2 Eier (Größe M)
270 g Weizenmehl
30 g Speisestärke
3 gestr. TL Dr. Oetker Backin
2 EL Zitronensaft (von der Zitrone)

Zum Bestreuen:

20 g Hagelzucker

Zubereitungszeit: 25 Minuten, ohne Abkühlzeit
Backzeit: etwa 35 Minuten
Haltbarkeit: etwa 1 Monat

1. Zum Vorbereiten die Zitrone heiß abwaschen, abtrocknen und die Schale auf der feinen Seite einer Haushaltsreibe abreiben. Die Zitrone halbieren und den Saft auspressen.

2. Den Backofen vorheizen.
Ober-/Unterhitze: etwa 180 °C
Heißluft: etwa 160 °C

3. Für den Teig Mascarpone und das Speiseöl in eine Rührschüssel geben und mit einem Mixer (Rührstäbe) auf höchster Stufe schaumig rühren. Nach und nach Zucker und Salz unterrühren. So lange rühren, bis eine gebundene Masse entstanden ist. Eier nach und nach unterrühren (jedes Ei etwa ½ Minute).

4. Mehl mit Speisestärke und Backpulver mischen, in 2 Portionen kurz auf mittlerer Stufe unterrühren. Zitronenschale und 2 Esslöffel Zitronensaft unterrühren.

5. Den Teig in 5 Sturz-Form-Gläser (je 500 ml, bis 2 cm unter den Rand gefettet und gemehlt) geben, glatt streichen und mit Hagelzucker bestreuen. Die Glasränder säubern. Das Backblech in den vorgeheizten Backofen schieben. Die Gläser auf das Backblech stellen. Die Kuchen **etwa 35 Minuten backen.**

6. In der Zwischenzeit die Gummiringe in einer Schüssel mit kaltem Wasser einweichen.

7. Nach dem Backen ein Glas mit Topflappen aus dem Backofen nehmen und verschließen. Dazu den vorbereiteten, feuchten Gummiring auf die Innenseite eines Glasdeckels legen. Das Glas sofort mit dem Deckel und 2 Klammern verschließen. Restliche Gläser auf die gleiche Weise verschließen. Nach jedem Glas, das aus dem Backofen genommen wird, den Backofen wieder schließen.

8. Die Gläser auf einem Kuchenrost vollständig erkalten lassen, dann die Klammern lösen und die Gläser kühl aufbewahren (nach etwa 10 Tagen hat sich der Hagelzucker aufgelöst).

Tipp: Für eine Variante als Kastenkuchen den Teig in eine Kastenform (25 x 11 cm gefettet, gemehlt) füllen und bei gleicher Backofentemperatur wie im Rezept beschrieben etwa 45 Minuten backen. Den Kuchen etwa 10 Minuten in der Form stehen lassen, dann aus der Form lösen, stürzen, umdrehen und auf einem Kuchenrost erkalten lassen. Nach Belieben mit Puderzucker bestäuben.

Maulwurfshügel I

Für Gäste – raffiniert

20 Stücke

Pro Stück: E: 6 g, F: 26 g, Kh: 37 g, kJ: 1718, kcal: 411, BE: 3,0

Für den Rührteig:

250 g Butter oder Margarine (zimmerwarm)
200 g Zucker
1 Pck. Dr. Oetker Vanillin-Zucker
1 Prise Salz
5 Eier (Größe M)
375 g Weizenmehl
3 gestr. TL Dr. Oetker Backin
30 g gesiebtes Kakaopulver
3 EL Milch (3,5 % Fett)

Für die Füllung:

370 g gut abgetropfte Sauerkirschen (aus dem Glas)
3–4 Bananen
3 EL Zitronensaft
8 Blatt weiße Gelatine
250 ml Sauerkirschsaft (aus dem Glas)
800 g Schlagsahne (mind. 30 % Fett)
1 Pck. Dr. Oetker Vanillin-Zucker
50 g Zartbitter-Raspelschokolade

Zum Bestäuben:

etwas Puderzucker

Zubereitungszeit: 55 Minuten, ohne Kühlzeit
Backzeit: etwa 40 Minuten

1. Den Backofen vorheizen.
Ober-/Unterhitze: etwa 180 °C
Heißluft: etwa 160 °C

2. Für den Teig die Butter oder Margarine mit einem Mixer (Rührstäbe) auf höchster Stufe geschmeidig rühren. Nach und nach Zucker, Vanillin-Zucker und Salz unterrühren. So lange rühren, bis eine gebundene Masse entstanden ist.

3. Die Eier nach und nach unterrühren (jedes Ei etwa ½ Minute).

4. Mehl mit Backpulver und Kakao mischen, abwechselnd in 2 Portionen mit der Milch kurz auf mittlerer Stufe unterrühren.

5. Einen Backrahmen auf ein Backblech (30 x 40 cm, gefettet) stellen. Den Teig auf dem Backblech verteilen und glatt streichen.

6. Das Backblech in den vorgeheizten Backofen schieben und den Gebäckboden **etwa 40 Minuten backen.**

7. Das Backblech auf einen Kuchenrost stellen. Den Gebäckboden erkalten lassen.

8. Den Gebäckboden mithilfe eines Esslöffels so aushöhlen, dass ein etwa 1 cm dicker Boden und ein etwa 1 cm breiter Rand stehen bleiben. Das ausgehöhlte Gebäck fein zerbröseln und die Gebäckbrösel beiseitestellen.

9. Für die Füllung von den Sauerkirschen den Saft auffangen und 250 ml abmessen. Die Sauerkirschen auf Küchenpapier trocken tupfen.

10. Bananen schälen, längs halbieren, in den ausgehöhlten Gebäckboden legen und mit Zitronensaft beträufeln. Sauerkirschen dazwischen verteilen.

11. Gelatine nach Packungsanleitung einweichen, leicht ausdrücken, mit etwas von dem Kirschsaft in einem kleinen Topf bei schwacher Hitze unter Rühren auflösen (nicht kochen), leicht abkühlen lassen. Restlichen Kirschsaft unter die Gelatineflüssigkeit rühren und in den Kühlschrank stellen.

12. Die Sahne mit Vanillin-Zucker evtl. in 2 Portionen steif schlagen. Sobald die Gelatineflüssigkeit anfängt zu gelieren, Sahne unterheben. Raspelschokolade vorsichtig unterrühren. Die Sahnemasse kuppelartig mit einem Esslöffel auf den Kirschen und Bananen verteilen. Gebäckbrösel daraufstreuen. Den Kuchen in den Kühlschrank stellen. Vor dem Servieren mit Puderzucker bestäuben.

Mohnkuchen mit Johannisbeeren | Einfach

16 Stücke

Pro Stück: E: 5 g, F: 11 g, Kh: 33 g, kJ: 1051, kcal: 251, BE: 2,5

Für den Rührteig:

150 g Butter oder Margarine (zimmerwarm)
150 g Zucker
2 Pck. Dr. Oetker Vanillin-Zucker
1 Msp. Salz
1 Pck. Dr. Oetker Finesse Geriebene Zitronenschale
3 Eier (Größe M)
330 g Weizenmehl
2 gestr. TL Dr. Oetker Backin
150 g Joghurt (3,5 % Fett)
50 g Mohnsamen

Für den Belag:

1 Pck. ungezuckerter Tortenguss, rot
2 EL Zucker
150 ml Johannisbeernektar
300 g TK-Johannisbeeren

Zum Bestäuben:

30 g Puderzucker

Zubereitungszeit: 25 Minuten, ohne Abkühlzeit
Backzeit: etwa 55 Minuten

1. Den Backofen vorheizen.
Ober-/Unterhitze: etwa 180 °C
Heißluft: etwa 160 °C

2. Für den Teig die Butter oder Margarine mit einem Mixer (Rührstäbe) auf höchster Stufe geschmeidig rühren. Nach und nach Zucker, Vanillin-Zucker, Salz und Zitronenschale unterrühren. So lange rühren, bis eine gebundene Masse entstanden ist. Eier nach und nach unterrühren (jedes Ei etwa ½ Minute).

3. Das Mehl mit Backpulver mischen, in 2 Portionen mit dem Joghurt kurz auf mittlerer Stufe unterrühren, Mohn unterheben. Teig in eine Springform (Ø 26 cm, Boden gefettet, gemehlt) geben, glatt streichen.

4. Für den Belag Tortengusspulver mit Zucker und Johannisbeernektar verrühren. Die gefrorenen Johannisbeeren unterrühren. Die Johannisbeermasse auf dem Teigboden verteilen und mit einer Gabel spiralförmig unter den Teig ziehen. Die Form auf dem Rost in den vorgeheizten Backofen schieben. Den Kuchen **etwa 55 Minuten backen.**

5. Die Form auf einen Kuchenrost stellen. Den Kuchen in der Form etwas abkühlen lassen, dann aus der Form lösen. Den Kuchen auf einem Kuchenrost erkalten lassen und mit Puderzucker bestäuben.

Möhrenkuchen

Mit Alkohol
15 Stücke

Pro Stück: E: 6 g, F: 13 g, Kh: 22 g, kJ: 975, kcal: 233, BE: 2,0

Zum Vorbereiten:
200–250 g Möhren

Für den Teig:
4 Eiweiß (Größe M)
4 Eigelb (Größe M)
160 g Zucker
1 Pck. Dr. Oetker Vanillin-Zucker
1 Prise Salz
2–3 EL Rum oder Orangensaft
50 g Weizenmehl
2 1/2 gestr. TL Dr. Oetker Backin
300 g nicht abgezogene, gem. Mandeln

Für den Guss:
100 g Puderzucker
1–2 EL Zitronensaft

Zubereitungszeit: 30 Minuten, ohne Abkühlzeit
Backzeit: etwa 60 Minuten

1. Zum Vorbereiten die Möhren putzen, schälen, abspülen, gut abtropfen lassen und auf einer Küchenreibe fein raspeln.

2. Den Backofen vorheizen.
Ober-/Unterhitze: etwa 180 °C
Heißluft: etwa 160 °C

3. Für den Teig Eiweiß so steif schlagen, dass ein Messerschnitt sichtbar bleibt. Das Eigelb mit Zucker, Vanillin-Zucker und Salz in einer Rührschüssel mit einem Mixer (Rührstäbe) auf höchster Stufe etwa 5 Minuten schaumig rühren. Rum oder Orangensaft kurz unterrühren.

4. Mehl mit Backpulver mischen, mit der Hälfte der Mandeln auf niedrigster Stufe unterrühren. Eischnee unterheben. Restliche Mandeln und die Möhrenraspel ebenfalls kurz unterrühren. Den Teig in eine Kastenform (25 x 11 cm, gefettet, gemehlt) geben und glatt streichen. Die Form auf dem Rost in den vorgeheizten Backofen (unteres Drittel) schieben. Den Kuchen **etwa 60 Minuten backen.**

5. Die Form auf einen Kuchenrost stellen. Den Kuchen etwa 10 Minuten in der Form stehen lassen, dann aus der Form lösen und auf einen Kuchenrost stürzen. Kuchen erkalten lassen.

6. Für den Guss Puderzucker und Zitronensaft zu einer dickflüssigen Masse verrühren. Den Kuchen mit dem Guss überziehen. Guss trocknen lassen.

Tipps: Ohne Guss lässt sich der Kuchen gut einfrieren. Auch zum Vorbereiten ist er sehr gut geeignet. 1–2 Tage vorher gebacken und verpackt, kann er noch durchziehen.

Mozartkugel-Torte I

Mit Alkohol – etwas Besonderes

16 Stücke

Pro Stück: E: 6 g, F: 26 g, Kh: 34 g,
kJ: 1677, kcal: 401, BE: 3,0

Für den Rührteig:

150 g Butter oder Margarine (zimmerwarm)
100 g Zucker
1 Pck. Dr. Oetker Vanillin-Zucker
2–3 EL Rum
3 Eier (Größe M)
100 g Weizenmehl
1 Pck. Dr. Oetker Pudding-Pulver Schokoladen-Geschmack
2 gestr. TL Dr. Oetker Backin
50 g gem. Mandeln

100 g Mozartkugeln

2–3 EL Wild-Preiselbeeren (aus dem Glas)

Für die Füllung:

3 Blatt weiße Gelatine
75 g Vollmilch-Kuvertüre
250 g Schlagsahne (mind. 30 % Fett)

Für den Belag:

125 g Marzipan-Rohmasse
25 g Puderzucker
50 g Zartbitter-Kuvertüre
8 Mozartkugeln

Zubereitungszeit: 50 Minuten, ohne Kühlzeit
Backzeit: 25–30 Minuten

1. Den Backofen vorheizen.
Ober-/Unterhitze: etwa 180 °C
Heißluft: etwa 160 °C

2. Für den Teig Butter oder Margarine mit einem Mixer (Rührstäbe) auf höchster Stufe geschmeidig rühren. Nach und nach Zucker, Vanillin-Zucker und Rum unterrühren. So lange rühren, bis eine gebundene Masse entstanden ist. Eier nach und nach unterrühren (jedes Ei etwa 1/2 Minute).

3. Mehl mit Pudding-Pulver und Backpulver mischen, auf mittlerer Stufe unterrühren. Mandeln untermischen. Die Hälfte des Teiges in eine Springform (Ø 26 cm, Boden gefettet, mit Backpapier belegt) füllen.

4. Die Mozartkugeln halbieren, mit der Schnittfläche nach oben auf den Teig legen und etwas andrücken. Den restlichen Teig daraufgeben und glatt streichen. Die Form auf dem Rost in den vorgeheizten Backofen schieben. Gebäckboden **25–30 Minuten backen.**

5. Den Gebäckboden aus der Form lösen und auf einem Kuchenrost erkalten lassen. Mitgebackenes Backpapier abziehen. Preiselbeeren durch ein Sieb streichen. Den Gebäckboden damit bestreichen.

6. Für die Füllung Gelatine nach Packungsanleitung einweichen. Kuvertüre in Stücke hacken, in einem kleinen Topf im Wasserbad bei schwacher Hitze unter Rühren schmelzen, abkühlen lassen.

7. Sahne steif schlagen. Eingeweichte Gelatine leicht ausdrücken und in einem kleinen Topf bei schwacher Hitze unter Rühren auflösen (nicht kochen). Gelatine mit der Kuvertüre gut verrühren und vorsichtig unter die Sahne rühren. Schokoladensahne kuppelartig auf den Gebäckboden streichen. Die Torte etwa 2 Stunden in den Kühlschrank stellen.

8. Für den Belag Marzipan mit Puderzucker verkneten und auf einer leicht mit Puderzucker bestäubten Arbeitsfläche zu einer runden Platte (Ø etwa 30 cm) ausrollen (nach Belieben ein Muster in die Marzipandecke eindrücken). Die Marzipanplatte vorsichtig auf die Schokoladensahne legen, den Rand andrücken.

9. Kuvertüre wie unter Punkt 7 beschrieben schmelzen und in ein Papiertütchen oder einen kleinen Gefrierbeutel füllen. Eine kleine Ecke abschneiden und 16 Kuvertürepunkte an den Rand der Tortenoberfläche setzen. Mozartkugeln halbieren, die Hälften mit der Schnittfläche in die Schokopunkte drücken, Kuvertüre fest werden lassen. Torte mit der restlichen Kuvertüre verzieren (evtl. nochmals kurz erwärmen).

Muffins mit Schoko-Bits

Für Kinder – für jeden Tag

12 Stück

Pro Stück: E: 4 g, F: 23 g, Kh: 25 g, kJ: 1351, kcal: 323, BE: 2,0

Für den All-in-Teig:

250 g Butter oder Margarine
100 g Edelbitter-Schokolade (etwa 60 % Kakaoanteil)
220 g Weizenmehl
2 gestr. TL Dr. Oetker Backin
100 g Zucker
1 Pck. Dr. Oetker Vanillin-Zucker
3 Eier (Größe M)

Außerdem:

12 Papierbackförmchen

Zubereitungszeit: 25 Minuten, ohne Abkühlzeit
Backzeit: etwa 25 Minuten

1. Für den Teig Butter oder Margarine in einem kleinen Topf zerlassen und etwas abkühlen lassen. Schokolade grob hacken, ein Drittel davon zum Bestreuen beiseitelegen.

2. Den Backofen vorheizen.
Ober-/Unterhitze: etwa 180 °C
Heißluft: etwa 160 °C

3. Mehl, Backpulver, Zucker, Vanillin-Zucker und Schokoladestücke in eine Rührschüssel geben, mit einem Schneebesen verrühren.

4. Die Eier zur geschmolzenen Butter oder Margarine geben und mit dem Schneebesen verrühren.

5. Die Eier-Fett-Mischung zu der Mehl-Schokoladen-Mischung in die Rührschüssel geben und mit dem Schneebesen verrühren, bis ein glatter Teig entstanden ist.

6. Den Teig in einer Muffinform (für 12 Muffins, mit Papierbackförmchen ausgelegt) verteilen. Die beiseitegelegten Schokoladenstücke auf den Teig streuen.

7. Form auf dem Rost in den vorgeheizten Backofen schieben. Die Muffins **etwa 25 Minuten backen.**

8. Die Form auf einen Kuchenrost stellen. Die Muffins etwa 5 Minuten in der Form stehen lassen. Dann die Muffins mit den Papierbackförmchen aus der Form nehmen und auf dem Kuchenrost erkalten lassen.

Muffins mit Schokosplittern

Einfach

12 Stück

Pro Stück: E: 4 g, F: 19 g, Kh: 32 g, kJ: 1311, kcal: 313, BE: 2,5

Für den All-in-Teig:

100 g Zartbitter-Schokolade
200 g Weizenmehl
1 Pck. Dr. Oetker Pudding-Pulver Vanille-Geschmack
3 gestr. TL Dr. Oetker Backin
150 g Zucker
1 Pck. Dr. Oetker Vanillin-Zucker
200 g Butter oder Margarine (zimmerwarm)
3 Eier (Größe M)
100 ml Milch (3,5 % Fett)

Außerdem:

12 Papierbackförmchen

Zubereitungszeit: 20 Minuten
Backzeit: etwa 25 Minuten

1. Den Backofen vorheizen.
Ober-/Unterhitze: etwa 180 °C
Heißluft: etwa 160 °C

2. Für den Teig die Schokolade in kleine Stücke hacken. Mehl mit Pudding-Pulver und Backpulver in einer Rührschüssel mischen. Zucker, Vanillin-Zucker, Butter oder Margarine, Eier und Milch hinzufügen. Die Zutaten mit einem Mixer (Rührstäbe) zunächst kurz auf niedrigster, dann auf höchster Stufe in etwa 2 Minuten zu einem glatten Teig verarbeiten. Etwa zwei Drittel der Schokoladenstücke kurz unterrühren.

3. Den Teig in einer Muffinform (für 12 Muffins, mit Papierbackförmchen ausgelegt) verteilen. Mit den restlichen Schokoladenstücken bestreuen. Die Form auf dem Rost in den vorgeheizten Backofen schieben. Die Muffins **etwa 25 Minuten backen.**

4. Die Muffins mit den Papierbackförmchen aus der Form nehmen und auf einem Kuchenrost erkalten lassen.

Tipp: Mit 1 Päckchen Finesse Orangenschalen-Aroma schmeckt's fruchtig.

Napfkuchen mit Frischkäse

Für jeden Tag

14 Stücke

Pro Stück: E: 3 g, F: 10 g, Kh: 20 g,
kJ: 761, kcal: 182, BE: 1,5

Für den Rührteig:

100 g Butter oder Margarine (zimmerwarm)
80 g Zucker
1 Pck. Dr. Oetker Vanillin-Zucker
1 Prise Salz
100 g Doppelrahm-Frischkäse
½ Pck. Dr. Oetker Finesse Geriebene Zitronenschale
2 Eier (Größe M)
170 g Weizenmehl
2 gestr. TL Dr. Oetker Backin
2 EL Milch (3,5 % Fett)
80 g Rosinen

Semmelbrösel für die Form

Zum Bestäuben:

etwas Puderzucker

Zubereitungszeit: 20 Minuten, ohne Abkühlzeit
Backzeit: 40–50 Minuten

1. Den Backofen vorheizen.
Ober-/Unterhitze: etwa 180 °C
Heißluft: etwa 160 °C

2. Für den Teig Butter oder Margarine mit einem Mixer (Rührstäbe) auf höchster Stufe geschmeidig rühren. Nach und nach Zucker, Vanillin-Zucker und Salz unterrühren.

3. Frischkäse und die Zitronenschale in 2 Portionen untermischen. So lange rühren bis eine gebundene Masse entstanden ist. Eier nach und nach unterrühren (jedes Ei etwa ½ Minute).

4. Mehl mit Backpulver mischen, kurz auf mittlerer Stufe unterrühren. Anschließend Milch und Rosinen unterrühren.

5. Den Teig in eine Gugelhupfform (Ø 16 cm, gefettet, mit Semmelbröseln ausgestreut) geben und glatt streichen.

6. Die Form auf dem Rost in den vorgeheizten Backofen schieben. Den Kuchen **40–50 Minuten backen.**

7. Die Form auf einen Kuchenrost stellen. Den Kuchen etwa 5 Minuten in der Form stehen lassen, dann aus der Form lösen und auf einen mit Backpapier belegten Kuchenrost stürzen.

8. Den Kuchen erkalten lassen und mit Puderzucker bestäuben.

Tipps: Eine etwas ungewöhnlichere Variante des Kuchens können Sie mit getrockneten Feigen und kandiertem Ingwer herstellen. Dafür von etwa 70 g Feigen die Stängel abtrennen und die Feigen in kleine Würfel schneiden. 20 g kandierten Ingwer im Zerkleinerer fein hacken. Beide Zutaten anstelle der Rosinen unter den Teig rühren. Kandierten Ingwer und getrocknete Feigen bekommen Sie im Bio-Laden oder Supermarkt. Sind die Rosinen nicht gleichmäßig im Teig verteilt, sondern sitzen auf dem Boden, war der Teig zu weich. Darauf achten, dass der Teig bei der Zubereitung schwerreißend vom Löffel fällt.

Nougatkuchen mit weißen Schoko-Mandel-Häufchen I

Raffiniert

25 Stücke

Pro Stück: E: 4 g, F: 12 g, Kh: 23 g, kJ: 915, kcal: 219, BE: 2,0

Für den Rührteig:

150 g Butter oder Margarine (zimmerwarm)
150 g Zucker
1 Prise Salz
3 Eier (Größe M)
250 g Nuss-Nougat-Creme (aus dem Glas)
250 g Weizenmehl
2 gestr. TL Dr. Oetker Backin
80 g Buttermilch

Für die Schoko-Mandel-Häufchen:

50 g gehobelte Mandeln
150 g weiße Schokolade
1 1/2 TL Speiseöl
30 g Amaranth-Pops (erhältlich in Drogeriemärkten oder Bioläden)

Zubereitungszeit: 35 Minuten, ohne Abkühlzeit
Backzeit: etwa 20 Minuten

1. Den Backofen vorheizen.
Ober-/Unterhitze: etwa 180 °C
Heißluft: etwa 160 °C

2. Für den Teig die Butter oder Margarine mit einem Mixer (Rührstäbe) auf höchster Stufe geschmeidig rühren. Nach und nach Zucker und Salz unterrühren. So lange rühren, bis eine gebundene Masse entstanden ist. Eier nach und nach unterrühren (jedes Ei etwa 1/2 Minute). Nuss-Nougat-Creme unterrühren.

3. Das Mehl mit Backpulver mischen, abwechselnd in 2 Portionen, mit der Buttermilch kurz auf mittlerer Stufe unterrühren.

4. Den Teig auf einem Backblech (30 x 40 cm, gefettet) verteilen und glatt streichen. Das Backblech in den vorgeheizten Backofen schieben. Den Gebäckboden **etwa 20 Minuten backen.**

5. Das Backblech auf einen Kuchenrost stellen. Den Gebäckboden erkalten lassen.

6. Für die Schoko-Mandel-Häufchen die Mandeln in einer Pfanne ohne Fett unter Rühren goldbraun rösten, herausnehmen und auf einem Teller erkalten lassen.

7. Die Schokolade in Stücke brechen, zwei Drittel davon mit dem Speiseöl in einem kleinen Topf im Wasserbad bei schwacher Hitze unter Rühren schmelzen. Den Topf aus dem Wasserbad nehmen, die restliche Schokolade darin unter Rühren schmelzen.

8. Die Mandeln und Amaranth-Pops unter die geschmolzene Schokolade rühren. Mit einem Messer etwa 25 Stücke auf dem Gebäckboden markieren. Auf jedes Kuchenstück mit 2 Teelöffeln einen Klecks der Schokomasse geben und fest werden lassen.

Tipp: Foto. Wenn der Nuss-Nougat-Geschmack noch intensiver sein soll, verrühren Sie 125 g Nuss-Nougat-Creme mit 1 Esslöffel kaltem Wasser und streichen etwa 1 Teelöffel der Masse auf jedes Kuchenstück. Dann die Masse für die Schoko-Mandel-Häufchen mit zwei Teelöffeln in kleinen Häufchen auf ein Stück Backpapier geben und darauf fest werden lassen. Die Schoko-Mandel-Häufchen auf die Nougatmasse geben.

Nusskuchen | Mit Alkohol – klassisch

15 Stücke

Pro Stück: E: 5 g, F: 27 g, Kh: 25 g, kJ: 1522, kcal: 364, BE: 2,0

Für den Rührteig:

100 g gem. Haselnusskerne
100 g gehackte Haselnusskerne
200 g Butter oder Margarine (zimmerwarm)
150 g Zucker
1 Pck. Dr. Oetker Vanillin-Zucker
½ Röhrchen Rum-Aroma
1 Prise Salz
3 Eier (Größe M)
150 g Weizenmehl
2 gestr. TL Dr. Oetker Backin

Für den Guss:

150 g Vollmilch-Schokolade
1 EL Speiseöl, z. B. Sonnenblumenöl

Zum Bestreuen:

50 g gehackte Haselnusskerne

Zubereitungszeit: 30 Minuten, ohne Abkühlzeit
Backzeit: etwa 60 Minuten

1. Für den Teig die Haselnusskerne in einer Pfanne ohne Fett unter Rühren leicht rösten, herausnehmen und auf einem Teller erkalten lassen.

2. Den Backofen vorheizen.
Ober-/Unterhitze: etwa 180 °C
Heißluft: etwa 160 °C

3. Die Butter oder Margarine mit einem Mixer (Rührstäbe) auf höchster Stufe geschmeidig rühren. Nach und nach Zucker, Vanillin-Zucker, Aroma und Salz unterrühren. So lange rühren, bis eine gebundene Masse entstanden ist. Nach und nach Eier unterrühren (jedes Ei etwa ½ Minute).

4. Mehl mit Backpulver mischen, mit den gerösteten Haselnusskernen vermischen und in 2 Portionen kurz auf mittlerer Stufe unter den Teig rühren. Den Teig in eine Kastenform (25 x 11 cm, gefettet, gemehlt) geben und glatt streichen. Die Form auf dem Rost in den vorgeheizten Backofen (unteres Drittel) schieben. Den Kuchen **etwa 60 Minuten backen.** Evtl. gegen Ende der Backzeit den Kuchen mit Backpapier zudecken.

5. Die Form auf einen Kuchenrost stellen. Den Kuchen etwa 10 Minuten in der Form stehen lassen, dann aus der Form lösen und auf einen Kuchenrost stürzen. Kuchen erkalten lassen.

6. Für den Guss die Schokolade in Stücke brechen. Zwei Drittel davon mit dem Speiseöl im Wasserbad bei schwacher Hitze unter Rühren schmelzen. Den Topf von der Kochstelle nehmen. Restliche Schokolade darin unter Rühren schmelzen.

7. Den Kuchen mit einem Messer oder Backpinsel mit dem Schokoladenguss überziehen und mit den gehackten Haselnusskernen bestreuen. Guss fest werden lassen.

Rezeptvariante: Für einen **Schoko-Nuss-Kuchen** geben Sie zusätzlich 100 g gehackte Zartbitter-Schokolade in den Teig.

Nuss-Nougat-Creme-Torte I

Für Kinder – für Gäste

16 Stücke

Pro Stück: E: 6 g, F: 14 g, Kh: 34 g, kJ: 1229, kcal: 294, BE: 3,0

370 g Sauerkirschen (aus dem Glas)

Für den Rührteig:

125 g Butter oder Margarine (zimmerwarm)
125 g Zucker
1 Pck. Dr. Oetker Vanillin-Zucker
3 Eier (Größe M)
250 g Weizenmehl
2 gestr. TL Dr. Oetker Backin
3 EL Nuss-Nougat-Creme
1 EL Milch (3,5 % Fett)

Für den Belag:

3 Blatt weiße Gelatine
250 g Magerquark
50 g Zucker
2 Pck. Dr. Oetker Vanillin-Zucker
250 g Schlagsahne (mind. 30 % Fett)

Für den Guss:

1 Pck. ungezuckerter Tortenguss, klar
250 ml Sauerkirschsaft (aus dem Glas)

Zubereitungszeit: 50 Minuten, ohne Kühlzeit
Backzeit: 35–40 Minuten

1. Von den Sauerkirschen den Saft auffangen und 250 ml abmessen.

2. Den Backofen vorheizen.
Ober-/Unterhitze: etwa 180 °C
Heißluft: etwa 160 °C

3. Für den Teig Butter oder Margarine mit einem Mixer (Rührstäbe) auf höchster Stufe geschmeidig rühren. Nach und nach Zucker und Vanillin-Zucker unterrühren. So lange rühren, bis eine gebundene Masse entstanden ist. Eier nach und nach unterrühren (jedes Ei etwa ½ Minute).

4. Mehl mit Backpulver mischen, in 2 Portionen kurz auf mittlerer Stufe unterrühren. Zwei Drittel des Teiges in eine Springform (Ø 26 cm, Boden gefettet) füllen. Die abgetropften Sauerkirschen darauf verteilen, dabei einen etwa 1 cm breiten Rand frei lassen.

5. Den restlichen Teig mit der Nuss-Nougat-Creme und Milch verrühren, auf die Kirschen geben und glatt streichen. Die Form auf dem Rost in den vorgeheizten Backofen schieben. Den Gebäckboden **35–40 Minuten backen.**

6. Den Gebäckboden aus der Form lösen und auf einem Kuchenrost erkalten lassen.

7. Für den Belag Gelatine nach Packungsanleitung einweichen. Quark mit Zucker und Vanillin-Zucker verrühren. Die Gelatine ausdrücken, in einem kleinen Topf bei schwacher Hitze unter Rühren auflösen (nicht kochen). Die Gelatine zuerst mit etwa 3 Esslöffeln der Quarkmasse verrühren, dann unter die restliche Quarkmasse rühren. Sahne steif schlagen und vorsichtig unterrühren. Die Sahne-Quark-Creme leicht kuppelartig auf den Gebäckboden streichen. Die Torte etwa 1 Stunde in den Kühlschrank stellen.

8. Für den Guss aus Tortengusspulver und Kirschsaft einen Guss nach Packungsanleitung, aber ohne Zucker zubereiten. Den Guss nach und nach portionsweise auf der Quark-Sahne-Creme verteilen, dabei die untere Schicht vor dem Auftragen der nächsten Schicht kurz fest werden lassen.

Nuss-Schnitten mit Irish-Cream

Raffiniert – mit Alkohol
20 Stücke

Pro Stück: E: 7 g, F: 40 g, Kh: 38 g, kJ: 2351, kcal: 562, BE: 3,0

Für den Rührteig:

225 g Butter oder Margarine (zimmerwarm)
200 g Zucker
1 Pck. Dr. Oetker Vanillin-Zucker
4 Eier (Größe M)
225 g Weizenmehl
3 gestr. TL Dr. Oetker Backin

Für den Belag:

150 g Butter
125 g Zucker
1 Pck. Dr. Oetker Vanillin-Zucker
100 g Schlagsahne
100 g gem. Haselnusskerne
200 g gehobelte Haselnusskerne

Für die Füllung:

4 Blatt weiße Gelatine
2 Pck. Dr. Oetker Pudding-Pulver Sahne-Geschmack
50 g Zucker
300 ml Irish-Cream-Likör
500 ml Milch (3,5 % Fett)
600 g Schlagsahne (mind. 30 % Fett)

Zum Verzieren:

100 g Zartbitter-Schokolade
1 TL Speiseöl

Zubereitungszeit: 60 Minuten, ohne Abkühlzeit
Backzeit: etwa 25 Minuten

1. Den Backofen vorheizen.
Ober-/Unterhitze: etwa 200 °C
Heißluft: etwa 180 °C

2. Für den Teig Butter oder Margarine mit einem Mixer (Rührstäbe) auf höchster Stufe geschmeidig rühren. Nach und nach Zucker und Vanillin-Zucker unterrühren. So lange rühren, bis eine gebundene Masse entstanden ist. Eier nach und nach unterrühren (jedes Ei etwa ½ Minute).

3. Mehl mit Backpulver mischen, in 2 Portionen kurz auf mittlerer Stufe unterrühren. Den Teig auf ein Backblech (30 x 40 cm, gefettet, mit Backpapier belegt) streichen. Das Backblech in den vorgeheizten Backofen schieben. Die Gebäckplatte **etwa 15 Minuten vorbacken.**

4. Für den Belag in der Zwischenzeit Butter mit Zucker, Vanillin-Zucker und Sahne in einem Topf unter Rühren kurz aufkochen lassen. Die Haselnusskerne unterrühren.

5. Das Backblech auf einen Kuchenrost stellen. Die Haselnussmasse auf den heißen, vorgebackenen Boden streichen. Das Backblech wieder in den heißen Backofen schieben. Die Gebäckplatte **bei gleicher Backofentemperatur in etwa 10 Minuten fertig backen.**

6. Das Backblech auf einen Kuchenrost stellen. Die Gebäckplatte erkalten lassen. Anschließend die Gebäckplatte mit dem Backpapier vom Backblech auf eine Platte ziehen, mitgebackenes Backpapier entfernen. Die Gebäckplatte einmal waagerecht durchschneiden.

7. Für die Füllung Gelatine nach Packungsanleitung einweichen. Pudding-Pulver und Zucker mit der Hälfte des Likörs glatt rühren. Milch in einem Topf zum Kochen bringen. Angerührtes Pudding-Pulver einrühren und unter Rühren etwa 1 Minute kochen lassen. Den Topf von der Kochstelle nehmen. Gelatine ausdrücken und unter Rühren in der Puddingmasse auflösen. Den restlichen Likör unterrühren. Den Pudding erkalten lassen, dabei gelegentlich umrühren.

8. Sahne steif schlagen und unter die Puddingmasse heben. Die untere Gebäckplatte auf eine Kuchenplatte oder ein Backblech legen. Die Creme darauf glatt streichen.

9. Zum Verzieren die obere Gebäckplatte in 20 Stücke schneiden. Schokolade in Stücke brechen. Zwei Drittel

davon mit Speiseöl in einem Topf im Wasserbad bei schwacher Hitze unter Rühren schmelzen. Den Topf aus dem Wasserbad nehmen. Restliche Schokolade darin unter Rühren schmelzen.

10. Die flüssige Schokolade in einen kleinen Gefrierbeutel füllen, eine kleine Ecke abschneiden. Jedes zweite Gebäckstück damit besprenkeln. Die Gebäckstücke schachbrettartig auf die Creme legen. Die Schnitten bis zum Servieren in den Kühlschrank stellen.

11. Vor dem Servieren die angedeuteten Schnitten vollständig durchschneiden und servieren.

Obstkuchen mit Vanillecreme I

Fruchtig – für Kinder

20 Stücke

Pro Stück: E: 4 g, F: 14 g, Kh: 36 g, kJ: 1211, kcal: 290, BE: 3,0

Für den Rührteig:

200 g Butter oder Margarine (zimmerwarm)
200 g Zucker
1 Pck. Dr. Oetker Vanillin-Zucker
4 Eier (Größe M)
200 g Weizenmehl
2 gestr. TL Dr. Oetker Backin

Für die Vanillecreme:

3 Blatt weiße Gelatine
1 Pck. Dr. Oetker Pudding-Pulver Vanille-Geschmack
40 g Zucker
500 ml Milch (3,5 % Fett)
250 g Crème fraîche

Für den Obstbelag und den Guss:

etwa 850 g vorbereitetes frisches Obst oder gut abgetropft aus dem Glas
3 Pck. ungezuckerter Tortenguss, klar
250 ml klarer Apfelsaft
500 ml Wasser
6 EL Zucker

Zubereitungszeit: 60 Minuten, ohne Abkühlzeit
Backzeit: etwa 20 Minuten

1. Den Backofen vorheizen.
Ober-/Unterhitze: etwa 180 °C
Heißluft: etwa 160 °C

2. Für den Teig Butter oder Margarine mit einem Mixer (Rührstäbe) auf höchster Stufe geschmeidig rühren. Nach und nach Zucker und Vanillin-Zucker unterrühren. So lange rühren, bis eine gebundene Masse entstanden ist.

3. Die Eier nach und nach unterrühren (jedes Ei etwa ½ Minute).

4. Mehl mit Backpulver mischen und kurz auf mittlerer Stufe unterrühren. Den Teig auf ein Backblech (30 x 40 cm, gefettet, mit Backpapier belegt) geben und glatt streichen. Das Backblech in den vorgeheizten Backofen schieben und die Gebäckplatte **etwa 20 Minuten backen.**

5. Das Backblech auf einen Kuchenrost stellen. Die Gebäckplatte erkalten lassen. Die Gebäckplatte vom Backpapier lösen. Die Seitenkanten gerade schneiden. Gebäckplatte auf eine Platte legen. Einen Backrahmen darumstellen.

6. Für die Vanillecreme Gelatine nach Packungsanleitung einweichen. Aus Pudding-Pulver, Zucker und Milch einen Pudding nach Packungsanleitung zubereiten. Den Topf von der Kochstelle nehmen. Gelatine ausdrücken und in dem heißen Pudding unter Rühren auflösen, Crème fraîche unterrühren. Die Vanillecreme auf der Gebäckplatte verteilen, glatt streichen und erkalten lassen.

7. Für den Obstbelag und den Guss das vorbereitete Obst nach Belieben in Stücke, Scheiben oder Spalten schneiden und auf der Creme verteilen, dabei auch den Rand gut auslegen.

8. Aus Tortengusspulver, Apfelsaft, Wasser und Zucker einen Guss nach Packungsanleitung zubereiten. Den Guss auf dem Obst verteilen, fest werden lassen.

9. Den Obstkuchen bis zum Verzehr in den Kühlschrank stellen. Backrahmen mit einem Messer lösen und die Seitenkanten eventuell mit einem feuchten Messer säubern.

Obsttorte mit Erdbeeren I

Schnell – klassisch

12 Stücke

Pro Stück: E: 5 g, F: 6 g, Kh: 28 g,
kJ: 795, kcal: 190, BE: 2,5

Für den All-in-Teig:

125 g Weizenmehl
2 ½ gestr. TL Dr. Oetker Backin
100 g Zucker
1 Pck. Dr. Oetker Vanillin-Zucker
4 Eier (Größe M)
3 EL Speiseöl, z. B. Sonnenblumenöl
2 EL Essig, z. B. Obstessig

Für die Vanillecreme:

1 Pck. Saucenpulver Vanille-Geschmack zum Kochen
250 ml Milch (3,5 % Fett)
20 g Zucker

Für den Belag:

1 kg Erdbeeren
evtl. etwas Zucker

Für den Tortenguss:

1 Pck. ungezuckerter Tortenguss, rot
2 EL Zucker
250 ml Wasser

Zubereitungszeit: 30 Minuten, ohne Abkühlzeit
Backzeit: etwa 15 Minuten

1. Den Backofen vorheizen.
Ober-/Unterhitze: etwa 200 °C
Heißluft: etwa 180 °C

2. Für den Teig Mehl mit Backpulver in einer Rührschüssel mischen. Zucker, Vanillin-Zucker, Eier, Speiseöl und Essig hinzufügen. Die Zutaten mit einem Mixer (Rührstäbe) zunächst kurz auf niedrigster, dann auf höchster Stufe in etwa 1 Minute zu einem glatten Teig verarbeiten.

3. Den Teig in eine Obstbodenform (Ø 28 cm, gefettet) oder Springform (Ø 26 cm, mit Backpapier belegt) geben und glatt streichen. Die Form auf dem Rost in den vorgeheizten Backofen (unteres Drittel) schieben. Den Tortenboden **etwa 15 Minuten backen.**

4. Den Tortenboden auf einen mit Backpapier belegten Kuchenrost stürzen und erkalten lassen.

5. Für die Vanillecreme einen Pudding aus Saucenpulver, Milch und Zucker nach Packungsanleitung, aber mit 250 ml Milch und 20 g Zucker zubereiten. Den Pudding unter gelegentlichem Rühren erkalten lassen und anschließend auf dem Tortenboden verstreichen.

6. Für den Belag Erdbeeren putzen, abspülen, gut abtropfen lassen, entstielen und evtl. halbieren. Die Erdbeeren evtl. mit Zucker bestreuen, kurze Zeit stehen lassen und dann auf den Tortenboden legen.

7. Für den Guss aus Tortengusspulver, Zucker und Wasser einen Guss nach Packungsanleitung zubereiten. Den Guss mit einem Esslöffel auf den Erdbeeren verteilen. Guss fest werden lassen. Die Torte bis zum Servieren in den Kühlschrank stellen.

Tipps: Sie können den Teig auch in 6 Tortelett-Förmchen (Ø 12 cm) füllen, wie im Rezept angegeben backen und mit Erdbeeren belegen. Sie können auch andere Früchte (Bananen, Weintrauben) oder gut abgetropfte Dosenfrüchte (Pfirsiche, Ananas; Abtropfgewicht etwa 500 g) verwenden. Den Tortenguss dann mit dem Saft aus der Dose zubereiten.

Orangen-Buttercreme-Torte

Mit Alkohol – für Gäste

16 Stücke

Pro Stück: E: 4 g, F: 23 g, Kh: 40 g, kJ: 1677, kcal: 401, BE: 3,5

Für den Rührteig:

- *100 g Butter oder Margarine (zimmerwarm)*
- *150 g Zucker*
- *1 Pck. Dr. Oetker Vanillin-Zucker*
- *3 Eier (Größe M)*
- *150 g Weizenmehl*
- *3 gestr. TL Dr. Oetker Backin*
- *50 g Kokosraspel*
- *3–4 EL Orangenlikör (40 Vol.-%)*

Für die Buttercreme:

- *1 Pck. Dr. Oetker Pudding-Pulver Vanille-Geschmack*
- *40 g Zucker*
- *500 ml Milch (3,5 % Fett)*
- *250 g Butter (zimmerwarm)*
- *2 EL Orangenlikör (40 Vol.-%)*

Zum Bestreichen:

- *225 g Orangenmarmelade*
- *3 EL Orangenlikör (40 Vol.-%)*

Für den Belag:

- *5–6 Orangen*

Für den Guss:

- *1 Pck. gezuckerter Tortenguss, klar*
- *125 ml Wasser*
- *125 ml Orangensaft*

Zum Garnieren:

- *evtl. einige Baiserblüten*

Zubereitungszeit: 65 Minuten, ohne Kühlzeit
Backzeit: etwa 25 Minuten

1. Den Backofen vorheizen.
Ober-/Unterhitze: etwa 180 °C
Heißluft: etwa 160 °C

2. Für den Teig Butter oder Margarine mit einem Mixer (Rührstäbe) auf höchster Stufe geschmeidig rühren. Nach und nach Zucker und Vanillin-Zucker unterrühren. So lange rühren, bis eine gebundene Masse entstanden ist. Eier nach und nach unterrühren (jedes Ei etwa ½ Minute).

3. Das Mehl mit Backpulver mischen, abwechselnd in 2 Portionen mit Kokosraspeln und Likör auf mittlerer Stufe unterrühren. Den Rührteig in eine Springform (Ø 26 cm, Boden gefettet, mit Backpapier belegt) geben und glatt streichen. Die Form auf dem Rost in den vorgeheizten Backofen schieben. Den Gebäckboden **etwa 25 Minuten backen.**

4. Den Gebäckboden aus der Form lösen und auf einen mit Backpapier belegten Kuchenrost stürzen. Mitgebackenes Backpapier abziehen. Gebäckboden erkalten lassen, dann einmal waagerecht durchschneiden.

5. Für die Buttercreme aus Pudding-Pulver, Zucker und Milch einen Pudding nach Packungsanleitung zubereiten, sofort mit Frischhaltefolie belegen und bei Zimmertemperatur erkalten lassen.

6. Butter mit dem Mixer (Rührbesen) geschmeidig rühren. Den Pudding esslöffelweise darunterrühren. Dabei darauf achten, dass Butter und Pudding Zimmertemperatur haben, da die Creme sonst gerinnt. Zuletzt Likör unterrühren.

7. Den unteren Gebäckboden auf eine Tortenplatte legen. Zum Bestreichen Marmelade mit Likör verrühren. Die Hälfte der Likörmarmelade auf den Gebäckboden streichen. Die Hälfte der Buttercreme daraufstreichen, etwa 30 Minuten in den Kühlschrank stellen. Dann die restliche Likörmarmelade gleichmäßig auf der Buttercreme verteilen. Den oberen Gebäckboden darauflegen und leicht andrücken. Tortenoberfläche und -rand mit der restlichen Buttercreme bestreichen. Die Torte etwa 2 Stunden in den Kühlschrank stellen.

8. Für den Belag Orangen so schälen, dass die weiße Haut vollständig entfernt wird. Die Orangen filetieren. Orangenfilets auf Küchenpapier abtropfen lassen. Die Tortenoberfläche dekorativ damit belegen.

9. Für den Guss aus Tortengusspulver, Wasser und Orangensaft einen Guss nach Packungsanleitung zubereiten. Orangenfilets mit dem Guss vorsichtig überziehen. Anschließend nach Belieben mit Baiserblüten garnieren.

Tipps: Noch fruchtiger wird die Buttercreme, wenn Sie den Vanillepudding anstatt mit Milch mit 500 ml Orangensaft kochen. Geben Sie zusätzlich 1 Päckchen Dr. Oetker Finesse Orangenschalen-Aroma in den Pudding.

Orangen- und Schokokuchen I

Raffiniert

2 Sturz-Form-Gläser je 750 ml Inhalt

Pro Glas (Orangenkuchen): E: 44 g, F: 79 g, Kh: 233 g, kJ: 7677, kcal: 1834, BE: 19,5
Pro Glas (Schokokuchen): E: 35 g, F: 69 g, Kh: 245 g, kJ: 7356, kcal: 1758, BE: 20,5

Für den Rührteig:

100 g Butter oder Margarine (zimmerwarm)
100 g Zucker
1 Pck. Dr. Oetker Vanillin-Zucker
3 Eier (Größe M)
250 g Weizenmehl
2 gestr. TL Dr. Oetker Backin

Für den Orangenkuchenteig:

50 g gem. Erdnusskerne
50 g fein gewürfeltes Orangeat
½ Pck. Dr. Oetker Finesse Orangenschalen-Aroma
1 EL Orangensaft

Für den Schokokuchenteig:

50 g Zartbitter-Raspelschokolade
1 gestr. TL Kakaopulver
40 g Korinthen
2 EL Milch (3,5 % Fett)

Zubereitungszeit: 35 Minuten
Backzeit: etwa 60 Minuten
Haltbarkeit: etwa 2 Monate

1. Den Backofen vorheizen.
Ober-/Unterhitze: etwa 180 °C
Heißluft: etwa 160 °C

2. Für den Teig die Butter oder Margarine mit einem Mixer (Rührstäbe) auf höchster Stufe geschmeidig rühren.

3. Nach und nach Zucker und Vanillin-Zucker unterrühren. So lange rühren, bis eine gebundene Masse entstanden ist. Eier nach und nach unterrühren (jedes Ei etwa ½ Minute).

4. Mehl mit Backpulver mischen, in 2 Portionen kurz auf mittlerer Stufe unterrühren. Anschließend den Teig halbieren.

5. Für den Orangenkuchenteig Erdnusskerne, Orangeat, Orangenschalen-Aroma und -saft unter eine Hälfte des Teiges rühren. Den Teig mit einem Esslöffel in ein Glas (gefettet, gemehlt) füllen.

6. Für den Schokokuchenteig Raspelschokolade mit Kakao vermischen, mit Korinthen und Milch unter den restlichen Teig rühren, ebenfalls in ein Glas (gefettet, gemehlt) füllen. Glasränder säubern.

7. Backblech in den vorgeheizten Backofen (unteres Drittel) schieben. Die Gläser daraufstellen. Die Kuchen **etwa 60 Minuten backen.**

8. Nach dem Backen ein Glas mit Topflappen aus dem Backofen nehmen und verschließen. Dazu den vorbereiteten, feuchten Gummiring auf die Innenseite eines Glasdeckels legen. Das Glas sofort mit dem Deckel und 2 Klammern verschließen.

9. Das zweite Glas auf die gleiche Weise verschließen. Nach jedem Glas, das aus dem Backofen genommen wird, den Backofen wieder schließen.

10. Die Gläser auf einem Kuchenrost vollständig erkalten lassen (am besten über Nacht), dann die Klammern lösen und die Gläser kühl aufbewahren.

Tipps: Vor dem Servieren den Orangenkuchen mit einem Orangenguss und den Schokokuchen mit einem Schokoladenguss überziehen. Für den Orangenguss 75 g Puderzucker mit etwa 1 Esslöffel Orangensaft verrühren und den Orangenkuchen damit überziehen. Für den Schokoguss etwa 50 g Zartbitter-Kuvertüre in Stücke hacken, in einem kleinen Topf im Wasserbad bei schwacher Hitze unter Rühren schmelzen. Den Schokokuchen damit überziehen. Den Guss trocknen lassen. Bevor Sie die Kuchen mit Guss überziehen, können Sie sie zusätzlich mit 2–3 Esslöffeln erwärmter Orangenmarmelade ohne Schale bestreichen. Wenn Sie beim Orangenkuchen statt der Erdnüsse Mandeln oder Macadamianüsse verwenden, wird der Geschmack noch etwas feiner.

Orangen-Madeleines | Klassisch

20 Stück

Pro Stück: E: 3 g, F: 15 g, Kh: 22 g, kJ: 972, kcal: 232, BE: 2,0

Für den Rührteig:

250 g Butter oder Margarine (zimmerwarm)
200 g Zucker
1 Pck. Dr. Oetker Vanillin-Zucker
abgeriebene Schale von
1 Bio-Orange (unbehandelt, ungewachst)
1 Prise Salz
5 Eier (Größe M)
250 g Weizenmehl
1 Msp. Dr. Oetker Backin

zerlassene Butter für die Förmchen

Für den Guss:

75 g Zartbitter-Schokolade
20 g Kokosfett

Zubereitungszeit: 35 Minuten, ohne Abkühlzeit
Backzeit: etwa 15 Minuten

1. Den Backofen vorheizen.
Ober-/Unterhitze: etwa 180 °C
Heißluft: etwa 160 °C

2. Für den Teig die Butter oder Margarine mit einem Mixer (Rührstäbe) auf höchster Stufe geschmeidig rühren.

3. Nach und nach Zucker, Vanillin-Zucker, Orangenschale und Salz unterrühren. So lange rühren, bis eine gebundene Masse entstanden ist. Eier nach und nach unterrühren (jedes Ei etwa ½ Minute).

4. Das Mehl mit Backpulver mischen, in 2 Portionen kurz auf mittlerer Stufe unterrühren. Den Teig in eine Madeleine-Form (für 20 Madeleines, mit Butter sehr gut gefettet) geben. Die einzelnen Förmchen dürfen nur zu zwei Dritteln gefüllt sein.

5. Die Form auf dem Rost in den vorgeheizten Backofen schieben. Die Madeleines **etwa 15 Minuten backen.**

6. Die Madeleines aus den Förmchen auf einen mit Backpapier belegten Kuchenrost stürzen. Madeleines erkalten lassen.

7. Für den Guss Schokolade in Stücke brechen. Zwei Drittel davon mit Kokosfett in einem kleinen Topf im Wasserbad bei schwacher Hitze unter Rühren schmelzen. Den Topf aus dem Wasserbad nehmen. Restliche Schokolade darin unter Rühren schmelzen.

8. Die Madeleines jeweils zur Hälfte damit bestreichen. Schokolade fest werden lassen.

Tipp: Sie können den Teig auch in kleinen Papierbackförmchen backen (ergibt etwa 25 Stück), Backzeit: etwa 25 Minuten.

Orangen-Mandel-Kuchen

Raffiniert

16 Stücke

Pro Stück: E: 5 g, F: 18 g, Kh: 29 g, kJ: 1258, kcal: 301, BE: 2,5

Für den Rührteig:

- *3 Bio-Orangen (unbehandelt, ungewachst)*
- *250 g Butter oder Margarine (zimmerwarm)*
- *170 g Zucker*
- *4 Eier (Größe M)*
- *200 g Weizenmehl*
- *2 gestr. TL Dr. Oetker Backin*
- *100 g gem. Mandeln*

Für den Sirup:

- *1 Orange*
- *2 Limetten*
- *1 Sternanis*
- *75 g Zucker*

Zubereitungszeit: 45 Minuten, ohne Abkühl- und Durchziehzeit
Backzeit: etwa 50 Minuten

1. Den Backofen vorheizen.
Ober-/Unterhitze: etwa 180 °C
Heißluft: etwa 160 °C

2. Für den Teig Orangen heiß abwaschen, abtrocknen und jeweils die Schale abreiben. Butter oder Margarine, Zucker und Orangenschale in eine Rührschüssel geben und mit einem Mixer (Rührstäbe) auf höchster Stufe in etwa 3 Minuten schaumig schlagen. Die Eier nach und nach unterrühren (jedes Ei etwa ½ Minute).

3. Mehl mit Backpulver mischen, in 2 Portionen mit den Mandeln kurz auf mittlerer Stufe unterrühren.

4. Die abgeriebenen Orangen so schälen, dass die weiße Haut vollständig entfernt wird. Die Orangen in Scheiben schneiden und kranzförmig auf den Boden einer Springform (Ø 26 cm mit Backpapier belegt) legen. Den Teig esslöffelweise daraufgeben und glatt streichen. Die Form auf dem Rost in den vorgeheizten Backofen (unteres Drittel) schieben. Den Kuchen **etwa 50 Minuten backen.**

5. Die Form auf einen Kuchenrost stellen. Den Kuchen erkalten lassen.

6. Für den Sirup Orange und Limetten halbieren und jeweils den Saft auspressen. Orangen- und Limettensaft mit Sternanis und Zucker in einem Topf zum Kochen bringen, bis der Zucker gelöst ist. Sirup etwas abkühlen lassen. Sternanis entfernen.

7. Den Sirup gleichmäßig auf dem Kuchen verteilen und einziehen lassen. Den Kuchen erkalten lassen. Dann den Springformrand lösen und entfernen.

8. Einen flachen Teller umgedreht auf den Kuchen legen. Den Kuchen mit dem Teller umdrehen. Den Springformboden entfernen und das mitgebackene Backpapier vorsichtig abziehen.

Orangen-Schoko-Muffins I

Für jeden Tag

12 Stück

Pro Stück: E: 4 g, F: 17 g, Kh: 24 g, kJ: 1116, kcal: 267, BE: 2,0

Für die Schokocreme:

250 g Schlagsahne (mind. 30 % Fett)
50 g Edelbitter-Schokolade mit Orangenaroma (etwa 70 % Kakaoanteil)

Für den Rührteig:

50 g Edelbitter-Schokolade mit Orangenaroma (etwa 70 % Kakaoanteil)
125 g Butter oder Margarine (zimmerwarm)
100 g brauner Rohrzucker
1 Prise Salz
3 Eier (Größe M)
150 g Weizenmehl
1 Msp. Dr. Oetker Backin
4 EL Orangensaft

2 EL Puderzucker (20 g)

Zum Garnieren:

2 kandierte Orangenscheiben

Zubereitungszeit: 50 Minuten, ohne Kühlzeit
Backzeit: 20–25 Minuten

1. Für die Schokocreme die Sahne erhitzen. Schokolade in Stücke brechen und unter Rühren in der Sahne schmelzen. Die Schokoladensahne in eine Schüssel geben und zugedeckt mindestens 3 Stunden in den Kühlschrank stellen.

2. Den Backofen vorheizen.
Ober-/Unterhitze: etwa 180 °C
Heißluft: etwa 160 °C

3. Für den Teig die Schokolade hacken. Butter oder Margarine mit einem Mixer (Rührstäbe) auf höchster Stufe geschmeidig rühren. Nach und nach Zucker und Salz unterrühren. So lange rühren, bis eine gebundene Masse entstanden ist. Eier nach und nach unterrühren (jedes Ei etwa 1/2 Minute).

4. Das Mehl mit Backpulver mischen, abwechselnd mit dem Orangensaft auf mittlerer Stufe unterrühren. Die Schokoladenstücke unterheben. Den Teig in eine Muffinform (für 12 Muffins, gefettet) geben und glatt streichen. Die Form auf dem Rost in den vorgeheizten Backofen schieben und die Muffins **20–25 Minuten backen.**

5. Die Form auf einen Kuchenrost stellen. Die Muffins etwa 10 Minuten in der Form stehen lassen, dann aus der Form lösen und auf dem Kuchenrost erkalten lassen.

6. Die kalt gestellte Schokoladensahne und Puderzucker mit einem Mixer (Rührstäbe) auf höchster Stufe cremig schlagen. Jeweils einen Klecks der Schokocreme auf die Muffins geben. Zum Garnieren Orangenscheiben in kleine Ecken schneiden. Die Muffins damit garnieren.

Tipp: Kandierte Orangenscheiben erhalten Sie in den Pralinen- oder Confiserie-Abteilungen der Kaufhäuser.

Orangen-Selters-Kuchen

Schnell

20 Stücke

Pro Stück: E: 4 g, F: 15 g, Kh: 27 g, kJ: 1063, kcal: 254, BE: 2,0

Für den All-in-Teig:

300 g Weizenmehl
3 gestr. TL Dr. Oetker Backin
225 g Zucker
1 Prise Salz
½ Pck. Dr. Oetker Finesse Orangenschalen-Aroma
4 Eier (Größe M)
150 ml Speiseöl
150 ml Selters oder Orangenlimonade, Apfel- oder Orangensaft

Für den Guss:

200 g Zartbitter-Schokolade
75 g Schlagsahne
1 EL Butter

Zum Garnieren:

1 Bio-Orange (unbehandelt, ungewachst)

Zubereitungszeit: 20 Minuten, ohne Abkühlzeit
Backzeit: etwa 20 Minuten

1. Den Backofen vorheizen.
Ober-/Unterhitze: etwa 180 °C
Heißluft: etwa 160 °C

2. Für den All-in-Teig Mehl mit Backpulver in einer Rührschüssel mischen. Zucker, Salz, Orangenschalen-Aroma, Eier, Speiseöl und Selters oder Limonade oder Saft hinzufügen. Die Zutaten mit einem Mixer (Rührstäbe) zunächst kurz auf niedrigster, dann auf höchster Stufe in etwa 2 Minuten zu einem glatten Teig verarbeiten.

3. Den Teig auf ein Backblech (30 x 40 cm, gefettet) geben und glatt streichen. Das Backblech in den vorgeheizten Backofen schieben und den Kuchen **etwa 20 Minuten backen.**

4. Das Backblech auf einen Kuchenrost stellen. Den Kuchen erkalten lassen.

5. Für den Guss die Schokolade in kleine Stücke brechen. Die Sahne in einem Topf kurz aufkochen lassen. Den Topf von der Kochstelle nehmen. Schokoladenstücke und Butter zu der Sahne in den Topf geben und etwa 5 Minuten stehen lassen. Die Schokoladensahne glatt rühren und wellenartig auf den Kuchen streichen.

6. Die Orange heiß abwaschen, abtrocknen und die Schale mit einem Zestenreißer in feinen Streifen abziehen. Die Orangenstreifen auf den Kuchen streuen. Den Guss fest werden lassen.

Tipp: Anstelle der geriebenen Orangenschale können Sie auch klein geschnittenes Orangeat oder in Stücke geschnittene, kandierte Orangenscheiben verwenden.

Orangen-Sesam-Kuchen

Für Kinder – raffiniert

20 Stücke

Pro Stück: E: 4 g, F: 14 g, Kh: 33 g, kJ: 1152, kcal: 275, BE: 2,5

Für den Rührteig:

200 g Butter oder Margarine (zimmerwarm)
150 g Zucker
1 Prise Salz
3 Eier (Größe M)
300 g Weizenmehl
3 gestr. TL Dr. Oetker Backin
150 ml Orangensaft
350 g abgetropfte Mandarinen (aus der Dose)

Für die Puddingcreme:

1 Bio-Orange (unbehandelt, ungewachst)
etwa 300 ml Orangensaft
1 Pck. Dr. Oetker Pudding-Pulver Sahne-Geschmack
2 EL Zucker (40 g)
200 g Schlagsahne (mind. 30 % Fett)
1 Pck. Sahnesteif
30 g Puderzucker

Für den Krokant:

50 g geschälte Sesamsamen
40 g Zucker

Zubereitungszeit: 45 Minuten, ohne Kühlzeit
Backzeit: etwa 20 Minuten

1. Den Backofen vorheizen.
Ober-/Unterhitze: etwa 180 °C
Heißluft: etwa 160 °C

2. Für den Teig die Butter oder Margarine mit einem Mixer (Rührstäbe) auf höchster Stufe geschmeidig rühren. Nach und nach Zucker und Salz unterrühren. So lange rühren, bis eine gebundene Masse entstanden ist. Die Eier nach und nach unterrühren (jedes Ei etwa ½ Minute).

3. Mehl mit Backpulver mischen, abwechselnd in 2 Portionen mit dem Orangensaft kurz auf mittlerer Stufe unterrühren, Mandarinen unterheben.

4. Den Teig auf einem Backblech (30 x 40 cm, gefettet) verteilen und glatt streichen. Das Backblech in den vorgeheizten Backofen schieben. Den Gebäckboden **etwa 20 Minuten backen.**

5. Das Backblech auf einen Kuchenrost stellen. Den Gebäckboden erkalten lassen.

6. Für die Puddingcreme die Orange heiß abwaschen, abtrocknen und die Schale fein abreiben. Die Orange halbieren und den Saft auspressen. Den ausgepressten Saft (etwa 100 ml) mit dem restlichen Orangensaft auf 400 ml auffüllen.

7. Aus Pudding-Pulver, Orangensaft und Zucker einen Pudding nach Packungsanleitung, aber mit den hier angegebenen Zutaten zubereiten. Die Orangenschale unterrühren.

8. Den Topf von der Kochstelle nehmen. Die Puddingoberfläche sofort mit Frischhaltefolie belegen, damit sich keine Haut bilden kann. Den Pudding erkalten lassen, aber nicht kalt stellen.

9. Für den Krokant Sesam in einer Pfanne ohne Fett unter Rühren goldbraun rösten und herausnehmen. Zucker in der Pfanne goldbraun karamellisieren, den Sesam hinzugeben und unterrühren. Die Karamellmasse auf ein mit Backpapier belegtes Backblech oder hitzebeständiges Arbeitsbrett geben, sofort ein zweites Stück Backpapier darauflegen. Die Sesammasse mit einer Teigrolle möglichst dünn ausrollen. Den Sesamkrokant erkalten lassen.

10. Den Kuchen in 20 Stücke schneiden. Sahne mit Sahnesteif und Puderzucker halbsteif schlagen. Den Pudding glatt rühren, die Sahne in 2 Portionen unterrühren. Die Creme in einen Spritzbeutel mit Lochtülle (Ø etwa 15 mm) füllen.

11. Auf jedes Kuchenstück einen dicken Tupfen der Creme spritzen. Den Kuchen etwa 30 Minuten in den Kühlschrank stellen.

12. Von der Krokantplatte das Backpapier entfernen. Krokant in kleine Stücke brechen und in die Creme stecken.

Tipp: Wer keinen Spritzbeutel verwenden möchte, gibt die Creme einfach mit einem Löffel in Klecksen auf die Kuchenstücke.

Papageienkuchen I

Für den Kindergeburtstag
15 Stücke

Pro Stück: E: 5 g, F: 17 g, Kh: 40 g,
kJ: 1416, kcal: 338, BE: 3,5

Für den Rührteig:

250 g Butter oder Margarine (zimmerwarm)
250 g Zucker
5 Eier (Größe M)
250 g Weizenmehl
3 gestr. TL Dr. Oetker Backin
4 EL Schlagsahne
1 Pck. Saucenpulver Vanille-Geschmack zum Kochen
1 Beutel aus
1 Pck. Götterspeise Himbeer-Geschmack (Klassisch)
1 Beutel aus
1 Pck. Götterspeise Waldmeister-Geschmack (Klassisch)

Zum Glasieren:

150 g Puderzucker
2–3 EL Zitronensaft
etwas rote Speisefarbe

Zubereitungszeit: 30 Minuten, ohne Abkühlzeit
Backzeit: 60–70 Minuten

1. Den Backofen vorheizen.
Ober-/Unterhitze: etwa 180 °C
Heißluft: etwa 160 °C

2. Für den Teig Butter oder Margarine mit einem Mixer (Rührstäbe) auf höchster Stufe geschmeidig rühren. Nach und nach Zucker unterrühren. So lange rühren, bis eine gebundene Masse entstanden ist.

3. Die Eier nach und nach unterrühren (jedes Ei etwa ½ Minute).

4. Das Mehl mit Backpulver mischen und in 2 Portionen mit der Sahne kurz auf mittlerer Stufe unterrühren.

5. Den Teig in 3 Portionen teilen. Eine Teigportion mit Saucenpulver, die zweite mit dem roten und die dritte mit dem grünen Götterspeisepulver verrühren.

6. Die Teigportionen nach Farben getrennt in eine Kastenform (25 x 11 cm, gefettet, gemehlt) schichten und jeweils glatt streichen. Eine Gabel spiralförmig durch die Teigschichten ziehen, (wie bei einem Marmorkuchen). Die Form auf dem Rost in den vorgeheizten Backofen schieben. Den Papageienkuchen **60–70 Minuten backen.**

7. Die Form auf einen Kuchenrost stellen. Den Kuchen etwa 10 Minuten in der Form stehen lassen, dann aus der Form lösen und auf einem Kuchenrost erkalten lassen.

8. Zum Glasieren Puderzucker mit Zitronensaft glatt rühren (2 Esslöffel der Glasur abnehmen). Den Kuchen damit bestreichen, dabei nach Belieben den Bruch frei lassen.

9. Die abgenommene Glasur mit Speisefarbe einfärben, in ein Pergamentpapiertütchen füllen und eine kleine Spitze abschneiden. Den Kuchen damit verzieren. Glasur trocknen lassen.

Tipp: Möchten Sie eine intensivere Farbe, geben Sie je 1–2 Tropfen rote oder grüne Speisefarbe in den roten und grünen Teig.

Pekannusskuchen I

Raffiniert

50 Stücke

Pro Stück: E: 3 g, F: 13 g, Kh: 17 g, kJ: 818, kcal: 196, BE: 1,5

Für den Rührteig:

300 g gesalzene Pekannusskerne
300 g Vollmilch-Schokolade
2 säuerliche Äpfel, z. B. Boskop
300 g Butter oder Margarine (zimmerwarm)
½ TL gem. Zimt
1 Prise Salz
300 g Puderzucker
6 Eier (Größe L)
250 g Weizenmehl
2 gestr. TL Dr. Oetker Backin

Für den Guss und zum Bestäuben:

200 g Vollmilch-Kuvertüre
1 EL Puderzucker

Zubereitungszeit: 40 Minuten, ohne Abkühlzeit
Backzeit: etwa 35 Minuten

1. Den Backofen vorheizen.
Ober-/Unterhitze: etwa 180 °C
Heißluft: etwa 160 °C

2. Für den Teig die Pekannusskerne grob hacken. Schokolade zuerst in Stücke brechen, dann fein hacken. Äpfel schälen, halbieren, entkernen und grob raspeln.

3. Butter oder Margarine, Zimt, Salz und Puderzucker mit einem Mixer (Rührstäbe) auf höchster Stufe etwa 3 Minuten schaumig schlagen. Eier nach und nach unterrühren (jedes Ei etwa ½ Minute).

4. Das Mehl mit Backpulver mischen, in 2 Portionen kurz auf mittlerer Stufe unterrühren. Die gehackten Pekannusskerne, gehackte Schokolade und Apfelraspel unter den Teig heben.

5. Den Teig auf ein Backblech (30 x 40 cm, gefettet, mit Backpapier belegt) geben und glatt streichen. Das Backblech in den vorgeheizten Backofen schieben. Den Pekannusskuchen **etwa 35 Minuten backen.**

6. Das Backblech auf einen Kuchenrost stellen. Den Pekannusskuchen erkalten lassen.

7. Für den Guss Kuvertüre in Stücke hacken und in einem kleinen Topf im Wasserbad bei schwacher Hitze unter Rühren schmelzen. Den Kuchen mit der Kuvertüre überziehen. Kuvertüre fest werden lassen. Die Kuchenränder evtl. glatt schneiden. Kuchen in etwa 4 x 6 cm große Stücke schneiden und mit Puderzucker bestäuben.

Pfirsichschnitten mit Schmand I

Für ein Kuchenbuffet

20 Stücke

Pro Stück: E: 4 g, F: 23 g, Kh: 38 g, kJ: 1595, kcal: 381, BE: 3,0

Für den Teig:

4 Eier (Größe M)
250 g Zucker
1 Pck. Dr. Oetker Vanillin-Zucker
125 ml Speiseöl, z. B. Sonnenblumenöl
150 ml Orangenlimonade
250 g Weizenmehl
3 gestr. TL Dr. Oetker Backin

Für den Belag:

960 g abgetropfte Pfirsichhälften (aus Dosen)
600 g Schlagsahne (mind. 30 % Fett)
3 Pck. Sahnesteif
3 Pck. Dr. Oetker Vanillin-Zucker
500 g Schmand (Sauerrahm, 24 % Fett)
2 Pck. Dr. Oetker Vanillin-Zucker

Zum Bestreuen:

2 EL Zucker
1 gestr. TL gem. Zimt

Zubereitungszeit: 30 Minuten, ohne Abkühlzeit
Backzeit: etwa 25 Minuten

1. Den Backofen vorheizen.
Ober-/Unterhitze: etwa 180 °C
Heißluft: etwa 160 °C

2. Für den Teig die Eier, Zucker und Vanillin-Zucker in eine Rührschüssel geben und mit einem Mixer (Rührstäbe) auf höchster Stufe schaumig schlagen. Speiseöl und Limonade unterrühren.

3. Mehl mit Backpulver mischen, in 2 Portionen kurz auf mittlerer Stufe unterrühren. Den Teig auf ein Backblech (30 x 40 cm, gefettet) geben und glatt streichen. Das Backblech in den vorgeheizten Backofen schieben und die Gebäckplatte **etwa 25 Minuten backen.**

4. Das Backblech auf einen Kuchenrost stellen. Die Gebäckplatte erkalten lassen.

5. Für den Belag die Pfirsichhälften in kleine Stücke schneiden. Sahne mit Sahnesteif und Vanillin-Zucker steif schlagen.

6. Schmand mit Vanillin-Zucker verrühren. Die Pfirsichstücke unter den Schmand mischen und die Sahne locker unterheben. Danach Pfirsich-Schmand-Creme gleichmäßig auf der Gebäckplatte verteilen und glatt streichen.

7. Zum Bestreuen Zucker mit Zimt mischen und auf die Pfirsich-Schmand-Creme streuen. Den Kuchen bis zum Servieren in den Kühlschrank stellen.

Tipps: Einen Teil der Pfirsiche in Spalten schneiden und auf den Kuchen legen. Anstelle der Pfirsiche 700 g abgetropfte Mandarinen (aus Dosen) verwenden. Der Schmand kann auch durch Crème fraîche ersetzt werden.

Pflaumen-Marmor-Kuchen I

Für jeden Tag
20 Stücke

Pro Stück: E: 3 g, F: 12 g, Kh: 24 g, kJ: 900, kcal: 215, BE: 2,0

Zum Vorbereiten:
50 g kandierter Ingwer

Für den Rührteig:
250 g Butter oder Margarine (zimmerwarm)
150 g Zucker
1 Pck. Dr. Oetker Vanillin-Zucker
1 Prise Salz
4 Eier (Größe M)
270 g Dinkelmehl (Type 630)
3 gestr. TL Dr. Oetker Backin
70 ml Milch (3,5 % Fett)
20 g Dinkelmehl (Type 630)
1 Msp. Dr. Oetker Backin
120 g Pflaumenmus (aus dem Glas)

Zum Bestäuben:
2 TL Puderzucker

Zubereitungszeit: 35 Minuten, ohne Abkühlzeit
Backzeit: etwa 50 Minuten

1. Zum Vorbereiten Ingwer in kleine Stücke hacken.

2. Den Backofen vorheizen.
Ober-/Unterhitze: etwa 180 °C
Heißluft: etwa 160 °C

3. Für den Teig die Butter oder Margarine mit einem Mixer (Rührstäbe) auf höchster Stufe geschmeidig rühren. Nach und nach Zucker, Vanillin-Zucker und Salz unterrühren. So lange rühren, bis eine gebundene Masse entstanden ist. Eier nach und nach unterrühren (jedes Ei etwa 1/2 Minute).

4. Dinkelmehl (270 g) mit Backpulver mischen, abwechselnd mit der Milch in 2 Portionen kurz auf mittlerer Stufe unterrühren.

5. 250 g des Teiges in eine Rührschüssel geben. Danach Ingwerstückchen, Dinkelmehl (20 g), 1 Messerspitze Backpulver und das Pflaumenmus vorsichtig unterrühren.

6. Ein Drittel des restlichen hellen Teiges in eine Gugelhupfform (Ø 22 cm, gefettet, gemehlt) füllen und mit einem Löffel verstreichen. 3 Esslöffel des dunklen Teiges daraufgeben und verstreichen.

7. Den restlichen hellen und dunklen Teig auf die gleiche Weise in die Form geben.

8. Die Form auf dem Rost in den vorgeheizten Backofen schieben und den Kuchen **etwa 50 Minuten backen.**

9. Die Form auf einen Kuchenrost stellen. Den Kuchen etwa 5 Minuten in der Form stehen lassen, dann aus der Form stürzen und wieder umdrehen. Den Kuchen erkalten lassen.

10. Den Pflaumen-Marmor-Kuchen mit Puderzucker bestäuben.

Tipp: Statt Ingwer 50 g Soft-Pflaumen nehmen, die Sie mit dem Pflaumenmus unterrühren.

Variante im Glas: Den Teig in 6 vorbereitete Sturz-Form-Gläser (je 500 ml, bis 2 cm unter den Rand gefettet und gemehlt) geben und glatt streichen. Die Glasränder säubern. Die Gläser auf einem Backblech in den vorgeheizten Backofen schieben. Den Pflaumen-Marmor-Kuchen bei gleicher Backofentemperatur wie im Rezept beschrieben etwa 35 Minuten backen. In der Zwischenzeit die sauberen Gummiringe in einer Schüssel mit kaltem Wasser einweichen. Die Gläser einzeln mit einem Topflappen aus dem Backofen nehmen und verschließen. Dazu jeweils den feuchten Gummiring auf die Innenseite eines Glasdeckels legen. Das Glas sofort mit dem Deckel und 2 Klammern verschließen. Restliche Gläser auf die gleiche Weise verschließen. Nach jedem Glas, das aus dem Backofen genommen wird, den Backofen wieder schließen. Die Gläser auf einem Kuchenrost vollständig erkalten lassen, dann die Klammern lösen und die Gläser kalt aufbewahren.

Pflaumen-Streusel-Kuchen I

Einfach – schnell
12 Stücke

Pro Stück: E: 3 g, F: 14 g, Kh: 33 g, kJ: 1119, kcal: 267, BE: 0,5

Zum Vorbereiten:
125 g Butter

Für den Streuselteig:
200 g Weizenmehl
1 gestr. TL Dr. Oetker Backin
100 g Zucker
1 Pck. Dr. Oetker Vanillin-Zucker
1 Prise Salz
385 g gut abgetropfte Pflaumenhälften (aus dem Glas)

Für den Guss:
200 g Schmand (Sauerrahm)
1 Ei (Größe M)
1 Pck. Saucenpulver Vanille-Geschmack zum Kochen
50 g Zucker

Zubereitungszeit: 15 Minuten, ohne Abkühlzeit
Backzeit: 45–50 Minuten

1. Zum Vorbereiten Butter bei schwacher Hitze zerlassen und kurz abkühlen lassen.

2. Den Backofen vorheizen.
Ober-/Unterhitze: etwa 180 °C
Heißluft: etwa 160 °C

3. Für den Teig Mehl mit Backpulver in einer Rührschüssel mischen. Zucker, Vanillin-Zucker, Salz und zerlassene Butter hinzufügen.

4. Die Zutaten mit einem Mixer (Rührstäbe) zunächst kurz auf niedrigster, dann auf höchster Stufe zu feinen Streuseln verarbeiten.

5. Etwa drei Viertel der Streusel in einer Springform (Ø 26 cm, gefettet) verteilen und zu einem Boden andrücken. Pflaumenhälften darauflegen.

6. Für den Guss Schmand mit Ei, Saucenpulver und Zucker mit einem Schneebesen verrühren. Den Guss auf die Pflaumenhälften gießen und mit den restlichen Streuseln bestreuen.

7. Die Springform auf dem Rost in den vorgeheizten Backofen (unteres Drittel) schieben und den Kuchen **45–50 Minuten backen.**

8. Die Form auf einen Kuchenrost stellen. Den Kuchen etwa 10 Minuten in der Form abkühlen lassen, dann den Springformrand lösen und entfernen.

9. Den Kuchen mit dem Springformboden auf dem Kuchenrost erkalten lassen. Dann den Kuchen vom Springformboden lösen und auf eine Tortenplatte legen.

Tipps: Zum Rühren eine hohe Schüssel verwenden oder den Rand locker mit Küchenpapier bedecken, damit die Streusel nicht aus der Schüssel springen. Statt der Pflaumenhälften können Sie die gleiche Menge abgetropfte Pfirsiche (aus der Dose) verwenden. Schneiden Sie diese dann in Spalten, bevor Sie sie auf den Kuchenboden legen.

Abwandlung: Für einen **Apfel-Streusel-Kuchen** anstelle der Pflaumen 750 g säuerliche Äpfel schälen, vierteln und entkernen. Apfelviertel nochmals längs durchschneiden.

Preiselbeer-Gugelhupf

Gut vorzubereiten

20 Stücke

Pro Stück: E: 5 g, F: 15 g, Kh: 41 g, kJ: 1319, kcal: 180, BE: 3,5

Zum Vorbereiten:

100 g gestiftelte Mandeln

Für den Rührteig:

250 g Butter oder Margarine (zimmerwarm)
225 g Zucker
1 Pck. Dr. Oetker Vanillin-Zucker
1 Prise Salz
4 Eier (Größe M)
400 g Weizenmehl
4 gestr. TL Dr. Oetker Backin
175 g abgetropftes Wild-Preiselbeer-Dessert (aus dem Glas)

Für den Guss:

1–2 EL Zitronensaft
200 g Puderzucker

Zubereitungszeit: 35 Minuten, ohne Abkühlzeit
Backzeit: etwa 60 Minuten

1. Zum Vorbereiten Mandeln in einer Pfanne ohne Fett unter Rühren goldbraun rösten, herausnehmen und auf einem Teller erkalten lassen.

2. Den Backofen vorheizen.
Ober-/Unterhitze: etwa 180 °C
Heißluft: etwa 160 °C

3. Für den Teig die Butter oder Margarine mit einem Mixer (Rührstäbe) auf höchster Stufe geschmeidig rühren.

4. Nach und nach Zucker, Vanillin-Zucker und Salz unterrühren. So lange rühren, bis eine gebundene Masse entstanden ist.

5. Die Eier nach und nach unterrühren (jedes Ei etwa ½ Minute). Mehl mit Backpulver mischen, in 2 Portionen kurz auf mittlerer Stufe unterrühren. Preiselbeeren (1–2 Esslöffel Preiselbeeren für den Guss beiseitestellen) und die gerösteten Mandeln kurz unterrühren.

6. Den Teig in eine Gugelhupfform (Ø 22 cm, gefettet) geben und glatt streichen.

7. Die Form auf dem Rost in den vorgeheizten Backofen (unteres Drittel) schieben. Den Gugelhupf **etwa 60 Minuten backen.**

8. Die Form auf einen Kuchenrost stellen. Den Gugelhupf etwa 10 Minuten in der Form stehen lassen, dann aus der Form lösen und auf einen Kuchenrost stürzen. Den Gugelhupf erkalten lassen.

9. Für den Guss die beiseitegestellten Preiselbeeren gut mit Zitronensaft vermischen und durch ein Sieb streichen.

10. Aufgefangenes Püree mit Puderzucker verrühren. Den Kuchen mit dem Guss bestreichen. Guss fest werden lassen.

Tipps: Der Gugelhupf ist ohne Guss gefriergeeignet. Sie können auch nur einen Teil des Gusses mit Preiselbeeren einfärben und den Rest weiß lassen. Sprenkeln Sie dann abwechselnd weißen und rosa Guss über den Gugelhupf. Sehr lecker schmeckt es auch, wenn Sie die Mandelstifte durch Haselnussblättchen ersetzen.

Prinz-Eugen-Torte I

Mit Alkohol – für Gäste

16 Stücke

Pro Stück: E: 7 g, F: 23 g, Kh: 27 g, kJ: 1432, kcal: 342, BE: 2,0

Zum Vorbereiten:

150 g Zartbitter-Schokolade (etwa 50 % Kakaoanteil)

Für den Rührteig:

100 g Butter oder Margarine (zimmerwarm)
150 g Zucker
1 Pck. Dr. Oetker Vanillin-Zucker
1 Prise Salz
6 Eier (Größe M)
150 g abgezogene, gem. Mandeln
75 g Weizenmehl
1 EL Rum oder Weinbrand

Für die Füllung:

250 g schwarze Ribiseln (Johannisbeeren)
70 g Zucker
1 geh. TL Speisestärke
1 EL Wasser
250 g Schlagsahne (mind. 30 % Fett)
1 Pck. Sahnesteif
1 Pck. Dr. Oetker Vanillin-Zucker
50 g Zartbitter-Raspelschokolade

Zum Bestäuben:

etwas Puderzucker

Zubereitungszeit: 70 Minuten, ohne Abkühlzeit
Backzeit: etwa 35 Minuten
Trockenzeit: 15–20 Minuten

1. Zum Vorbereiten Schokolade in Stücke brechen, in einem kleinen Topf im Wasserbad bei schwacher Hitze unter Rühren schmelzen, etwas abkühlen lassen.

2. Den Backofen vorheizen.
Ober-/Unterhitze: etwa 180 °C
Heißluft: etwa 160 °C

3. Für den Teig die Butter oder Margarine mit einem Mixer (Rührstäbe) auf höchster Stufe geschmeidig rühren. Nach und nach Zucker, Vanillin-Zucker und Salz unterrühren. So lange rühren, bis eine gebundene Masse entstanden ist. Eier nach und nach unterrühren (jedes Ei etwa ½ Minute).

4. Die flüssige Schokolade mit Mandeln, Mehl und Rum oder Weinbrand unter die Eiermasse rühren. Den Teig in eine Springform (Ø 26 cm, Boden gefettet) geben und glatt streichen. Die Form auf dem Rost in den vorgeheizten Backofen schieben. Den Gebäckboden **etwa 35 Minuten backen.**

5. Die Backofentemperatur auf Ober-/Unterhitze: etwa 120 °C, Heißluft: etwa 100 °C herunterschalten.

6. Den Gebäckboden aus der Form lösen und auf einem Kuchenrost erkalten lassen.

7. Den Gebäckboden mit einem Löffel etwa 1 cm tief aushöhlen, dabei einen etwa 3 cm breiten Rand stehen lassen, evtl. vorher den Rand mit einem Messer einschneiden. Die ausgehöhlten Gebäckstücke klein schneiden und auf ein Backblech (mit Backpapier belegt) legen. Das Backblech in den heißen Backofen schieben und die Gebäckstücke **15–20 Minuten trocknen lassen.**

8. Gebäckstücke vom Backblech nehmen, zerbröseln und erkalten lassen.

9. Für die Füllung Ribiseln abspülen, gut abtropfen lassen und entstielen. Ribiseln mit Zucker in einem kleinen Topf kurz aufkochen lassen, sodass die Beeren etwas weich werden. Den Topf von der Kochstelle nehmen. Speisestärke mit Wasser anrühren, zu den Ribiseln geben und unter Rühren einmal aufkochen lassen. Ribiseln erkalten lassen.

10. Die Ribiseln in dem ausgehöhlten Gebäckboden verteilen. Sahne mit Sahnesteif und Vanillin-Zucker sehr steif schlagen. Raspelschokolade unterheben. Die Schokoladensahne auf die Ribiseln geben und glatt streichen. Die Gebäckbrösel darauf verteilen und mit Puderzucker bestäuben. Die Torte etwa 30 Minuten in den Kühlschrank stellen.

Prinzregententorte | Klassisch

16 Stücke

Pro Stück: E: 5 g, F: 34 g, Kh: 42 g, kJ: 2071, kcal: 495, BE: 3,5

Für den Rührteig:

250 g Butter oder Margarine (zimmerwarm)
250 g Zucker
1 Pck. Dr. Oetker Vanillin-Zucker
1 Prise Salz
4 Eier (Größe M)
200 g Weizenmehl
50 g Speisestärke
1 gestr. TL Dr. Oetker Backin

Für die Buttercreme:

1 Pck. Dr. Oetker Pudding-Pulver Schokoladen-Geschmack
100 g Zucker
500 ml Milch (3,5 % Fett))
250 g Butter (zimmerwarm)

Für den Guss:

150 g Zartbitter-Schokolade
20 g Kokosfett

Zubereitungszeit: 80 Minuten, ohne Kühlzeit
Backzeit: etwa 8 Minuten je Boden

1. Den Backofen vorheizen.
Ober-/Unterhitze: etwa 180 °C
Heißluft: etwa 160 °C

2. Für den Teig die Butter oder Margarine mit einem Mixer (Rührstäbe) auf höchster Stufe geschmeidig rühren. Nach und nach Zucker, Vanillin-Zucker und Salz unterrühren. So lange rühren, bis eine gebundene Masse entstanden ist. Eier nach und nach unterrühren (jedes Ei etwa ½ Minute).

3. Mehl mit Speisestärke und Backpulver mischen, in 2 Portionen kurz auf mittlerer Stufe unterrühren. Dann aus dem Teig 7–8 Böden backen. Dafür jeweils gut 3 Esslöffel des Rührteiges auf den Boden einer Springform (Ø 26 cm, gefettet) streichen (darauf achten, dass die Teiglage am Rand nicht zu dünn ist, damit der Boden dort nicht zu dunkel wird). Die Böden ohne Springformrand nacheinander (bei Heißluft 2 Böden zusammen) auf dem Rost in den vorgeheizten Backofen schieben. Die Gebäckböden **jeweils etwa 8 Minuten hellbraun backen.**

4. Die Böden sofort nach dem Backen von den Springformböden lösen und einzeln auf je einem Kuchenrost erkalten lassen.

5. Für die Buttercreme aus Pudding-Pulver, Zucker und Milch einen Pudding nach Packungsanleitung, aber mit 100 g Zucker zubereiten. Pudding erkalten lassen (nicht kalt stellen), dabei ab und zu durchrühren. Die Butter mit dem Mixer (Rührstäbe) geschmeidig rühren. Den Pudding esslöffelweise unterrühren. Dabei darauf achten, dass Butter und Pudding Zimmertemperatur haben, da die Creme sonst gerinnt.

6. Die einzelnen Gebäckböden (einen Boden nicht bestreichen) mit der Buttercreme bestreichen und zu einer Torte zusammensetzen. Die oberste Schicht soll aus dem nicht bestrichenen Boden bestehen. Die Torte etwa 1 Stunde in den Kühlschrank stellen.

7. Für den Guss Schokolade in kleine Stücke brechen, mit Kokosfett in einem kleinen Topf im Wasserbad bei schwacher Hitze unter Rühren schmelzen.

8. Den Guss in die Mitte der Tortenoberfläche gießen und durch „Bewegen" der Torte auf der Oberfläche und am Rand gleichmäßig verlaufen lassen. Dabei den Guss evtl. am Rand mit einem Messer etwas verstreichen. Um eine gleichmäßige Oberfläche zu erhalten, die Torte auf der Arbeitsfläche „aufklopfen". Den Guss fest werden lassen. Die Torte bis zum Servieren in den Kühlschrank stellen.

Tipps: Etwas Buttercreme in einen Spritzbeutel füllen. Die Torte damit verzieren, mit Schokoladenplätzchen garnieren und Raspelschokolade bestreuen. Zeichnen Sie den Springformboden auf jeweils 1 Bogen Backpapier vor. Je 3 Esslöffel Rührteig darauf verstreichen und auf einem Backblech backen. Anstelle von Zartbitter-Schokolade können Sie auch Vollmilch-Schokolade verwenden.

Quark-Kirsch-Kuchen | Für Kinder

20 Stücke

Pro Stück: E: 11 g, F: 12 g, Kh: 42 g, kJ: 1347, kcal: 323, BE: 3,5

Für den All-in-Teig:

125 g Butter oder Margarine
250 g Weizenmehl
2 gestr. TL Dr. Oetker Backin
150 g Zucker
1 Prise Salz
1 Pck. Dr. Oetker Vanillin-Zucker
3 Eier (Größe M)
4 EL Milch (3,5 % Fett)

Für den Belag:

740 g abgetropfte Sauerkirschen (aus Gläsern)
1 kg Magerquark
225 g Zucker
1 Pck. Dr. Oetker Finesse Geriebene Zitronenschale
1 Pck. Dr. Oetker Pudding-Pulver Vanille-Geschmack
250 g Crème fraîche
4 Eier (Größe M)

Für den Guss:

1 Pck. ungezuckerter Tortenguss, klar
2 gestr. EL Zucker
250 ml Kirschsaft (aus den Gläsern)

Zubereitungszeit: 40 Minuten, ohne Abkühlzeit
Backzeit: etwa 55 Minuten

1. Für den Teig Butter oder Margarine zerlassen und abkühlen lassen.

2. Den Backofen vorheizen.
Ober-/Unterhitze: etwa 180 °C
Heißluft: etwa 160 °C

3. Das Mehl mit Backpulver in einer Rührschüssel mischen. Zucker, Salz, Vanillin-Zucker, Eier, Milch und zerlassene Butter oder Margarine hinzufügen. Die Zutaten mit einem Mixer (Rührstäbe) zunächst kurz auf niedrigster, dann auf höchster Stufe in etwa 2 Minuten zu einem glatten Teig verarbeiten.

4. Den Teig auf ein Backblech (30 x 40 cm, gefettet) geben und glatt streichen. Das Backblech in den vorgeheizten Backofen schieben. Die Gebäckplatte **etwa 15 Minuten vorbacken.**

5. In der Zwischenzeit für den Belag von den Sauerkirschen den Saft auffangen, 250 ml abmessen und für den Guss beiseitestellen. Quark, Zucker, Zitronenschale, Pudding-Pulver, Crème fraîche und Eier in eine Rührschüssel geben und zu einer geschmeidigen Masse verrühren.

6. Das Backblech auf einen Kuchenrost stellen. Die Gebäckplatte etwas abkühlen lassen. Einen Backrahmen darumstellen.

7. Die Sauerkirschen gleichmäßig auf der vorgebackenen Gebäckplatte verteilen. Die Quarkmasse esslöffelweise daraufgeben und glatt streichen. Das Backblech wieder in den vorgeheizten Backofen schieben. Den Kuchen **bei gleicher Backofentemperatur in etwa 40 Minuten fertig backen.**

8. Das Backblech auf einen Kuchenrost stellen. Den Kuchen erkalten lassen.

9. Für den Guss aus Tortengusspulver, Zucker und Kirschsaft einen Guss nach Packungsanleitung, aber mit den hier angegebenen Zutaten zubereiten. Den Guss leicht abkühlen lassen, dann mit einem Löffel streifenartig auf den Kuchen träufeln. Guss fest werden lassen. Den Backrahmen lösen und entfernen.

Quark-Napfkuchen mit Pflaumen I

(im Foto hinten)

Mit Alkohol – gut vorzubereiten

20 Stücke

Pro Stück: E: 4 g, F: 10 g, Kh: 28 g, kJ: 941, kcal: 225, BE: 2,5

Für den Rührteig:

150 g getrocknete Pflaumen (ohne Stein)
125 g Butter oder Margarine (zimmerwarm)
75 ml Speiseöl, z. B. Rapsöl
150 g Zucker
1 Pck. Dr. Oetker Vanillin-Zucker
5 Tropfen Butter-Vanille-Aroma
1 Prise Salz
2 Eier (Größe M)
250 g Magerquark
375 g Weizenmehl
1 Pck. Dr. Oetker Backin
5 EL Slibowitz (Pflaumenschnaps)

Semmelbrösel für die Form

Zum Bestäuben:

30 g Puderzucker

Zubereitungszeit: 20 Minuten, ohne Abkühlzeit
Backzeit: etwa 60 Minuten

1. Den Backofen vorheizen.
Ober-/Unterhitze: etwa 180 °C
Heißluft: etwa 160 °C

2. Für den Teig Pflaumen in kleine Stücke schneiden. Butter oder Margarine mit einem Mixer (Rührstäbe) auf höchster Stufe geschmeidig rühren. Nach und nach Speiseöl, Zucker, Vanillin-Zucker, Aroma und Salz unterrühren. So lange rühren, bis eine gebundene Masse entstanden ist. Eier nach und nach unterrühren (jedes Ei etwa ½ Minute). Quark hinzugeben.

3. Das Mehl mit Backpulver mischen, abwechselnd in 2 Portionen mit Slibowitz kurz auf mittlerer Stufe unterrühren. Die Pflaumenstücke vorsichtig auf mittlerer Stufe unterrühren. Den Teig in eine Napfkuchenform (Ø 22–24 cm, gefettet, mit Semmelbröseln ausgestreut) füllen und glatt streichen.

4. Die Form auf dem Rost in den vorgeheizten Backofen schieben. Dann den Kuchen **etwa 60 Minuten backen.**

5. Die Form auf einen Kuchenrost stellen. Den Kuchen etwa 10 Minuten in der Form stehen lassen. Dann aus der Form lösen und auf einen Kuchenrost stürzen. Kuchen erkalten lassen und mit Puderzucker bestäuben.

Tipp: Für eine Variante ohne Alkohol können Sie den Slibowitz durch Milch oder Orangensaft ersetzen. Dann nach Belieben zusätzlich 1 Päckchen Dr. Oetker Finesse Orangenschalen-Aroma hinzufügen.

Abwandlung 1 (Foto vorne): Für einen **Quark-Napfkuchen mit kandierten Früchten** können Sie statt Pflaumen 150 g Früchtemix (fertige Mischung aus fein gewürfelten, kandierten Früchten) verwenden. Dann den Slibowitz nach Belieben durch Rum ersetzen.

Abwandlung 2: Für einen **Quark-Napfkuchen mit Feigen** statt Pflaumen 150 g getrocknete Feigen in kleine Stücke schneiden und zusätzlich 150 g gehobelte Mandeln unter den Teig rühren. Dann den Slibowitz durch Wodka mit Feige austauschen.

Rehrücken | Klassisch
20 Stücke

Pro Stück: E: 4 g, F: 14 g, Kh: 21 g, kJ: 934, kcal: 223, BE: 2,0

Für den Rührteig:
100 g Butter oder Margarine (zimmerwarm)
150 g Zucker
1 Pck. Dr. Oetker Vanillin-Zucker
1 Prise Salz
4 Eier (Größe M)
50 g Weizenmehl
1 Pck. Dr. Oetker Pudding-Pulver Schokoladen-Geschmack
2 gestr. TL Dr. Oetker Backin
2 EL Milch (3,5 % Fett)
100 g ger. Zartbitter-Schokolade
75 g gem. Mandeln

Zum Bestreichen:
100 g Aprikosenkonfitüre
1 EL Wasser

Für den Guss:
130 g Zartbitter-Kuvertüre
15 g Kokosfett
25 g Vollmilch-Kuvertüre
1/2 TL Kokosfett

Zum Garnieren:
etwa 30 g gestiftelte Mandeln

Zubereitungszeit: 30 Minuten, ohne Abkühlzeit
Backzeit: 50–60 Minuten

1. Den Backofen vorheizen.
Ober-/Unterhitze: etwa 160 °C
Heißluft: etwa 140 °C

2. Für den Teig die Butter oder Margarine mit einem Mixer (Rührstäbe) auf höchster Stufe geschmeidig rühren. Nach und nach Zucker, Vanillin-Zucker und Salz hinzufügen. So lange rühren, bis eine gebundene Masse entstanden ist. Eier nach und nach unterrühren (jedes Ei etwa 1/2 Minute).

3. Mehl mit Pudding-Pulver und Backpulver mischen, abwechselnd mit der Milch kurz auf mittlerer Stufe unterrühren (nur so viel Milch verwenden, dass der Teig schwerreißend vom Löffel fällt). Die Schokolade und Mandeln unter den Teig rühren.

4. Den Teig in eine Rehrückenform (30 x 11 cm, gefettet, gemehlt) geben und glatt streichen.

5. Form auf dem Rost in den vorgeheizten Backofen schieben. Den Rehrücken **50–60 Minuten backen.**

6. Die Form auf einen Kuchenrost stellen. Den Rehrücken etwa 10 Minuten in der Form stehen lassen, dann aus der Form lösen und auf einen Kuchenrost stürzen. Rehrücken erkalten lassen.

7. Zum Bestreichen die Konfitüre durch ein Sieb streichen, mit Wasser in einem kleinen Topf unter Rühren etwas einkochen lassen. Den Rehrücken damit bestreichen.

8. Für den Guss die Zartbitter-Kuvertüre in kleine Stücke brechen, zwei Drittel davon mit Kokosfett (15 g) in einem kleinen Topf im Wasserbad bei schwacher Hitze unter Rühren schmelzen.

9. Den Topf aus dem Wasserbad nehmen. Restliche Kuvertüre darin unter Rühren schmelzen.

10. Die Vollmilch-Kuvertüre ebenfalls in Stücke hacken, mit 1/2 Teelöffel Kokosfett in einem kleinen Topf im Wasserbad bei schwacher Hitze unter Rühren schmelzen.

11. Den Rehrücken mit der Zartbitter-Kuvertüre überziehen. Die Vollmilch-Kuvertüre in ein Pergamentpapiertütchen füllen, eine kleine Ecke abschneiden und beliebige Muster, z. B. Punkte oder Wellen, auf den noch feuchten Guss spritzen.

12. Mit einem Holzstäbchen die Vollmilch-Kuvertüre in Schlaufen durch die Zartbitter-Kuvertüre ziehen, sodass eine Marmorierung entsteht.

13. Zum Garnieren die Mandeln in den Rehrücken stecken. Guss fest werden lassen.

Rhabarber-Himbeer-Torte | Fruchtig

16 Stücke – 1 Tasse = etwa 150 ml

Pro Stück: E: 3 g, F: 8 g, Kh: 24 g, kJ: 750, kcal: 179, BE: 2,0

Für den All-in-Teig:

2 Tassen Weizenmehl (200 g)
1 gestr. TL Dr. Oetker Backin
1 Tasse Zucker (150 g)
1 Pck. Dr. Oetker Bourbon-Vanille-Zucker
3 Eier (Größe M)
½ Tasse Schlagsahne (75 g, mind. 30 % Fett)
½ Tasse Speiseöl (75 ml)

Für den Belag:

500 g Rhabarber
150 g TK-Himbeeren

Für den Guss:

3 Blatt weiße Gelatine
125 g frische Himbeeren
1 ½ Tassen + 2 EL roter Johannisbeernektar (225 ml)

Zubereitungszeit: 40 Minuten, ohne Kühlzeit
Backzeit: etwa 40 Minuten

1. Den Backofen vorheizen.
Ober-/Unterhitze: etwa 180 °C
Heißluft: etwa 160 °C

2. Für den Teig Mehl mit Backpulver in einer Rührschüssel mischen. Zucker, Vanille-Zucker, Eier, Sahne und Speiseöl hinzufügen. Die Zutaten mit einem Mixer (Rührstäbe) zunächst kurz auf niedrigster, dann auf höchster Stufe in etwa 2 Minuten zu einem glatten Teig verarbeiten. Teig in eine Springform (Ø 26 cm, gefettet) geben und glatt streichen.

3. Für den Belag Rhabarber abspülen und abtropfen lassen. Stielenden und Blattansätze entfernen. Stangen in etwa 3 cm lange Stücke schneiden. Rhabarberstücke und tiefgekühlte Himbeeren auf dem Teig verteilen.

4. Form auf dem Rost in den vorgeheizten Backofen schieben und den Kuchen **etwa 40 Minuten backen.**

5. Die Form auf einen Kuchenrost stellen. Den Kuchen etwa 10 Minuten in der Form stehen lassen, dann den Springformrand mit einem Messer vom Kuchenrand lösen und entfernen. Den Kuchen erkalten lassen.

6. Für den Guss die Gelatine nach Packungsanleitung einweichen. Gelatine leicht ausdrücken, in einem kleinen Topf bei schwacher Hitze unter Rühren auflösen (nicht kochen). Den Topf von der Kochstelle nehmen. Nach und nach den Johannisbeernektar unterrühren. Den Guss in den Kühlschrank stellen.

7. Einen Tortenring um den Kuchen stellen. Die Himbeeren verlesen und auf dem Kuchen verteilen. Wenn der Guss anfängt zu gelieren, ihn auf dem Kuchen verteilen. Den Kuchen wieder in den Kühlschrank stellen, den Guss fest werden lassen. Die Torte mit einem Messer vom Tortenring und Springformboden lösen.

Tipp: Anstelle von Gelatine können Sie auch einen Guss mit Tortenguss zubereiten. Dafür 1 ½ Tassen (225 ml) roten Johannisbeernektar und 2 Esslöffel Wasser mischen. Den Guss mit 1 Päckchen ungezuckertem Tortenguss, klar, 2 Esslöffeln Zucker und der abgemessenen Flüssigkeit nach Packungsanleitung zubereiten und auf dem Kuchen verteilen.

Rhabarberkuchen mit Himbeerbaiser | Für Gäste

16 Stücke

Pro Stück: E: 4 g, F: 13 g, Kh: 31 g, kJ: 1077, kcal: 257, BE: 2,5

Für den Rührteig:

200 g Butter oder Margarine (zimmerwarm)
120 g Zucker
1 Pck. Dr. Oetker Vanillin-Zucker
1 Ei (Größe M)
3 Eigelb (Größe M)
250 g Weizenmehl
2 gestr. TL Dr. Oetker Backin

Für den Belag:

900 g Himbeer-Rhabarber (rotfleischiger, milder Rhabarber)

Für das Baiser:

125 g Himbeeren
15 g Speisestärke
1 TL Zucker
3 Eiweiß (Größe M)
1 Prise Salz
150 g Zucker

Zubereitungszeit: 45 Minuten
Backzeit: 35–40 Minuten

1. Für den Teig die Butter oder Margarine mit einem Mixer (Rührstäbe) auf höchster Stufe geschmeidig rühren. Nach und nach Zucker und Vanillin-Zucker unterrühren. So lange rühren, bis eine gebundene Masse entstanden ist. Ei und Eigelb nach und nach unterrühren (jedes Ei/Eigelb etwa 1/2 Minute).

2. Mehl und Backpulver mischen, in 2 Portionen kurz auf mittlerer Stufe unterrühren. Einen Backrahmen auf ein Backblech (30 x 40 cm, gefettet) stellen. Den Teig auf das Backblech geben und glatt streichen.

3. Den Backofen vorheizen.
Ober-/Unterhitze: etwa 180 °C
Heißluft: etwa 160 °C

4. Für den Belag Rhabarber putzen, abspülen und gut trocken tupfen. Stielenden und Blattansätze entfernen. Die Stangen in etwa 2 1/2 cm lange Stücke schneiden (evtl. dicke Stangen der Länge nach halbieren). Rhabarberstücke auf dem Teig verteilen. Das Backblech in den vorgeheizten Backofen schieben. Den Kuchen **etwa 25 Minuten backen.**

5. Für das Baiser Himbeeren verlesen, kurz abspülen, auf Küchenpapier gut abtropfen lassen und in einen tiefen Teller geben. Himbeeren mit einer Gabel zerdrücken. Speisestärke mit Zucker mischen und unter das Himbeermus rühren.

6. Das Eiweiß und Salz mit dem Mixer (Rührstäbe) auf höchster Stufe steif schlagen. Der Schnee muss so fest sein, dass ein Messerschnitt sichtbar bleibt. Nach und nach Zucker unterschlagen. So lange schlagen, bis der Eischnee stark glänzt. Himbeermus unter die Baisermasse heben, auf den vorgebackenen Kuchen geben und glatt streichen. Das Backblech wieder in den heißen Backofen schieben. Den Kuchen **bei gleicher Backofentemperatur in 10–15 Minuten fertig backen.**

7. Das Backblech auf einen Kuchenrost stellen. Den Rhabarberkuchen erkalten lassen. „Rosa Tränchen" bilden sich, wenn der Kuchen richtig abgekühlt ist.

Rhabarbertorte I

Raffiniert – einfach

16 Stücke

Pro Stück: E: 4 g, F: 13 g, Kh: 31 g, kJ: 1057, kcal: 253, BE: 2,5

Für den Rührteig:

200 g Butter oder Margarine (zimmerwarm)
150 g Zucker
3 Eier (Größe M)
300 g Weizenmehl
2 gestr. TL Dr. Oetker Backin

100 g Haselnusskrokant

Für den Belag:

800 g Rhabarber

Zum Bestäuben:

30 g Puderzucker

Zubereitungszeit: 30 Minuten, ohne Abkühlzeit
Backzeit: etwa 40 Minuten

1. Den Backofen vorheizen.
Ober-/Unterhitze: etwa 180 °C
Heißluft: etwa 160 °C

2. Für den Teig die Butter oder Margarine mit einem Mixer (Rührstäbe) auf höchster Stufe geschmeidig rühren. Nach und nach Zucker unterrühren. So lange rühren, bis eine gebundene Masse entstanden ist. Eier nach und nach unterrühren (jedes Ei etwa ½ Minute). Das Mehl und Backpulver mischen und in 2 Portionen kurz auf mittlerer Stufe unterrühren. Den Teig in eine Springform (Ø 26 cm, Boden gefettet) geben und glatt streichen. Mit Haselnusskrokant bestreuen.

3. Für den Belag Rhabarber evtl. abziehen. Stielenden und Blattansätze entfernen. Stangen abspülen, abtropfen lassen und in etwa 2 cm lange Stücke schneiden. Rhabarberstücke auf dem Teig verteilen. Form auf dem Rost in den vorgeheizten Backofen schieben. Die Torte **etwa 40 Minuten backen.**

4. Die Form auf einen Kuchenrost stellen. Die Torte etwa 10 Minuten in der Form stehen lassen, dann aus der Form lösen und auf einem Kuchenrost erkalten lassen. Die Torte mit Puderzucker bestäuben.

Rosmarin-Apfelkuchen

Raffiniert – für jeden Tag

20 Stücke

Pro Stück: E: 3 g, F: 9 g, Kh: 24 g, kJ: 789, kcal: 189, BE: 2,0

Zum Vorbereiten:

2–3 Stängel Rosmarin
40 g Zucker

Für den All-in-Teig:

275 g Weizenmehl
2 gestr. TL Dr. Oetker Backin
125 g Zucker
abgeriebene Schale von
½ Bio-Zitrone (unbehandelt, ungewachst)
4 Eier (Größe M)
175 g Butter oder Margarine (zimmerwarm)
2 EL Zitronensaft

Für den Belag:

etwa 800 g rotschalige Äpfel, z. B. Gala, Elstar, Pink Lady
2 EL Zitronensaft

Zubereitungszeit: 40 Minuten, ohne Durchziehzeit
Backzeit: etwa 35 Minuten

1. Zum Vorbereiten Rosmarin abspülen und trocken tupfen. Die Nadeln von den Stängeln zupfen, 2 Esslöffel abmessen, fein hacken und in eine kleine Schüssel geben. Zucker hinzugeben, unterrühren und etwa 20 Minuten durchziehen lassen.

2. Den Backofen vorheizen.
Ober-/Unterhitze: etwa 180 °C
Heißluft: etwa 160 °C

3. Für den Teig Mehl mit Backpulver mischen und in eine Rührschüssel geben. Zucker, Zitronenschale, Eier, Butter oder Margarine und Zitronensaft hinzufügen. Die Zutaten mit dem Mixer (Rührstäbe) zunächst kurz auf niedrigster, dann auf höchster Stufe in etwa 2 Minuten zu einem glatten Teig verarbeiten.

4. Den Teig auf ein Backblech (30 x 40 cm, gefettet) geben und glatt streichen. Vor den Teig einen mehrfach geknickten Streifen Alufolie legen.

5. Für den Belag Äpfel heiß abspülen, gut abtrocknen und mit einem Apfelausstecher das Kerngehäuse ausstechen. Die Äpfel in etwa 2 cm dicke Scheiben schneiden und mit etwas Zitronensaft bestreichen. Apfelscheiben auf den Teig legen.

6. Den vorbereiteten Rosmarinzucker (bis auf 1 Teelöffel) auf die Apfelscheiben streuen. Das Backblech in den vorgeheizten Backofen schieben. Den Kuchen **etwa 35 Minuten backen.**

7. Das Backblech auf einen Kuchenrost stellen.

8. Restlichen Rosmarinzucker und restlichen Zitronensaft in einem kleinen Topf unter Rühren zum Kochen bringen. Die noch heißen Apfelscheiben mit der Flüssigkeit bestreichen. Kuchen erkalten lassen. Alustreifen entfernen. Den Kuchen in Stücke schneiden.

Rote-Grütze-Maulwurftorte I

Für Gäste – beliebt

12 Stücke

Pro Stück: E: 7 g, F: 24 g, Kh: 37 g, kJ: 1668, kcal: 398, BE: 3,0

Für den Rührteig:

4 Eiweiß (Größe M)
1 Prise Salz
125 g Butter oder Margarine (zimmerwarm)
125 g Zucker
1 Pck. Dr. Oetker Vanillin-Zucker
4 Eigelb (Größe M)
150 g Weizenmehl
2 gestr. TL Dr. Oetker Backin
10 g gesiebtes Kakaopulver
100 g gem. Haselnusskerne
100 g Zartbitter-Raspelschokolade

Für die Füllung:

5 Blatt weiße Gelatine
500 g Rote Grütze (aus dem Kühlregal)
150 g Joghurt (3,5 % Fett)
200 g Schlagsahne (mind. 30 % Fett)

Zubereitungszeit: 45 Minuten, ohne Abkühlzeit
Backzeit: etwa 30 Minuten

1. Den Backofen vorheizen.
Ober-/Unterhitze: etwa 180 °C
Heißluft: etwa 160 °C

2. Für den Teig Eiweiß mit Salz sehr steif schlagen. Butter oder Margarine mit einem Mixer (Rührstäbe) auf höchster Stufe geschmeidig rühren. Nach und nach Zucker und Vanillin-Zucker unterrühren. So lange rühren, bis eine gebundene Masse entstanden ist. Eigelb nach und nach kurz unterrühren.

3. Das Mehl mit Backpulver und Kakao mischen, abwechselnd in 2 Portionen mit Haselnusskernen und Raspelschokolade auf mittlerer Stufe unter den Teig rühren. Eiweiß in 2 Portionen kurz unterheben.

4. Den Teig in eine Springform (Ø 26 cm, gefettet) geben und glatt streichen.

5. Die Form auf dem Rost in den vorgeheizten Backofen (unteres Drittel) schieben und den Gebäckboden **etwa 30 Minuten backen.**

6. Die Form auf einen Kuchenrost stellen. Den Gebäckboden etwa 10 Minuten in der Form stehen lassen, dann vorsichtig mit einem Messer aus der Form lösen und etwa 2 Stunden auf einem mit Backpapier belegten Kuchenrost erkalten lassen.

7. Den Gebäckboden auf eine Tortenplatte legen. Auf der Gebäckoberfläche mit einem Messer rundherum einen etwa 2 cm breiten Rand markieren.

8. Den Gebäckboden mit einem Esslöffel etwa 1 cm tief bis zum markierten Rand aushöhlen. Ausgehöhlte Gebäckstücke fein zerbröseln.

9. Für die Füllung Gelatine nach Packungsanleitung einweichen. Ein Drittel der Roten Grütze auf den ausgehöhlten Tortenboden geben und gleichmäßig glatt streichen.

10. Die restliche Rote Grütze und den Joghurt in eine Schüssel geben und mit dem Schneebesen verrühren. Sahne steif schlagen.

11. Die Gelatine leicht ausdrücken, in einem kleinen Topf bei schwacher Hitze unter Rühren auflösen (nicht kochen).

12. Zunächst etwa 4 Esslöffel von der Rote-Grütze-Joghurt-Masse unter die Gelatine rühren, dann mit der restlichen Rote-Grütze-Joghurt-Masse vorsichtig verrühren.

13. Sahne und die Hälfte der Gebäckbrösel kurz unterrühren. Die Masse kuppelförmig, von außen nach innen, auf den bestrichenen Gebäckboden geben und glatt streichen.

14. Restliche Brösel darauf verteilen und andrücken. Die Torte mindestens 2 Stunden in den Kühlschrank stellen.

Rotwein-Birnen-Torte I

Mit Alkohol – für Gäste

16 Stücke

Pro Stück: E: 7 g, F: 25 g, Kh: 38 g,
kJ: 1746, kcal: 417, BE: 3,0

Für den Rührteig:

200 g Butter oder Margarine (zimmerwarm)
125 g Zucker
1 Pck. Dr. Oetker Vanillin-Zucker
4 Eier (Größe M)
250 g Weizenmehl
2 gestr. TL Dr. Oetker Backin
3 gestr. TL gesiebtes Kakaopulver
1 gestr. TL gem. Zimt
100 ml Rotwein
100 g Zartbitter-Raspelschokolade
100 g gehackte Mandeln

Für den Belag:

5 mittelgroße Birnen (etwa 1 kg)
300 ml Rotwein
75 g Zucker
1 Stange Zimt

Für die Füllung:

4 Blatt weiße Gelatine
400 g Schlagsahne (mind. 30 % Fett)
25 g Puderzucker

Für den Guss:

1 Pck. ungezuckerter Tortenguss, klar
1 TL Zucker
250 ml Birnenkochflüssigkeit

Zubereitungszeit: 60 Minuten, ohne Abkühlzeit
Backzeit: etwa 35 Minuten

1. Den Backofen vorheizen.
Ober-/Unterhitze: etwa 180 °C
Heißluft: etwa 160 °C

2. Für den Teig Butter oder Margarine mit einem Mixer (Rührstäbe) auf höchster Stufe geschmeidig rühren. Nach und nach Zucker und Vanillin-Zucker unterrühren. So lange rühren, bis eine gebundene Masse entstanden ist. Eier nach und nach unterrühren (jedes Ei etwa ½ Minute).

3. Mehl mit Backpulver, Kakao und Zimt mischen, in 2 Portionen abwechselnd mit Rotwein kurz auf mittlerer Stufe unterrühren. Raspelschokolade und Mandeln unterrühren. Den Teig in eine Springform (Ø 26 cm, Boden gefettet) füllen und glatt streichen. Die Form auf dem Rost in den vorgeheizten Backofen schieben. Den Gebäckboden **etwa 35 Minuten backen.**

4. Den Gebäckboden aus der Form lösen, ihn aber auf dem Springformboden auf einem Kuchenrost erkalten lassen. Den Gebäckboden einmal waagerecht durchschneiden.

5. Für den Belag Birnen schälen, halbieren, entkernen und auf der gewölbten Seite mit einem Messer mehrmals einritzen, aber nicht durchschneiden. Rotwein mit Zucker und Zimtstange in einem Topf zum Kochen bringen. Die Birnenhälften hinzugeben und unter gelegentlichem Wenden etwa 10 Minuten dünsten. Den Topf von der Kochstelle nehmen. Die Birnenhälften in der Kochflüssigkeit erkalten lassen.

6. Birnenhälften in einem Sieb abtropfen lassen, die Flüssigkeit auffangen und 250 ml für den Guss abmessen (evtl. mit Wasser auffüllen).

7. Für die Füllung Gelatine nach Packungsanleitung einweichen. Gelatine leicht ausdrücken und in einem kleinen Topf bei schwacher Hitze unter Rühren auflösen (nicht kochen). Sahne mit Puderzucker fast steif schlagen, Gelatine unterschlagen. Sahne vollkommen steif schlagen.

8. Drei Esslöffel der Sahne in einen Spritzbeutel mit Sterntülle füllen und beiseitelegen. Eine Birnenhälfte in kleine Würfel schneiden und unter die restliche Sahne heben.

9. Den unteren Gebäckboden auf eine Tortenplatte legen. Die Birnensahne darauf verteilen und glatt streichen. Den oberen Gebäckboden darauflegen und etwas andrücken. Die Birnenhälften jeweils mit der Wölbung nach oben und mit den Spitzen nach innen

darauf kreisförmig verteilen Eine Birnenhälfte in die Mitte legen.

10. Für den Guss aus Tortengusspulver, Zucker und der abgemessenen Birnenkochflüssigkeit einen Guss nach Packungsanleitung, aber mit den hier angegebenen Zutaten zubereiten. Den Guss auf den Birnenhälften verteilen und anschließend fest werden lassen.

11. Die Tortenoberfläche mit der Sahne aus dem Spritzbeutel verzieren.

Russisch-Brot-Torte I

Schnell

12 Stücke

Pro Stück: E: 6 g, F: 22 g, Kh: 47 g, kJ: 1722, kcal: 411, BE: 4,0

Zum Vorbereiten:

370 g gut abgetropfte Sauerkirschen (aus dem Glas)
100 g Russisch Brot (Gebäck in Buchstabenform)

Für den Rührteig:

200 g Butter oder Margarine (zimmerwarm)
170 g Zucker
4 Eier (Größe M)
220 g Weizenmehl
3 gestr. TL Dr. Oetker Backin

Für den Guss:

1 Pck. ungezuckerter Tortenguss, klar
250 ml Kirschsaft (aus dem Glas)
20 g Zucker

Zum Garnieren:

200 g Schlagsahne (mind. 30 % Fett)
1 EL Puderzucker

Zubereitungszeit: 30 Minuten, ohne Kühlzeit
Backzeit: etwa 40 Minuten

1. Zum Vorbereiten von den Sauerkirschen den Saft auffangen, 250 ml davon abmessen, beiseitestellen. Vom Russisch Brot 12 ganze Buchstaben zum Garnieren beiseitelegen. Restliche Buchstaben in einen Gefrierbeutel geben, den Beutel fest verschließen. Russisch Brot mit einer Teigrolle fein zerbröseln.

2. Den Backofen vorheizen.
Ober-/Unterhitze: etwa 180 °C
Heißluft: etwa 160 °C

3. Für den Teig die Butter oder Margarine mit einem Mixer (Rührstäbe) auf höchster Stufe geschmeidig rühren. Nach und nach Zucker unterrühren. So lange rühren, bis eine gebundene Masse entstanden ist. Eier nach und nach unterrühren (jedes Ei etwa ½ Minute).

4. Mehl mit Backpulver mischen, in 2 Portionen kurz auf mittlerer Stufe unterrühren. Russisch-Brot-Brösel unterrühren. Sauerkirschen unterheben.

5. Den Teig in eine Springform (Ø 26 cm, gefettet) geben und glatt streichen. Die Form auf dem Rost in den vorgeheizten Backofen (unteres Drittel) schieben. Die Torte **etwa 40 Minuten backen.**

6. Die Form auf einen Kuchenrost stellen. Die Torte etwa 10 Minuten in der Form stehen lassen, dann den Springformrand lösen und entfernen. Die Torte erkalten lassen und vom Springformboden lösen. Die Torte auf eine Platte legen.

7. Für den Guss aus Tortengusspulver, beiseitegestelltem Kirschsaft und Zucker einen Guss nach Packungsanleitung zubereiten. Den Guss spiralförmig auf der Torte verteilen. Die Torte etwa 1 Stunde in den Kühlschrank stellen.

8. Zum Garnieren die Sahne mit Puderzucker steif schlagen, in einen Spritzbeutel mit Lochtülle (Ø etwa 10 mm) füllen. 12 gleich große Tupfen, für jedes Tortenstück einen Tupfen, auf den Tortenoberflächenrand spritzen. Von dem beiseitegelegten Russisch-Brot-Buchstaben jeweils einen Buchstaben daransetzen.

Sachertorte I

Gut vorzubereiten – klassisch
16 Stücke

Pro Stück: E: 5 g, F: 19 g, Kh: 35 g, kJ: 1383, kcal: 330, BE: 3,0

Für den Rührteig:
150 g Zartbitter-Schokolade
6 Eiweiß (Größe M)
160 g Butter oder Margarine (zimmerwarm)
160 g Zucker
1 Pck. Dr. Oetker Vanillin-Zucker
6 Eigelb (Größe M)
100 g Semmelbrösel

Zum Bestreichen:
125 g Aprikosenkonfitüre

Für den Guss:
60 g Zucker
7 EL Wasser
200 g Zartbitter-Schokolade

Zum Verzieren:
50 g Zartbitter-Schokolade

Zubereitungszeit: 45 Minuten, ohne Abkühlzeit
Backzeit: etwa 50 Minuten

1. Für den Teig die Schokolade in Stücke brechen, in einem kleinen Topf im Wasserbad bei schwacher Hitze unter Rühren schmelzen. Die Schokolade abkühlen lassen.

2. Den Backofen vorheizen.
Ober-/Unterhitze: etwa 180 °C
Heißluft: etwa 160 °C

3. Eiweiß sehr steif schlagen. Butter oder Margarine mit einem Mixer (Rührstäbe) auf höchster Stufe geschmeidig rühren.

4. Nach und nach Zucker und Vanillin-Zucker unterrühren. So lange rühren, bis eine gebundene Masse entstanden ist. Eigelb nach und nach unterrühren.

5. Schokolade und Semmelbrösel kurz auf mittlerer Stufe unterrühren. Eischnee vorsichtig unterheben. Den Teig in eine Springform (Ø 26 cm, gefettet, mit Backpapier belegt) geben und glatt streichen. Die Form auf dem Rost in den vorgeheizten Backofen (unteres Drittel) schieben. Den Gebäckboden **etwa 50 Minuten backen.**

6. Den Gebäckboden aus der Form lösen, auf einen mit Backpapier belegten Kuchenrost stürzen und erkalten lassen. Mitgebackenes Backpapier vorsichtig abziehen. Gebäckboden einmal waagerecht durchschneiden. Unteren Boden auf eine Tortengarnierscheibe legen.

7. Zum Bestreichen den unteren Boden mit Konfitüre bestreichen und den oberen Boden darauflegen.

8. Für den Guss Zucker mit Wasser in einem Topf so lange kochen, bis der Zucker gelöst ist. Den Topf von der Kochstelle nehmen. Schokolade in Stücke brechen, nach und nach unter die Zuckerlösung rühren, bis die Schokolade geschmolzen ist und der Guss glänzt.

9. Den Guss in die Mitte der Torte gießen. Den Guss durch „Bewegen" (leicht schräg halten) der Torte auf der Oberfläche und am Rand gleichmäßig verlaufen lassen. Evtl. am Rand mit einem Messer verstreichen. Um eine gleichmäßige Oberfläche zu erhalten, die Torte auf der Platte „aufklopfen" (dazu die Tortengarnierscheibe 1–2-mal etwas anheben und wieder „fallen" lassen).

10. Die Torte mit einem langen Messer von der Tortengarnierscheibe lösen, durch eine leichte Schrägstellung der Tortengarnierscheibe und Führung der Torte durch das Messer auf eine Tortenplatte gleiten lassen. Guss fest werden lassen.

11. Zum Verzieren die Schokolade wie unter Punkt 1 beschrieben schmelzen. Die Torte in 16 Stücke einteilen. Die Schokolade in ein Pergamentpapiertütchen oder einen kleinen Gefrierbeutel füllen und eine kleine Ecke abschneiden. Auf jedes Tortenstück „Sacher" schreiben. Die Torte bis zum Servieren in den Kühlschrank stellen.

Sacher

Saftiger Apfel-Mandel-Kuchen I

Für Gäste – mit Alkohol

20 Stücke

Pro Stück: E: 4 g, F: 10 g, Kh: 35 g, kJ: 1063, kcal: 254, BE: 3,0

Für den Rührteig:

100 g gehobelte Mandeln
300 g Äpfel, z. B. Elstar, Braeburn
150 g Butter oder Margarine (zimmerwarm)
225 g Zucker
1 Pck. Dr. Oetker Vanillin-Zucker
1 Prise Salz
2–3 EL Amaretto (Mandellikör)
4 Eier (Größe M)
300 g Weizenmehl
3 gestr. TL Dr. Oetker Backin

Außerdem:

200 g Aprikosenkonfitüre
75 g Puderzucker
2–3 TL Apfelsaft

Zubereitungszeit: 45 Minuten, ohne Abkühlzeit
Backzeit: etwa 60 Minuten

1. Für den Teig Mandeln in einer Pfanne ohne Fett unter Rühren goldgelb rösten, herausnehmen und auf einem Teller erkalten lassen. 25 g der Mandeln zum Garnieren beiseitestellen.

2. Äpfel schälen, vierteln, entkernen und in kleine Stückchen schneiden.

3. Den Backofen vorheizen.
Ober-/Unterhitze: etwa 180 °C
Heißluft: etwa 160 °C

4. Butter oder Margarine mit einem Mixer (Rührstäbe) auf höchster Stufe geschmeidig rühren. Nach und nach Zucker, Vanillin-Zucker, Salz und Likör unterrühren. So lange rühren, bis eine gebundene Masse entstanden ist. Eier nach und nach unterrühren (jedes Ei etwa ½ Minute).

5. Mehl mit Backpulver mischen, in 2 Portionen kurz auf mittlerer Stufe unterrühren. Apfelstücke und Mandeln unterheben.

6. Den Teig in eine Gugelhupfform (Ø 22 cm, gefettet, gemehlt) geben und glatt streichen. Die Form auf dem Rost in den vorgeheizten Backofen (unteres Drittel) schieben. Den Kuchen **etwa 60 Minuten backen.**

7. Die Form auf einen Kuchenrost stellen. Den Kuchen etwa 10 Minuten in der Form stehen lassen, danach aus der Form lösen und auf einen Kuchenrost stürzen. Kuchen erkalten lassen.

8. Aprikosenkonfitüre durch ein Sieb streichen und in einem kleinen Topf unter Rühren kurz aufkochen lassen. Den Kuchen mithilfe eines Backpinsels damit bestreichen. Puderzucker nach und nach mit so viel Saft verrühren, dass ein dickflüssiger Guss entsteht.

9. Den Guss in einen kleinen Gefrierbeutel geben, eine kleine Ecke abschneiden und über den Kuchen sprenkeln. Beiseitegestellte Mandeln daraufstreuen. Guss trocknen lassen.

Saftiger Bananenhupf

Für Kinder

20 Stücke

Pro Stück: E: 3 g, F: 12 g, Kh: 29 g, kJ: 983, kcal: 235, BE: 2,5

Für den Rührteig:

250 g Butter oder Margarine (zimmerwarm)
150 g Zucker
1 Pck. Dr. Oetker Bourbon-Vanille-Zucker
1 Prise Salz
1–2 gestr. TL gem. Zimt
4 Eier (Größe M)
200 g Weizenmehl
50 g Speisestärke
3 gestr. TL Dr. Oetker Backin
100 ml Bananen-Nektar
2 reife Bananen

Für den Guss:

175 g Puderzucker
1/2 TL gem. Zimt
etwa 3 EL Bananen-Nektar

Zubereitungszeit: 30 Minuten, ohne Abkühlzeit
Backzeit: etwa 60 Minuten

1. Den Backofen vorheizen.
Ober-/Unterhitze: etwa 180 °C
Heißluft: etwa 160 °C

2. Für den Teig Butter oder Margarine mit einem Mixer (Rührstäbe) auf höchster Stufe geschmeidig rühren. Nach und nach Zucker, Vanille-Zucker, Salz und Zimt unterrühren. So lange rühren, bis eine gebundene Masse entstanden ist. Eier nach und nach unterrühren (jedes Ei etwa 1/2 Minute).

3. Mehl mit Speisestärke und Backpulver mischen, abwechselnd in 2 Portionen mit dem Bananen-Nektar kurz auf mittlerer Stufe unterrühren.

4. Den Teig in eine Gugelhupfform (Ø 24 cm, gefettet, gemehlt) geben und glatt streichen. Bananen schälen, in der Mitte durchschneiden und waagerecht in den Teig drücken. Die Form auf dem Rost in den vorgeheizten Backofen (unteres Drittel) schieben. Den Kuchen **etwa 60 Minuten backen.**

5. Die Form auf einen Kuchenrost stellen. Den Kuchen etwa 10 Minuten in der Form stehen lassen, danach aus der Form lösen und auf einen Kuchenrost stürzen. Den Kuchen erkalten lassen.

6. Für den Guss Puderzucker mit Zimt in einer kleinen Schale vermischen. Nach und nach Bananen-Nektar hinzufügen und zu einem streichfähigen Guss verrühren. Den Guss auf den Kuchen geben und mit einem Backpinsel verstreichen. Guss trocknen lassen.

Tipps: Sie können den Kuchen auch in einer Springform mit Rohrboden (Ø 26 cm, gefettet, gemehlt) zubereiten. Der Kuchen ist gefriergeeignet.

Saftiger Glücksgeschenke-Kuchen | Für Gäste

20 Stücke

Pro Stück: E: 6 g, F: 18 g, Kh: 35 g, kJ: 1374, kcal: 328, BE: 3,0

Zum Vorbereiten:

2 säuerliche Äpfel (etwa 300 g)
2 EL Zitronensaft
2 EL Wild-Preiselbeeren (aus dem Glas)
100 g Walnusskerne
1 Marzipanbrot mit Schokoüberzug (100 g)

Für den Rührteig:

250 g Butter oder Margarine (zimmerwarm)
150 g Zucker
1 Pck. Dr. Oetker Vanillin-Zucker
6 Eier (Größe M)
400 g Weizenmehl
4 gestr. TL Dr. Oetker Backin

2–3 getrocknete, weiße Bohnen

Für den Guss:

120 g Puderzucker
1 EL Apfelsaft
1 EL Zitronensaft

Zum Garnieren:

einige Walnusskernhälften
Schokodekorblätter

Zubereitungszeit: 35 Minuten, ohne Abkühlzeit
Backzeit: 50–55 Minuten

1. Zum Vorbereiten Äpfel schälen, vierteln, entkernen, klein würfeln, mit Zitronensaft und den Preiselbeeren mischen. Walnusskerne hacken. Marzipanbrot in kleine Würfel schneiden, mit den Walnusskernen zu den Apfelwürfeln geben und vermischen.

2. Den Backofen vorheizen.
Ober-/Unterhitze: etwa 180 °C
Heißluft: etwa 160 °C

3. Für den Teig Butter oder Margarine mit einem Mixer (Rührstäbe) auf höchster Stufe geschmeidig rühren. Nach und nach Zucker und Vanillin-Zucker unterrühren. So lange rühren, bis eine gebundene Masse entstanden ist. Eier nach und nach unterrühren (jedes Ei etwa 1/2 Minute).

4. Mehl mit Backpulver mischen, in 2 Portionen kurz auf mittlerer Stufe unterrühren. Apfel-Marzipan-Nuss-Mischung unterrühren. Den Teig in eine Napfkuchenform (Ø 24 cm, gefettet) füllen. Einige Bohnen in den Teig drücken und den Teig glatt streichen. Die Form auf dem Rost in den vorgeheizten Backofen schieben. Den Kuchen **50–55 Minuten backen.**

5. Die Form auf einen Kuchenrost stellen. Den Kuchen etwa 10 Minuten in der Form stehen lassen, danach aus der Form lösen und auf einen Kuchenrost stürzen. Den Kuchen erkalten lassen.

6. Für den Guss Puderzucker mit Apfel- und Zitronensaft verrühren. Den Kuchen damit bestreichen. Zum Garnieren Walnusskernhälften und Schokodekorblätter auf den Kuchen in den noch feuchten Guss legen. Den Guss fest werden lassen.

7. Zum Servieren den Kuchen in Stücke schneiden und verteilen. Wer eine Bohne in seinem Stück Kuchen findet, erhält ein vom Gastgeber vorbereitetes Glücksgeschenk (z.B. einen Glücksbringer).

Saftiger Schokoladenkuchen

Für jeden Tag – mit Alkohol

14–16 Stücke

Pro Stück: E: 5 g, F: 24 g, Kh: 36 g, kJ: 1597, kcal: 382, BE: 3,0

Für den Rührteig:

150 g	*Vollmilch- oder Zartbitter-Schokolade*
4	*Eiweiß (Größe M)*
250 g	*Butter oder Margarine (zimmerwarm)*
200 g	*Zucker*
1 Pck.	*Dr. Oetker Vanillin-Zucker*
1 Prise	*Salz*
4	*Eigelb (Größe M)*
200 g	*Weizenmehl*
30 g	*Speisestärke*
30 g	*gesiebtes Kakaopulver*
3 gestr. TL	*Dr. Oetker Backin*
3–4 EL	*Rum oder Milch*

Für den Guss:

150 g	*Vollmilch- oder Zartbitter-Schokolade*
1 EL	*Speiseöl*

Zubereitungszeit: 35 Minuten, ohne Abkühlzeit
Backzeit: etwa 60 Minuten

1. Für den Teig Schokolade in kleine Stücke hacken. Eiweiß mit einem Mixer (Rührbesen) so steif schlagen, dass ein Messerschnitt sichtbar bleibt.

2. Den Backofen vorheizen.
Ober-/Unterhitze: etwa 180 °C
Heißluft: etwa 160 °C

3. Butter oder Margarine mit dem Mixer (Rührbesen) auf höchster Stufe geschmeidig rühren. Nach und nach Zucker, Vanillin-Zucker und Salz unterrühren. So lange rühren, bis eine gebundene Masse entstanden ist. Eigelb nach und nach unterrühren.

4. Mehl mit Speisestärke, Kakao und Backpulver mischen, abwechselnd in 2 Portionen mit Rum oder Milch kurz auf mittlerer Stufe unterrühren. Zuletzt Eischnee und die gehackte Schokolade unterheben. Den Teig in eine Kastenform (30 x 11 cm, gefettet, gemehlt) füllen und glatt streichen. Die Form auf dem Rost in den vorgeheizten Backofen schieben. Den Kuchen **etwa 60 Minuten backen.** Nach etwa 15 Minuten Backzeit die Kuchenoberfläche mit einem spitzen Messer der Länge nach etwa 1 cm tief einschneiden und den Kuchen fertig backen.

5. Die Form auf einen Kuchenrost stellen. Kuchen etwa 10 Minuten in der Form stehen lassen, dann aus der Form lösen und auf einem mit Backpapier belegten Kuchenrost erkalten lassen.

6. Für den Guss Schokolade in Stücke brechen. Zwei Drittel davon mit Speiseöl in einem kleinen Topf im Wasserbad bei schwacher Hitze unter Rühren schmelzen. Den Topf von der Kochstelle nehmen. Restliche Schokolade hinzugeben und unter Rühren schmelzen, etwas abkühlen lassen. Den erkalteten Kuchen mit dem Guss überziehen. Guss fest werden lassen.

Sägespänekuchen I

Einfach

20 Stücke

Pro Stück: E: 4 g, F: 29 g, Kh: 30 g,
kJ: 1661, kcal: 397, BE: 2,5

Für den All-in-Teig:

150 g Weizenmehl
50 g Speisestärke
15 g gesiebtes Kakaopulver
4 gestr. TL Dr. Oetker Backin
200 g Zucker
1 Pck. Dr. Oetker Vanillin-Zucker
1 Prise Salz
4 Eier (Größe M)
200 g Butter oder Margarine (zimmerwarm)
2–3 EL Milch (3,5 % Fett)

Für die Buttercreme:

1 Pck. Dr. Oetker Pudding-Pulver Vanille-Geschmack
500 ml Milch (3,5 % Fett)
75 g Zucker
200 g Butter (zimmerwarm)

Für den Belag:

75 g Butter
100 g Zucker
200 g Kokosraspel

Zubereitungszeit: 45 Minuten, ohne Kühlzeit
Backzeit: etwa 20 Minuten

1. Den Backofen vorheizen.
Ober-/Unterhitze: etwa 180 °C
Heißluft: etwa 160 °C

2. Für den Teig Mehl mit Speisestärke, Kakao und Backpulver in einer Rührschüssel mischen. Restliche Zutaten hinzufügen und mit einem Mixer (Rührstäbe) zunächst kurz auf niedrigster, dann auf höchster Stufe in etwa 2 Minuten zu einem glatten Teig verarbeiten.

3. Den Teig auf ein Backblech (30 x 40 cm, gefettet) geben und glatt streichen. Das Backblech in den vorgeheizten Backofen schieben. Die Gebäckplatte **etwa 20 Minuten backen.**

4. Das Backblech auf einen Kuchenrost stellen. Die Gebäckplatte erkalten lassen.

5. Für die Buttercreme aus Pudding-Pulver, Milch und Zucker einen Pudding nach Packungsanleitung, aber nur mit 75 g Zucker zubereiten. Den Pudding sofort in eine Schüssel geben. Frischhaltefolie direkt auf die Puddingoberfläche geben, damit sich keine Haut bildet. Den Pudding erkalten lassen (nicht kalt stellen).

6. Die Butter mit dem Mixer (Rührstäbe) auf höchster Stufe geschmeidig rühren. Den Pudding esslöffelweise unterrühren. Dabei darauf achten, dass Pudding und Butter Zimmertemperatur haben, da die Creme sonst gerinnt.

7. Die Buttercreme auf die Gebäckplatte geben und glatt streichen. Den Kuchen in den Kühlschrank stellen und die Buttercreme fest werden lassen.

8. Für den Belag „Sägespäne“ zubereiten. Dazu Butter in einem Topf zerlassen. Zucker und Kokosraspel hinzufügen und unter Rühren leicht bräunen. „Sägespäne“ etwas abkühlen lassen und gleichmäßig auf die Buttercreme streuen, evtl. leicht andrücken.

Tipp: Ohne „Sägespäne“ lässt sich der Kuchen gut einfrieren.

Sandkuchen „Tante Paula“ I

Klassisch

20 Stücke

Pro Stück: E: 3 g, F: 15 g, Kh: 26 g, kJ: 1035, kcal: 247, BE: 2,0

Zum Vorbereiten:

6 Eiweiß (Größe M)
130 g Zucker

Für den Teig:

300 g Butter (zimmerwarm)
150 g Puderzucker
6 Eigelb (Größe M)
1 Prise Salz
1 Röhrchen Butter-Vanille-Aroma
abgeriebene Schale von
1 Bio-Zitrone (unbehandelt, ungewachst)
100 g Weizenmehl
180 g Speisestärke
1 knapp gestr. TL Dr. Oetker Backin

Zubereitungszeit: 30 Minuten
Backzeit: etwa 55 Minuten

1. Den Backofen vorheizen.
Ober-/Unterhitze: etwa 160 °C
Heißluft: etwa 140 °C

2. Zum Vorbereiten Eiweiß steif schlagen. Nach und nach den Zucker hinzugeben. So lange schlagen, bis die Masse stark glänzt. Die Eischneemasse bis zur Weiterverarbeitung in den Kühlschrank stellen.

3. Für den Teig Butter mit einem Mixer (Rührstäbe) auf höchster Stufe schaumig schlagen. Puderzucker nach und nach unterrühren. So lange rühren, bis die Masse weiß schaumig ist.

4. Eigelb nach und nach kurz unterrühren. Salz, Aroma und Zitronenschale unterrühren.

5. Mehl, Speisestärke mit Backpulver mischen, in 2 Portionen kurz auf niedrigster Stufe unterrühren.

6. Die Eischneemasse in 4–5 Portionen sehr vorsichtig mit einem Schneebesen unter den Teig ziehen. Dabei darauf achten, dass die feinen Luftbläschen möglichst erhalten bleiben.

7. Den Teig in eine Gugelhupfform (Ø 24 cm, gefettet, gemehlt) geben.

8. Die Form sofort auf dem Rost in den vorgeheizten Backofen schieben. Den Kuchen **etwa 55 Minuten backen.**

9. Nach etwa 15 Minuten Backzeit die Teigoberfläche vorsichtig mit einem scharfen Messer ringförmig einschneiden (so geht der Kuchen gleichmäßig auf).

10. Die Form auf einen Kuchenrost stellen. Den Kuchen etwa 10 Minuten in der Form stehen lassen, danach aus der Form lösen, auf einen Kuchenrost stürzen und wieder zurück in die Form gleiten lassen. Den Kuchen in der Form erkalten lassen.

Tipps: Anstatt Butter-Vanille-Aroma können auch 2 Esslöffel Rum oder geriebene Orangenschale von 1 Bio-Orange (unbehandelt, ungewachst) in den Teig gegeben werden. Wird der Sandkuchen „Tante Paula“ mit einem Guss (z. B. Schokoladenguss) überzogen, bleibt er sehr lange frisch. Ohne Guss lässt sich der Kuchen wunderbar einfrieren. Lassen Sie ihn dann bei Zimmertemperatur in der geöffneten Verpackung auftauen.

Schmand-Kirsch-Kuchen

Sehr saftig

20 Stücke

Pro Stück: E: 5 g, F: 22 g, Kh: 42 g, kJ: 1616, kcal: 387, BE: 3,5

Für den Rührteig:

250 g Butter oder Margarine (zimmerwarm)
200 g Zucker
4 Eier (Größe M)
250 g Weizenmehl
3 gestr. TL Dr. Oetker Backin

Für den Belag:

740 g abgetropfte Sauerkirschen (aus Gläsern)
750 ml Milch (3,5 % Fett)
2 Pck. Dr. Oetker Pudding-Pulver Vanille-Geschmack
100 g Zucker
600 g Schmand (Sauerrahm) oder Crème fraîche

Für den Guss:

2 Pck. ungezuckerter Tortenguss, rot
20 g Zucker
500 ml Kirschsaft (aus den Gläsern)

Zubereitungszeit: 40 Minuten, ohne Abkühlzeit
Backzeit: etwa 55 Minuten

1. Den Backofen vorheizen.
Ober-/Unterhitze: etwa 180 °C
Heißluft: etwa 160 °C

2. Für den Teig die Butter oder Margarine mit einem Mixer (Rührstäbe) auf höchster Stufe geschmeidig rühren. Nach und nach Zucker unterrühren. So lange rühren, bis eine gebundene Masse entstanden ist. Eier nach und nach unterrühren (jedes Ei etwa ½ Minute).

3. Das Mehl mit Backpulver mischen, in 2 Portionen kurz auf mittlerer Stufe unterrühren. Den Teig auf ein Backblech (30 x 40 cm, gefettet) geben und glatt streichen. Das Backblech in den vorgeheizten Backofen schieben. Den Gebäckboden **etwa 30 Minuten vorbacken.**

4. Das Backblech auf einen Kuchenrost stellen. Den Gebäckboden etwas abkühlen lassen.

5. Für den Belag von den Sauerkirschen den Saft auffangen und 500 ml abmessen. Einen Backrahmen um den vorgebackenen Gebäckboden stellen. Die Sauerkirschen auf dem Boden verteilen.

6. Aus Milch, Pudding-Pulver und Zucker einen Pudding nach Packungsanleitung, aber mit den hier angegebenen Zutaten zubereiten. Schmand oder Crème fraîche unter den heißen Pudding rühren.

7. Pudding-Schmand-Masse auf die Sauerkirschen geben und glatt streichen. Das Backblech wieder in den heißen Backofen schieben und den Kuchen **bei gleicher Backofentemperatur in etwa 25 Minuten fertig backen.** Dann den Backofen ausschalten. Den Kuchen noch etwa 10 Minuten im ausgeschalteten Backofen stehen lassen.

8. Das Backblech auf einen Kuchenrost stellen. Den Kuchen erkalten lassen.

9. Für den Guss aus Tortengusspulver, Zucker und Sauerkirschsaft einen Guss nach Packungsanleitung zubereiten. Den Guss vorsichtig auf der Pudding-Schmand-Masse verteilen. Guss fest werden lassen. Den Backrahmen vorsichtig lösen und entfernen.

Schneller Apfel-Buttermilch-Kuchen I

Einfach

20 Stücke

Pro Stück: E: 3 g, F: 14 g, Kh: 33 g, kJ: 1133, kcal: 271, BE: 2,5

Für den Rührteig:

250 g Butter oder Margarine (zimmerwarm)
250 g brauner Zucker
1 Prise Salz
2 Eier (Größe M)
350 g Weizenmehl
2 gestr. TL Dr. Oetker Backin
125 g Buttermilch

Für den Belag:

1 kg säuerliche Äpfel
60 g Butter
50 g brauner Zucker

Zubereitungszeit: 45 Minuten
Backzeit: etwa 30 Minuten

1. Den Backofen vorheizen.
Ober-/Unterhitze: etwa 180 °C
Heißluft: etwa 160 °C

2. Für den Teig die Butter oder Margarine mit einem Mixer (Rührstäbe) auf höchster Stufe geschmeidig rühren. Nach und nach Zucker und Salz unterrühren. So lange rühren, bis eine gebundene Masse entstanden ist. Die Eier nach und nach unterrühren (jedes Ei etwa ½ Minute).

3. Das Mehl mit Backpulver mischen, abwechselnd in 2 Portionen mit der Buttermilch kurz auf mittlerer Stufe unterrühren. Den Rührteig auf ein Backblech (30 x 40 cm, gefettet) geben und glatt streichen.

4. Für den Belag die Äpfel schälen, vierteln und entkernen. Apfelviertel quer in Scheiben schneiden und dachziegelartig auf den Teigboden legen. Butterflöckchen darauf verteilen und mit Zucker bestreuen. Das Backblech in den vorgeheizten Backofen schieben. Den Kuchen **etwa 30 Minuten backen.**

5. Das Backblech auf einen Kuchenrost stellen. Den Kuchen erkalten lassen.

Schokinokuchen I

Etwas Besonderes

5 Sturz-Form-Gläser je 500 ml Inhalt

Pro Glas: E: 18 g, F: 69 g, Kh: 111 g, kJ: 4768, kcal: 1139, BE: 9,5

Für den Schokinoteig:

280 g Butter oder Margarine (zimmerwarm)
140 g Puderzucker
1 Pck. Dr. Oetker Vanillin-Zucker
1 Prise Salz
6 Eigelb (Größe M)
280 g Weizenmehl
1 Pck. Dr. Oetker Backin
6 Eiweiß (Größe M)
140 g Zucker
150 g grob gehackte Zartbitter-Schokolade (etwa 60 % Kakaoanteil)

Zubereitungszeit: 30 Minuten
Backzeit: etwa 45 Minuten
Haltbarkeit: etwa 2 Monate

1. Den Backofen vorheizen.
Ober-/Unterhitze: etwa 180 °C
Heißluft: etwa 160 °C

2. Für den Teig die Butter oder Margarine mit einem Mixer (Rührstäbe) auf höchster Stufe geschmeidig rühren. Nach und nach den Puderzucker und Vanillin-Zucker unterrühren. So lange rühren, bis eine gebundene Masse entstanden ist. Salz hinzugeben. Eigelb nach und nach unterrühren.

3. Mehl mit Backpulver mischen, in 2 Portionen kurz auf mittlerer Stufe unterrühren, sodass ein glatter Teig entsteht. Eiweiß mit Zucker so steif schlagen, dass ein Messerschnitt sichtbar bleibt. Eischnee unter den Teig heben. Gehackte Schokolade ebenfalls unterheben.

4. Den Teig mit einem Esslöffel in die vorbereiteten Gläser (gefettet, gemehlt) füllen. Darauf achten, dass die Gläser maximal nur bis zu zwei Dritteln mit dem Teig gefüllt sind.

5. Glasränder säubern. Backblech im unteren Drittel in den vorgeheizten Backofen schieben. Die Gläser auf das Backblech stellen. Schokinokuchen **etwa 45 Minuten backen.**

6. Nach dem Backen ein Glas mit Topflappen aus dem Backofen nehmen und verschließen. Dazu den vorbereiteten, feuchten Gummiring auf die Innenseite eines Glasdeckels legen. Das Glas sofort mit dem Deckel und 2 Klammern verschließen. Restliche Gläser auf die gleiche Weise verschließen. Nach jedem Glas, das aus dem Backofen genommen wird, den Backofen wieder schließen.

7. Die Gläser auf einem Kuchenrost vollständig erkalten lassen (am besten über Nacht), dann die Klammern lösen und die Gläser kühl aufbewahren.

Tipp: Rühren Sie noch 125 g getrocknete Cranberrys unter den Teig.

Schoko-Birnen-Kuchen I

Raffiniert – sehr saftig

20 Stücke

Pro Stück: E: 10 g, F: 20 g, Kh: 41 g,
kJ: 1626, kcal: 389, BE: 3,5

Für den Rührteig:

200 g Butter oder Margarine (zimmerwarm)
125 g Zucker
1 Pck. Dr. Oetker Vanillin-Zucker
1 Prise Salz
4 Eier (Größe M)
125 g Weizenmehl
75 g Speisestärke
15 g gesiebtes Kakaopulver
2 gestr. TL Dr. Oetker Backin
2 EL Milch (3,5 % Fett)

Für die Füllung:

1 große Bio-Zitrone (unbehandelt, ungewachst)
4 Eigelb (Größe M)
125 g Zucker
200 g Schlagsahne
1 kg Magerquark
2 Pck. Dr. Oetker Pudding-Pulver Vanille-Geschmack
125 g zerlassene, abgekühlte Butter
125 g Rosinen

Für den Belag und zum Aprikotieren:

920 g abgetropfte Birnenhälften (aus Dosen)
4 geh. EL Aprikosenkonfitüre
3 EL Wasser

Zubereitungszeit: 50 Minuten, ohne Abkühlzeit
Backzeit: etwa 45 Minuten

1. Für den Teig die Butter oder Margarine mit einem Mixer (Rührstäbe) auf höchster Stufe geschmeidig rühren. Nach und nach Zucker, Vanillin-Zucker und Salz unterrühren. So lange rühren, bis eine gebundene Masse entstanden ist. Eier nach und nach unterrühren (jedes Ei etwa ½ Minute).

2. Mehl mit Speisestärke, Kakao und Backpulver mischen, abwechselnd in 2 Portionen mit der Milch kurz auf mittlerer Stufe unterrühren. Einen Backrahmen auf ein Backblech (30 x 40 cm, gefettet) stellen. Den Teig in den Backrahmen geben und glatt streichen.

3. Den Backofen vorheizen.
Ober-/Unterhitze: etwa 180 °C
Heißluft: etwa 160 °C

4. Für die Füllung Zitrone heiß abwaschen, abtrocknen und die Schale abreiben. Zitrone halbieren und den Saft auspressen. Eigelb in eine Rührschüssel geben. Zucker, Zitronenschale, -saft, Sahne, Quark, Pudding-Pulver, Butter und Rosinen hinzufügen. Die Zutaten gut verrühren und auf dem Teig verteilen.

5. Für den Belag die Birnenhälften fächerartig längs einschneiden, sodass sie am unteren Ende noch zusammen sind. Birnenfächer auf die Quarkmasse legen. Das Backblech in den vorgeheizten Backofen schieben. Den Kuchen **etwa 45 Minuten backen.**

6. Das Backblech auf einen Kuchenrost stellen. Den Kuchen etwas abkühlen lassen.

7. Zum Aprikotieren Konfitüre durch ein Sieb streichen, mit Wasser in einem kleinen Topf gut aufkochen lassen. Den Kuchen damit bestreichen. Kuchen erkalten lassen. Den Backrahmen lösen und entfernen.

Schoko-Ingwer-Kuchen | Mit Alkohol

16 Stücke

Pro Stück: E: 6 g, F: 22 g, Kh: 45 g, kJ: 1781, kcal: 426, BE: 4,0

Zum Vorbereiten:

200 g kandierter Ingwer
100 g Rosinen
3 EL Rum

Für den Rührteig:

200 g Marzipan-Rohmasse
250 g Butter oder Margarine (zimmerwarm)
200 g Zucker
1 Pck. Dr. Oetker Vanillin-Zucker
1 Prise Salz
1 EL gem. Zimt
4 Eier (Größe M)
150 g Weizenmehl
3 gestr. TL Dr. Oetker Backin
40–50 g gesiebtes Kakaopulver
70 ml Rum

50 g gehackte Haselnusskerne

Für den Guss und zum Garnieren:

3 EL Aprikosenkonfitüre
3 leicht geh. EL Puderzucker
etwa 1 EL Rum
etwa 20 g gehackte Haselnusskerne
einige Rosinen (etwa 20 g)
etwa 20 g kandierter Ingwer

Zubereitungszeit: 60 Minuten, ohne Durchzieh- und Abkühlzeit
Backzeit: etwa 55 Minuten

1. Zum Vorbereiten Ingwer fein würfeln, mit den Rosinen etwa 20 Minuten in Rum einlegen, dabei gelegentlich umrühren.

2. Den Backofen vorheizen.
Ober-/Unterhitze: etwa 180 °C
Heißluft: etwa 160 °C

3. Für den Teig Marzipan sehr klein schneiden und in eine Rührschüssel geben. Butter oder Margarine hinzufügen und mit einem Mixer (Rührstäbe) auf höchster Stufe geschmeidig rühren. Nach und nach Zucker, Vanillin-Zucker, Salz und Zimt unterrühren. So lange rühren, bis eine gebundene Masse entstanden ist. Eier nach und nach unterrühren (jedes Ei etwa ½ Minute).

4. Mehl mit Backpulver und Kakao mischen, abwechselnd in 2 Portionen mit dem Rum kurz auf mittlerer Stufe unterrühren. Zuletzt die eingelegten Früchte unterheben. Den Teig vorsichtig in eine Springform (Ø 26 cm, Boden gefettet, mit Haselnusskernen ausgestreut) füllen und glatt streichen. Die Form auf dem Rost in den vorgeheizten Backofen schieben. Den Kuchen **etwa 55 Minuten backen.**

5. Die Form auf einen Kuchenrost stellen. Den Kuchen etwa 10 Minuten in der Form stehen lassen, dann aus der Form lösen, auf einen mit Backpapier belegten Kuchenrost stürzen und erkalten lassen.

6. Für den Guss und zum Garnieren Konfitüre durch ein Sieb streichen, in einem kleinen Topf unter Rühren aufkochen lassen und den Kuchen damit bestreichen. Puderzucker mit so viel Rum verrühren, dass ein dickflüssiger Guss entsteht. Guss teelöffelweise in Klecksen auf dem Kuchen verteilen. Den Kuchen mit Haselnusskernen, Rosinen und in Streifen geschnittenem Ingwer garnieren. Guss trocknen lassen.

Schoko-Kirsch-Napfkuchen I

Für jeden Tag

16 Stücke

Pro Stück: E: 5 g, F: 13 g, Kh: 31 g, kJ: 1096, kcal: 262, BE: 2,5

Für den All-in-Teig:

200 g Weizenmehl
2 Pck. Dr. Oetker Pudding-Pulver Schokoladen-Geschmack
1 Pck. Dr. Oetker Backin
125 g Zucker
1 Pck. Dr. Oetker Bourbon-Vanille-Zucker
5 Eier (Größe M)
150 ml Speiseöl
125 ml Buttermilch
100 g Zartbitter-Raspelschokolade
370 g gut abgetropfte Sauerkirschen (aus dem Glas)

Zum Bestäuben:

10 g Puderzucker

Zubereitungszeit: 20 Minuten, ohne Abkühlzeit
Backzeit: etwa 75 Minuten

1. Den Backofen vorheizen.
Ober-/Unterhitze: etwa 180 °C
Heißluft: etwa 160 °C

2. Für den Teig Mehl mit Pudding-Pulver und Backpulver in einer Rührschüssel mischen. Zucker, Vanillin-Zucker, Eier, Speiseöl und Buttermilch hinzufügen. Die Zutaten mit einem Mixer (Rührstäbe) zunächst kurz auf niedrigster, dann auf höchster Stufe in etwa 1 Minute zu einem glatten Teig verarbeiten.

3. Raspelschokolade und Sauerkirschen vorsichtig unterheben. Den Teig in eine Gugelhupfform (Ø 22 cm, gefettet, gemehlt) füllen und glatt streichen. Die Form auf dem Rost in den vorgeheizten Backofen schieben. Den Kuchen **etwa 75 Minuten backen.**

4. Die Form auf einen Kuchenrost stellen. Den Kuchen etwa 10 Minuten in der Form stehen lassen, danach aus der Form lösen und auf einen Kuchenrost stürzen. Kuchen erkalten lassen.

5. Den Kuchen vor dem Servieren mit Puderzucker bestäuben.

Tipp: Den Kuchen mit 100 g geschmolzener Zartbitter-Schokolade überziehen.

Schoko-Kokos-Kuchen | Beliebt

20 Stücke

Pro Stück: E: 4 g, F: 18 g, Kh: 32 g, kJ: 1288, kcal: 308, BE: 2,5

Für die Eiweißmasse:

4 Eiweiß (Größe M)
200 g Zucker
½ Röhrchen Butter-Vanille-Aroma
200 g Kokosraspel

Für den Rührteig:

200 g Butter oder Margarine (zimmerwarm)
200 g Zucker
1 Pck. Dr. Oetker Vanillin-Zucker
1 Prise Salz
4 Eigelb (Größe M)
200 g Weizenmehl
30 g gesiebtes Kakaopulver
2 gestr. TL Dr. Oetker Backin
4 EL Milch (3,5 % Fett, 50 ml)

Für den Guss:

50 g weiße Schokolade
50 g Zartbitter-Schokolade

Zubereitungszeit: 45 Minuten, ohne Abkühlzeit
Backzeit: etwa 55 Minuten

1. Den Backofen vorheizen.
Ober-/Unterhitze: etwa 180 °C
Heißluft: etwa 160 °C

2. Für die Eiweißmasse Eiweiß mit einem Mixer (Rührstäbe) auf höchster Stufe so steif schlagen, dass ein Messerschnitt sichtbar bleibt. Zucker nach und nach kurz auf höchster Stufe unterschlagen.

3. Aroma und Kokosraspel kurz unterrühren. Die Kokosmasse gleichmäßig in einer Gugelhupfform (Ø 24 cm, gefettet, gemehlt) verteilen.

4. Für den Teig Butter oder Margarine mit einem Mixer (Rührstäbe) auf höchster Stufe geschmeidig rühren. Nach und nach Zucker, Vanillin-Zucker und Salz unterrühren. So lange rühren, bis eine gebundene Masse entstanden ist. Eigelb nach und nach unterrühren.

5. Das Mehl mit Kakao und Backpulver mischen, abwechselnd in 2 Portionen mit der Milch auf mittlerer Stufe unterrühren. Den Teig gleichmäßig auf der Kokosmasse verteilen. Die Form auf dem Rost in den vorgeheizten Backofen (unteres Drittel) schieben. Den Kuchen **etwa 55 Minuten backen.**

6. Die Form auf einen Kuchenrost stellen. Den Kuchen etwa 10 Minuten in der Form stehen lassen, danach aus der Form lösen und auf einen Kuchenrost stürzen. Den Kuchen erkalten lassen.

7. Für den Guss Schokolade in Stücke brechen, getrennt in kleine Gefrierbeutel geben, Beutel gut verschließen. Die Schokoladen in einem Topf im Wasserbad bei schwacher Hitze schmelzen.

8. Die Beutel aus dem Wasserbad nehmen, trocken tupfen, etwas durchkneten und jeweils eine kleine Ecke abschneiden. Schokolade abwechselnd auf den Kuchen sprenkeln. Anschließend die Schokolade fest werden lassen.

Tipps: Der Kuchen lässt sich ohne Guss sehr gut einfrieren. Sie können nach dem Besprenkeln des Kuchens den Guss nach Belieben mit Kokosraspeln bestreuen.

Schokoladen-Aprikosen-Kuchen I

Für Kinder – schnell

20 Stücke

Pro Stück: E: 4 g, F: 11 g, Kh: 24 g,
kJ: 911, kcal: 218, BE: 2,5

Für den All-in-Teig:

200 g Weizenmehl
2 ½ gestr. TL Dr. Oetker Backin
3 EL gesiebtes Kakaopulver
5 Eier (Größe M)
125 g Zucker
200 g Butter oder Margarine (zimmerwarm)
150 g Schokoladen-Pudding (aus dem Kühlregal)

Für den Belag:

960 g abgetropfte Aprikosenhälften (aus Dosen)

Zum Bestreichen:

2 EL Fruchtaufstrich Aprikose (ohne Fruchtstücke)

Zubereitungszeit: 15 Minuten, ohne Abkühlzeit
Backzeit: etwa 30 Minuten

1. Den Backofen vorheizen.
Ober-/Unterhitze: etwa 180 °C
Heißluft: etwa 160 °C

2. Für den Teig Mehl mit Back- und Kakaopulver in einer Rührschüssel mischen. Restliche Zutaten hinzufügen und mit einem Mixer (Rührstäbe) zunächst kurz auf niedrigster, dann auf höchster Stufe in etwa 2 Minuten zu einem glatten Teig verarbeiten.

3. Einen Backrahmen in der Größe des Backbleches auf ein Backblech (30 x 40 cm, gefettet) stellen. Den Teig auf das Backblech geben und glatt streichen.

4. Für den Belag die Aprikosenhälften mit der Wölbung nach oben auf dem Teig verteilen. Das Backblech in den vorgeheizten Backofen (unteres Drittel) schieben. Den Kuchen **etwa 30 Minuten backen.**

5. Das Backblech auf einen Kuchenrost stellen. Den Kuchen erkalten lassen.

6. Zum Bestreichen den Fruchtaufstrich in einem kleinen Topf unter Rühren zum Kochen bringen. Die Aprikosenhälften damit bestreichen.

Tipp: Der Kuchen kann auch in einer Fettpfanne zubereitet werden, wenn Sie keinen Backrahmen haben.

Abwandlung: Für einen **Schokoladen-Pfirsich-Kuchen** verwenden Sie statt der Aprikosenhälften 1 kg gut abgetropfte Tortenpfirsiche (aus Dosen). Zum Bestreichen des Kuchens brauchen Sie dann 3 Esslöffel Aprikosenkonfitüre.

Schokoladen-Espresso-Torte I

Mit Alkohol – für Gäste

16 Stücke

Pro Stück: E: 5 g, F: 29 g, Kh: 24 g, kJ: 1633, kcal: 390, BE: 2,0

Zum Vorbereiten:

100 g Zartbitter-Schokolade
50 g Mokka-Schokolade

Für den Rührteig:

150 g Butter oder Margarine (zimmerwarm)
75 g Zucker
1 Pck. Dr. Oetker Finesse Bourbon-Vanille-Aroma
2 Eier (Größe M)
2 Eigelb (Größe M)
150 g Weizenmehl
2 gestr. TL Dr. Oetker Backin
3 EL gesiebtes Kakaopulver
1 EL Instant-Espresso-Pulver
2 Eiweiß (Größe M)

Zum Beträufeln:

3 EL Kaffeelikör (20 Vol.-%)

Für den Belag:

50 g Mokka-Schokolade
50 ml Kaffeelikör (20 Vol.-%)
750 g Schlagsahne (mind. 30 % Fett)
2 Pck. Sahnesteif
2 Pck. Dr. Oetker Vanillin-Zucker

Zum Bestäuben und Garnieren:

etwas Kakaopulver
einige Schokoladen-Ornamente

Zubereitungszeit: 50 Minuten, ohne Kühlzeit
Backzeit: etwa 40 Minuten

1. Zum Vorbereiten Schokolade in Stücke brechen, in einem kleinen Topf im Wasserbad bei schwacher Hitze unter Rühren schmelzen, etwas abkühlen lassen.

2. Den Backofen vorheizen.
Ober-/Unterhitze: etwa 180 °C
Heißluft: etwa 160 °C

3. Für den Teig die Butter oder Margarine mit einem Mixer (Rührstäbe) auf höchster Stufe geschmeidig rühren. Nach und nach Zucker und Aroma unterrühren. So lange rühren, bis eine gebundene Masse entstanden ist. Eier und Eigelb nach und nach unterrühren (jedes Ei/Eigelb knapp ½ Minute).

4. Mehl mit Backpulver, Kakao und Espresso-Pulver mischen, in 2 Portionen mit der Schokoladenmasse kurz auf mittlerer Stufe unterrühren. Das Eiweiß steif schlagen und unterheben. Den Teig in eine Springform (Ø 26 cm, Boden gefettet, mit Backpapier belegt) geben und glatt streichen.

5. Form auf dem Rost in den vorgeheizten Backofen schieben und den Gebäckboden **etwa 40 Minuten backen.**

6. Den Gebäckboden aus der Form lösen und auf einen mit Backpapier belegten Kuchenrost stürzen. Mitgebackenes Backpapier abziehen. Gebäckboden erkalten lassen, einmal waagerecht so durchschneiden, dass der untere Boden etwas dicker ist. Den unteren Boden auf eine Platte legen. Mit einem Holzstäbchen mehrmals einstechen und mit Likör beträufeln. Einen Tortenring darumlegen. Den oberen Boden fein zerbröseln.

7. Für den Belag Schokolade fein reiben. Gebäckbrösel mit Likör tränken. Sahne mit Sahnesteif und Vanillin-Zucker in 2 Portionen steif schlagen. Unter eine Sahneportion die getränkten Gebäckbrösel heben, diese auf dem unteren Boden verstreichen. Restliche Sahne mit der geriebenen Schokolade vermengen, auf der Bröselsahne verstreichen. Die Torte etwa 2 Stunden in den Kühlschrank stellen.

8. Den Tortenring lösen und entfernen. Die Tortenoberfläche mit Kakao bestäuben und mit Schokoladen-Ornamenten garnieren.

Tipp: Für eine alkoholfreie Variante den Kaffeelikör durch Kaffee-Sirup ersetzen.

Schokoladenkranz I

Zum Verschenken

16 Stücke

Pro Stück: E: 4 g, F: 14 g, Kh: 16 g, kJ: 852, kcal: 204, BE: 1,5

Für den Rührteig:

80 g Butter oder Margarine (zimmerwarm)
80 g Zucker
1 Pck. Dr. Oetker Vanillin-Zucker
4 Eigelb (Größe M)
80 g Speisestärke
1 TL Dr. Oetker Backin
80 g gem. Mandeln
80 g ger. Zartbitter-Schokolade
4 Eiweiß (Größe M)

Für den Guss:

100 g Zartbitter-Kuvertüre
40 g gestiftelte Mandeln

Zubereitungszeit: 30 Minuten, ohne Abkühlzeit
Backzeit: etwa 40 Minuten

1. Den Backofen vorheizen.
Ober-/Unterhitze: etwa 180 °C
Heißluft: etwa 160 °C

2. Für den Teig die Butter oder Margarine mit einem Mixer (Rührstäbe) auf höchster Stufe geschmeidig rühren. Zucker und Vanillin-Zucker unterrühren. So lange rühren, bis eine gebundene Masse entstanden ist. Eigelb nach und nach unterrühren.

3. Speisestärke mit Backpulver mischen und kurz auf mittlerer Stufe unterrühren. Mandeln und Schokolade unterrühren. Eiweiß steif schlagen und unterheben.

4. Teig in eine Kranzform (Ø 20 cm, gefettet, gemehlt) geben und glatt streichen. Die Form auf dem Rost in den vorgeheizten Backofen schieben. Den Gebäckkranz **etwa 40 Minuten backen.**

5. Den Gebäckkranz aus der Form lösen, auf einen Kuchenrost stürzen und erkalten lassen.

6. Für den Guss Kuvertüre in kleine Stücke hacken, zwei Drittel davon in einem kleinen Topf im Wasserbad bei schwacher Hitze unter Rühren schmelzen. Den Topf von der Kochstelle nehmen. Restliche Kuvertüre darin unter Rühren schmelzen. Den Gebäckkranz damit überziehen und mit den Mandeln spicken. Guss fest werden lassen.

Tipps: Anstelle der Mandeln können für den Teig auch gemahlene und für den Guss gehobelte Haselnusskerne verwendet werden. Der Kranz kann auch in einer Kranzform (Ø 26 cm) zubereitet werden, dafür die Zutatenmenge verdoppeln.

Schokoladen-Samt-Kuchen

Für Gäste

48 Stücke

Pro Stück: E: 3 g, F: 11 g, Kh: 18 g, kJ: 774, kcal: 185, BE: 1,5

Für den Rührteig:

- *250 g Butter oder Margarine (zimmerwarm)*
- *350 g brauner Rohrzucker*
- *2 Pck. Dr. Oetker Bourbon-Vanille-Zucker*
- *6 Eier (Größe M)*
- *500 g Weizenmehl*
- *70 g gesiebtes Kakaopulver*
- *1 TL Natron*
- *2 gestr. TL Dr. Oetker Backin*
- *200 ml Mineralwasser (mit Kohlensäure)*
- *250 g Crème fraîche*

Für den Canache-Belag:

- *200 g Zartbitter-Kuvertüre (etwa 55 % Kakoanteil)*
- *120 g Butter*
- *25 g Puderzucker*
- *125 g Crème fraîche*

Zubereitungszeit: 35 Minuten, ohne Kühlzeit
Backzeit: etwa 35 Minuten

1. Den Backofen vorheizen.
Ober-/Unterhitze: etwa 180 °C
Heißluft: etwa 160 °C

2. Für den Teig Butter oder Margarine mit einem Mixer (Rührstäbe) auf höchster Stufe geschmeidig rühren. Nach und nach Zucker und Vanille-Zucker unterrühren. So lange rühren, bis eine gebundene Masse entstanden ist. Eier nach und nach unterrühren (jedes Ei etwa ½ Minute).

3. Mehl mit Kakao, Natron und Backpulver mischen, abwechselnd in 2 Portionen mit dem Mineralwasser kurz auf mittlerer Stufe unterrühren. Crème fraîche unterheben. Einen Backrahmen auf ein Backblech (30 x 40 cm, mit Backpapier belegt) stellen. Den Teig auf dem Backblech verteilen und glatt streichen.

4. Das Backblech in den vorgeheizten Backofen schieben. Den Gebäckboden **etwa 35 Minuten backen.** Das Backblech auf einen Kuchenrost stellen. Gebäckboden erkalten lassen.

5. In der Zwischenzeit für den Belag Kuvertüre in Stücke hacken, mit Butter, Puderzucker und Crème fraîche in einem Topf im Wasserbad bei schwacher Hitze unter Rühren schmelzen. Den Topf aus dem Wasserbad nehmen, Schokoladenmasse unter gelegentlichem Umrühren erkalten lassen. Wenn die Schokoladenmasse anfängt dicklich zu werden, auf den Gebäckboden geben, verstreichen und mithilfe eines kleinen Löffels ein Wellenmuster durch die Creme ziehen.

6. Den Kuchen in den Kühlschrank stellen und die Schokoladenmasse fest werden lassen. Den Backrahmen lösen und entfernen. Den Schokoladen-Samt-Kuchen in kleine Würfel schneiden.

Tipp: Das Gebäck nach Belieben in Papiermanschetten servieren.

Spanische Vanilleschnitten

Raffiniert – mit Alkohol

12 Stücke

Pro Stück: E: 11 g, F: 38 g, Kh: 51 g, kJ: 2518, kcal: 602, BE: 4,5

Für den Rührteig:

300 g Marzipan-Rohmasse
75 g Butter (zimmerwarm)
75 g Zucker
Mark von
1 Vanilleschote
8 Eigelb (Größe M)
8 Eiweiß (Größe M)
75 g Zucker
1 Prise Salz
75 g Weizenmehl
75 g Speisestärke
1 gestr. TL Dr. Oetker Backin
2 EL Zartbitter-Raspelschokolade

Für die Canache-Creme:

300 g Zartbitter-Kuvertüre
150 g Butter (zimmerwarm)
60 g Puderzucker
75 ml weißer Rum

1 EL kandierte Kirschen

Zubereitungszeit: 60 Minuten, ohne Kühlzeit
Backzeit: 25–30 Minuten

1. Den Backofen vorheizen.
Ober-/Unterhitze: etwa 180 °C
Heißluft: etwa 160 °C

2. Für den Teig Marzipan in kleine Stücke schneiden und in eine Rührschüssel geben. Butter, Zucker und Vanillemark hinzugeben. Die Zutaten mit einem Mixer (Rührstäbe) auf höchster Stufe geschmeidig rühren. Nach und nach Eigelb unterrühren. Eiweiß mit Zucker und Salz steif schlagen, auf die Eigelbmasse geben.

3. Mehl mit Speisestärke und Backpulver mischen, auf den Eischnee geben, auf mittlerer Stufe unterrühren. Einen Backrahmen auf ein Backblech (30 x 40 cm, mit Backpapier belegt) stellen. Den Teig auf das Backblech geben und glatt streichen, mit Raspelschokolade bestreuen. Das Backblech in den vorgeheizten Backofen schieben und den Gebäckboden **25–30 Minuten backen.**

4. Den Backrahmen lösen und entfernen. Den Gebäckboden auf einen mit Backpapier belegten Kuchenrost stürzen. Mitgebackenes Backpapier abziehen. Gebäckboden erkalten lassen und anschließend senkrecht halbieren.

5. Für die Canache-Creme Kuvertüre grob hacken, in einem kleinen Topf im Wasserbad bei schwacher Hitze unter Rühren schmelzen. Die Kuvertüre unter gelegentlichem Rühren abkühlen lassen, bis sie dickflüssig ist. Butter mit dem Mixer (Rührstäbe) geschmeidig rühren. Puderzucker, Rum und Kuvertüre nach und nach unterrühren.

6. Die Creme etwa 1 Stunde in den Kühlschrank stellen, dann nochmals kurz aufschlagen. Eine Gebäckhälfte mit drei Viertel der Creme bestreichen. Zweite Gebäckhälfte darauflegen und leicht andrücken. Den Kuchen in Schnitten teilen.

7. Die restliche Creme in einen Spritzbeutel mit glatter Tülle füllen, die Schnitten damit verzieren. Die Vanilleschnitten mit Kirschen garnieren und bis zum Verzehr in den Kühlschrank stellen.

Spanische Vanilletorte

Klassisch

16 Stücke

Pro Stück: E: 6 g, F: 20 g, Kh: 39 g, kJ: 1499, kcal: 358, BE: 3,0

Für den Rührteig:

100 g Marzipan-Rohmasse
5 Eigelb (Größe M)
75 g Zucker
1 Pck. Dr. Oetker Bourbon-Vanille-Zucker
5 Eiweiß (Größe M)
75 g Zucker
1 Prise Salz
100 g Weizenmehl
100 g Speisestärke
1 gestr. TL Dr. Oetker Backin
100 g zerlassene, abgekühlte Butter
50 g grob geraspelte Zartbitter-Schokolade
30 g gehackte Mandeln
30 g fein gewürfeltes Zitronat (Sukkade)

gem. Mandeln für die Tarteform

Zum Bestreichen und Garnieren:

3 EL Aprikosenkonfitüre
300 g Zartbitter-Kuvertüre
20 g weiße Kuvertüre
einige Schokoladen-Ornamente

Zubereitungszeit: 35 Minuten, ohne Abkühlzeit
Backzeit: etwa 40 Minuten

1. Den Backofen vorheizen.
Ober-/Unterhitze: etwa 180 °C
Heißluft: etwa 160 °C

2. Für den Rührteig Marzipan grob zerkleinern und in eine Rührschüssel geben. Eigelb hinzufügen und mit einem Mixer (Rührstäbe) auf höchster Stufe geschmeidig rühren. Nach und nach Zucker und Vanille-Zucker unterrühren. So lange rühren, bis sich der Zucker aufgelöst hat.

3. Eiweiß, Zucker und Salz steif schlagen. Eischnee unter die Marzipan-Eigelb-Masse heben. Das Mehl mit Speisestärke und Backpulver mischen, in 2 Portionen kurz auf niedrigster Stufe unterrühren. Butter langsam hinzugeben. Schokoladenraspel, Mandeln und Zitronat unterheben.

4. Den Teig in eine Tarteform (Ø 26 cm, mit 3–4 cm hohem Rand, gefettet, mit Mandeln ausgestreut) geben und glatt streichen. Die Form auf dem Rost in den vorgeheizten Backofen schieben und die Torte **etwa 40 Minuten backen.**

5. Die Form auf einen Kuchenrost stellen. Die Torte etwa 5 Minuten in der Form stehen lassen, dann aus der Form lösen und auf einen mit Backpapier belegten Kuchenrost stürzen. Torte erkalten lassen.

6. Zum Bestreichen Konfitüre in einem kleinen Topf unter Rühren erhitzen. Die Torte vollständig damit bestreichen und antrocknen lassen. Kuvertüre grob hacken, in einem kleinen Topf im Wasserbad bei schwacher Hitze unter Rühren schmelzen. Kuvertüre etwas abkühlen lassen. Tortenoberfläche und -rand damit bestreichen. Kuvertüre fest werden lassen.

7. Die Torte mit geschmolzener, weißer Kuvertüre verzieren und mit Schokoladen-Ornamenten garnieren.

Spiegeleierkuchen | Für Kinder

20 Stücke

Pro Stück: E: 5 g, F: 16 g, Kh: 37 g, kJ: 1352, kcal: 324, BE: 3,0

Für den Belag:

2 Pck. Dr. Oetker Pudding-Pulver Vanille-Geschmack
80 g Zucker
750 ml Milch (3,5 % Fett)
480 g Aprikosenhälften (aus der Dose)
500 g Crème fraîche

Für den Rührteig:

150 g Butter oder Margarine (zimmerwarm)
150 g Zucker
1 Pck. Dr. Oetker Vanillin-Zucker
1 Prise Salz
3 Eier (Größe M)
300 g Weizenmehl
2 gestr. TL Dr. Oetker Backin
2 EL Milch (3,5 % Fett)

Für den Guss:

500 ml Aprikosensaft (aus der Dose)
2 Pck. ungezuckerter Tortenguss, klar
50 g Zucker

Zubereitungszeit: 30 Minuten, ohne Abkühlzeit
Backzeit: etwa 35 Minuten

1. Für den Belag aus Pudding-Pulver, Zucker und der Milch einen Pudding nach Packungsanleitung, aber nur mit 750 ml Milch zubereiten. Den Pudding etwas abkühlen lassen, dabei gelegentlich durchrühren.

2. Den Backofen vorheizen.
Ober-/Unterhitze: etwa 180 °C
Heißluft: etwa 160 °C

3. Von den Aprikosenhälften den Saft auffangen. Die Crème fraîche unter den abgekühlten Pudding rühren.

4. Einen Backrahmen auf ein Backblech (30 x 40 cm, gefettet) stellen.

5. Für den Teig die Butter oder Margarine mit einem Mixer (Rührstäbe) auf höchster Stufe geschmeidig rühren. Nach und nach Zucker, Vanillin-Zucker und Salz unterrühren. So lange rühren, bis eine gebundene Masse entstanden ist. Eier nach und nach unterrühren (jedes Ei etwa ½ Minute).

6. Das Mehl mit Backpulver mischen, abwechselnd in 2 Portionen mit der Milch kurz auf mittlerer Stufe unterrühren. Den Teig auf das Backblech geben und glatt streichen.

7. Die Puddingcreme gleichmäßig auf dem Teig verteilen. Die Aprikosenhälften mit der Wölbung nach oben mit etwas Abstand darauf verteilen. Das Backblech in den vorgeheizten Backofen schieben. Den Kuchen **etwa 35 Minuten backen.**

8. Das Backblech auf einen Kuchenrost stellen. Den Kuchen erkalten lassen.

9. Für den Guss Aprikosensaft mit Wasser auf 500 ml auffüllen. Aus Tortengusspulver, Zucker und Saft einen Guss nach Packungsanleitung zubereiten.

10. Den Guss zügig auf dem Kuchen verteilen. Guss fest werden lassen.

11. Dann den Backrahmen vorsichtig mit einem Messer lösen und entfernen.

Abwandlung: Für einen fettärmeren Kuchen kann Crème fraîche durch 250 g Magerquark und 250 g Joghurt (3,5 % Fett) ersetzt werden.

Rezeptvariante: Für einen **Aprikosenkuchen vom Blech** einen Rührteig wie im Rezept angegeben zubereiten. Den Backrahmen auf das gefettete Backblech stellen und den Teig darin verstreichen. 480 g abgetropfte Aprikosenhälften (aus der Dose) mit der Wölbung nach oben auf dem Teig verteilen. 50 g gehobelte Mandeln auf den Teig streuen. Den Kuchen wie im Rezept angegeben etwa 30 Minuten backen und anschließend die Aprikosenhälften sofort mit 50 g durch ein Sieb gestrichener Aprikosenkonfitüre bestreichen. Den Backrahmen lösen und entfernen. Den erkalteten Kuchen mit etwas Puderzucker bestäuben.

Sprudelkuchen I

Schnell

16 Stücke

Pro Stück: E: 7 g, F: 23 g, Kh: 40 g, kJ: 1649, kcal: 394, BE: 3,5

Für den Teig:

200 g Weizenmehl
1 Pck. Dr. Oetker Backin
300 g Zucker
1 Pck. Dr. Oetker Vanillin-Zucker
1 Msp. gem. Zimt
300 g gem. Haselnusskerne
5 Eier (Größe M)
150 ml Speiseöl, z. B. Sonnenblumenöl
150 ml Kakaotrunk
150 ml saurer Zitronensprudel

Für den hellen Guss:

125 g Puderzucker
2–3 EL Zitronensprudel

Für den dunklen Guss:

1 TL Kakaopulver
½ TL Mineralwasser

Zubereitungszeit: 20 Minuten, ohne Abkühlzeit
Backzeit: etwa 60 Minuten

1. Den Backofen vorheizen.
Ober-/Unterhitze: etwa 180 °C
Heißluft: etwa 160 °C

2. Für den Teig Mehl mit Backpulver mischen und in eine Rührschüssel geben. Zucker, Vanillin-Zucker, Zimt, Haselnusskerne, Eier, Speiseöl, Kakaotrunk und Sprudel nach und nach hinzufügen. Die Zutaten mit einem Mixer (Rührstäbe) in knapp 1 Minute zu einem glatten Teig verrühren.

3. Den Teig in eine Springform (Ø 26 cm, Boden gefettet, mit Backpapier belegt) geben und glatt streichen. Die Form auf dem Rost in den vorgeheizten Backofen schieben. Den Kuchen **etwa 60 Minuten backen.**

4. Den Kuchen aus der Form lösen, mitgebackenes Backpapier entfernen. Den Kuchen auf einem Kuchenrost erkalten lassen.

5. Für den hellen Guss Puderzucker mit Sprudel verrühren. Für den dunklen Guss etwa 1 Esslöffel von dem hellen Guss abnehmen, mit Kakao und Mineralwasser verrühren.

6. Den dunklen Guss in ein Pergamentpapiertütchen füllen, gut verschließen und eine kleine Ecke davon abschneiden. Den hellen Guss auf den Kuchen streichen. Den dunklen Guss schnell als Ringe aufspritzen und mit einem Messer oder Holzstäbchen Muster ziehen. Den Guss fest werden lassen.

Stachelbeer-Grieß-Kuchen

Raffiniert

16 Stücke

Pro Stück: E: 7 g, F: 16 g, Kh: 30 g, kJ: 1226, kcal: 293, BE: 2,5

Für den Rührteig:

750 ml Milch (3,5 % Fett)
150 g Hartweizengrieß
30 g gehacktes Zitronat (Sukkade)
150 g Butter oder Margarine (zimmerwarm)
200 g Zucker
1 Pck. Dr. Oetker Vanillin-Zucker
1 Pck. Dr. Oetker Finesse Geriebene Zitronenschale
1 Prise Salz
5 Eigelb (Größe M)
30 g Speisestärke
1 Msp. Dr. Oetker Backin
125 g gem. Mandeln
5 Eiweiß (Größe M)
390 g abgetropfte Stachelbeeren (aus dem Glas)

Zum Bestäuben:

10 g Puderzucker

Zubereitungszeit: 30 Minuten, ohne Abkühlzeit
Backzeit: 60–70 Minuten

1. Für den Teig Milch in einem Topf zum Kochen bringen. Den Topf von der Kochstelle nehmen. Grieß unter Rühren einstreuen, kurz aufkochen und abkühlen lassen. Zitronat etwas kleiner hacken.

2. Den Backofen vorheizen.
Ober-/Unterhitze: etwa 180 °C
Heißluft: etwa 160 °C

3. Butter oder Margarine mit einem Mixer (Rührstäbe) auf höchster Stufe geschmeidig rühren. Nach und nach Zucker, Vanillin-Zucker, Zitronenschale und Salz unterrühren. So lange rühren, bis eine gebundene Masse entstanden ist. Eigelb nach und nach unterrühren. Die Grießmasse in kleinen Portionen unterrühren.

4. Die Speisestärke mit Backpulver und Mandeln mischen, zusammen mit dem Zitronat unter den Grießteig rühren. Eiweiß steif schlagen und unterheben. Die Stachelbeeren ebenfalls unterheben.

5. Den Teig in eine Springform (Ø 28 cm, gefettet) geben und glatt streichen. Die Form auf dem Rost in den vorgeheizten Backofen schieben und den Kuchen **60–70 Minuten backen.**

6. Die Form auf einen Kuchenrost stellen. Den Kuchen etwa 10 Minuten in der Form abkühlen lassen. Dann den Springformrand vorsichtig mit einem Messer lösen und entfernen. Den Kuchen erkalten lassen und auf eine Platte geben.

7. Stachelbeer-Grieß-Kuchen kurz vor dem Servieren mit Puderzucker bestäuben.

Tipp: Anstelle der Stachelbeeren aus dem Glas können Sie auch frische Stachelbeeren verwenden. Dann die Stachelbeeren abspülen, abtropfen lassen, Blüten- und Stängelansätze entfernen. Stachelbeeren roh unter den Teig heben. Zudem 250 g statt 200 g Zucker für den Teig verwenden.

Stachelbeerkuchen | Einfach

16 Stücke

Pro Stück: E: 4 g, F: 11 g, Kh: 26 g, kJ: 939, kcal: 224, BE: 2,0

Zum Vorbereiten:

125 g Butter oder Margarine

Für den All-in-Teig:

250 g Weizenmehl
3 gestr. TL Dr. Oetker Backin
150 g Puderzucker
1 Pck. Dr. Oetker Bourbon-Vanille-Zucker
1 Prise Salz
4 Eier (Größe M)
200 g Schmand (Sauerrahm, 24 % Fett)

360 g abgetropfte Stachelbeeren (aus dem Glas)

Zum Bestäuben:

1 EL Puderzucker

Zubereitungszeit: 20 Minuten, ohne Abkühlzeit
Backzeit: 40–45 Minuten

1. Zum Vorbereiten Butter oder Margarine in einem Topf bei schwacher Hitze zerlassen und etwas abkühlen lassen.

2. Den Backofen vorheizen.
Ober-/Unterhitze: etwa 180 °C
Heißluft: etwa 160 °C

3. Für den Teig Mehl mit Backpulver in einer Rührschüssel mischen. Puderzucker, Vanille-Zucker, Salz, Eier, Schmand und zerlassene Butter oder Margarine hinzufügen. Die Zutaten mit einem Mixer (Rührstäbe) zunächst kurz auf niedrigster, dann auf höchster Stufe in etwa 1 Minute zu einem glatten Teig verarbeiten.

4. Den Teig in eine Springform (Ø 26 cm, Boden gefettet) geben und glatt streichen. Stachelbeeren auf dem Teig verteilen, dabei einen etwa 1 cm breiten Rand frei lassen. Die Form auf dem Rost in den vorgeheizten Backofen (unteres Drittel) schieben. Den Kuchen **40–45 Minuten backen.**

5. Die Form auf einen Kuchenrost stellen. Den Kuchen etwa 10 Minuten in der Form stehen lassen. Kuchen mit einem Messer aus der Form lösen und auf einem mit Backpapier belegten Kuchenrost etwa 1 Stunde erkalten lassen. Kuchen mit Puderzucker bestäuben.

Stachelbeer-Napfkuchen I

Für jeden Tag

20 Stücke

Pro Stück: E: 4 g, F: 13 g, Kh: 35 g, kJ: 1160, kcal: 277, BE: 3,0

Zum Vorbereiten:

390 g Stachelbeeren (aus dem Glas)

Für den Rührteig:

250 g Butter oder Margarine (zimmerwarm)
250 g brauner Zucker
1 Pck. Dr. Oetker Bourbon-Vanille-Zucker
4 Tropfen Zitronen-Aroma
½ TL gem. Zimt
3 Eier (Größe M)
350 g Weizenmehl
25 g Speisestärke
2 gestr. TL Dr. Oetker Backin
3 EL Stachelbeersaft (aus dem Glas)
50 g gem. Mandeln

1 EL gem. Mandeln für die Form

Für den Guss:

100 g Puderzucker
etwa 2 EL Stachelbeersaft (aus dem Glas)
evtl.
2 Tropfen gelbe Speisefarbe

Zubereitungszeit: 30 Minuten, ohne Abkühlzeit
Backzeit: etwa 65 Minuten

1. Zum Vorbereiten von den Stachelbeeren den Saft auffangen, 3 Esslöffel für den Teig und 2 Esslöffel zum Verzieren abmessen und beiseitestellen.

2. Den Backofen vorheizen.
Ober-/Unterhitze: etwa 180 °C
Heißluft: etwa 160 °C

3. Für den Teig die Butter oder Margarine mit einem Mixer (Rührstäbe) auf höchster Stufe geschmeidig rühren. Nach und nach Zucker, Vanille-Zucker, Aroma und Zimt unterrühren. So lange rühren, bis eine gebundene Masse entstanden ist.

4. Die Eier nach und nach unterrühren (jedes Ei etwa ½ Minute). Mehl mit Speisestärke und Backpulver mischen, in 2 Portionen abwechselnd mit dem Stachelbeersaft kurz auf mittlerer Stufe unterrühren. Mandeln und Stachelbeeren unterheben.

5. Den Teig in eine Gugelhupfform (Ø 24 cm, gefettet, mit Mandeln ausgestreut) geben und glatt streichen. Die Form auf dem Rost in den vorgeheizten Backofen (unteres Drittel) schieben. Den Kuchen **etwa 65 Minuten backen.**

6. Die Form auf einen Kuchenrost stellen. Den Kuchen etwa 10 Minuten in der Form stehen lassen, danach aus der Form lösen und auf einen Kuchenrost stürzen. Kuchen erkalten lassen.

7. Für den Guss Puderzucker mit Stachelbeersaft und nach Belieben etwas Speisefarbe zu einem dickflüssigen Guss verrühren. Den Kuchen damit so überziehen, dass der Guss in dicken „Nasen" herunterläuft. Guss trocknen lassen.

Tortenboden für Obsttorten I

Klassisch

12 Stücke

Pro Stück: E: 2 g, F: 7 g, Kh: 15 g, kJ: 542, kcal: 130, BE: 1,5

Für den Rührteig:

75 g Butter oder Margarine (zimmerwarm)
75 g Zucker
1 Pck. Dr. Oetker Vanillin-Zucker
1 Prise Salz
1 Pck. Dr. Oetker Finesse Geriebene Zitronenschale
2 Eier (Größe M)
125 g Weizenmehl
1 gestr. TL Dr. Oetker Backin
1 EL Milch (3,5 % Fett)

Zubereitungszeit: 10 Minuten
Backzeit: 20–25 Minuten

1. Den Backofen vorheizen.
Ober-/Unterhitze: etwa 180 °C
Heißluft: etwa 160 °C

2. Für den Teig die Butter oder Margarine mit einem Mixer (Rührstäbe) auf höchster Stufe geschmeidig rühren.

3. Nach und nach Zucker, Vanillin-Zucker, Salz und die Zitronenschale unterrühren. So lange rühren, bis eine gebundene Masse entstanden ist. Anschließend die Eier nach und nach unterrühren (jedes Ei etwa ½ Minute).

4. Mehl mit Backpulver mischen, abwechselnd mit der Milch auf mittlerer Stufe unterrühren. Den Teig in eine Obstbodenform (Ø 30 cm, gut gefettet, gemehlt) füllen und glatt streichen.

5. Die Form auf dem Rost in den vorgeheizten Backofen schieben. Den Tortenboden **20–25 Minuten backen.**

6. Den Tortenboden sofort auf einen Kuchenrost stürzen. Sollte der Tortenboden kleben, einen feuchten kalten Lappen auf die Form legen.

Tipp: Den Tortenboden mit frischem Obst oder Obst aus Dosen belegen und mit einem Tortenguss überziehen.

Traubentarte | Einfach – für jeden Tag

16 Stücke

Pro Stück: E: 4 g, F: 15 g, Kh: 31 g, kJ: 1147, kcal: 274, BE: 2,5

Zum Vorbereiten:
je 200 g grüne und blaue Weintrauben

Für den Rührteig:
250 g Butter oder Margarine (zimmerwarm)
225 g Zucker
4 Eier (Größe M)
150 g Dinkel-Vollkornmehl
75 g Weizenmehl
2 gestr. TL Dr. Oetker Backin

Zum Bestreichen:
3 EL Quittengelee

Zubereitungszeit: 40 Minuten, ohne Abkühlzeit
Backzeit: etwa 40 Minuten

1. Zum Vorbereiten Weintrauben abspülen, trocken tupfen, entstielen, halbieren und entkernen.

2. Den Backofen vorheizen.
Ober-/Unterhitze: etwa 180 °C
Heißluft: etwa 160 °C

3. Für den Teig die Butter oder Margarine mit einem Mixer (Rührstäbe) auf höchster Stufe geschmeidig rühren. Nach und nach Zucker unterrühren. So lange rühren, bis eine gebundene Masse entstanden ist. Eier nach und nach unterrühren (jedes Ei etwa ½ Minute).

4. Die beiden Mehlsorten mit Backpulver mischen, in 2 Portionen kurz auf mittlerer Stufe unterrühren.

5. Teig in eine Tarteform (Ø 30 cm, gefettet) geben und glatt streichen. Weintraubenhälften auf dem Teig verteilen.

6. Die Form auf dem Rost in den vorgeheizten Backofen schieben. Die Tarte **etwa 40 Minuten backen.**

7. Die Form auf einen Kuchenrost stellen. Die Tarte etwas abkühlen lassen.

8. Zum Bestreichen Gelee in einem kleinen Topf kurz aufkochen lassen. Die noch warme Tarte damit bestreichen. Tarte erkalten lassen.

Tropic-Mango-Muffins I

Für Gäste

12 Muffins

Pro Stück: E: 4 g, F: 9 g, Kh: 39 g, kJ: 1063, kcal: 254, BE: 3,5

Für den All-in-Teig:

250 g Weizenmehl
3 gestr. TL Dr. Oetker Backin
125 g brauner Zucker
1 Pck. Dr. Oetker Bourbon-Vanille-Zucker
2 Eier (Größe M)
75 ml Speiseöl
200 g Buttermilch
125 g getrocknete, tropische Fruchtmischung
150 g frische Mangowürfel

Zum Bestreichen:

3 EL Aprikosenkonfitüre
1 EL Wasser

einige frische Mangostreifen

Außerdem:

Papierbackförmchen

Zubereitungszeit: 25 Minuten, ohne Abkühlzeit
Backzeit: etwa 25 Minuten

1. Den Backofen vorheizen.
Ober-/Unterhitze: etwa 180 °C
Heißluft: etwa 160 °C

2. Für den Teig Mehl mit Backpulver mischen und in eine Rührschüssel geben. Zucker, Vanille-Zucker, Eier, Speiseöl und Buttermilch hinzufügen. Die Zutaten mit einem Mixer (Rührstäbe) zunächst kurz auf niedrigster, dann auf höchster Stufe in etwa 1 Minute zu einem glatten Teig verarbeiten. Fruchtmischung grob hacken und mit den Mangowürfeln unter den Teig heben.

3. Den Teig in eine Muffinform (für 12 Muffins, mit Papierbackförmchen ausgelegt) geben und glatt streichen. Die Form auf dem Rost in den vorgeheizten Backofen schieben. Die Muffins **etwa 25 Minuten backen.**

4. Die Form auf einen Kuchenrost stellen. Die Muffins etwa 10 Minuten in der Form stehen lassen, dann herausnehmen und auf einen Kuchenrost setzen.

5. Zum Bestreichen Konfitüre mit Wasser verrühren. Die noch warmen Muffins damit bestreichen und mit Mangostreifen belegen. Muffins erkalten lassen.

Tschechischer Kokoskuchen

Beliebt – einfach

20 Stücke

Pro Stück: E: 4 g, F: 18 g, Kh: 36 g, kJ: 1362, kcal: 325, BE: 3,0

Für den Rührteig:

200 g Butter oder Margarine (zimmerwarm)
200 g Zucker
1 Pck. Dr. Oetker Vanillin-Zucker
1 Pck. Dr. Oetker Finesse Geriebene Zitronenschale
4 Eigelb (Größe M)
250 g Weizenmehl
3 gestr. TL Dr. Oetker Backin
2–3 EL Milch (3,5 % Fett)

Für den Belag:

4 EL Ananaskonfitüre oder Johannisbeergelee
4 Eiweiß (Größe M)
200 g Zucker
200 g Kokosraspel

Zum Besprenkeln:

75 g Zartbitter-Schokolade
1 EL Speiseöl

Zubereitungszeit: 35 Minuten, ohne Abkühlzeit
Backzeit: 35–40 Minuten

1. Den Backofen vorheizen.
Ober-/Unterhitze: etwa 180 °C
Heißluft: etwa 160 °C

2. Für den Teig die Butter oder Margarine mit einem Mixer (Rührstäbe) auf höchster Stufe geschmeidig rühren. Nach und nach Zucker, Vanillin-Zucker und Zitronenschale unterrühren. So lange rühren, bis eine gebundene Masse entstanden ist. Eigelb nach und nach unterrühren.

3. Mehl mit Backpulver mischen, abwechselnd mit der Milch in 2 Portionen kurz auf mittlerer Stufe unterrühren. Den Teig auf ein Backblech (30 x 40 cm, gefettet) geben und glatt streichen. Das Backblech in den vorgeheizten Backofen schieben. Den Gebäckboden **etwa 20 Minuten vorbacken.**

4. Das Backblech auf einen Kuchenrost stellen. Den Gebäckboden etwas abkühlen lassen.

5. Die Backofentemperatur um etwa 20 °C herunterschalten.

6. Für den Belag Konfitüre oder Gelee verrühren und auf den warmen Gebäckboden streichen. Eiweiß sehr steif schlagen. Zucker nach und nach kurz unterschlagen, Kokosraspel unterheben. Die Eischnee-Kokos-Masse auf dem bestrichenen Gebäckboden verteilen. Das Backblech wieder in den heißen Backofen schieben und den Kokoskuchen in **15–20 Minuten fertig backen,** bis die Oberfläche goldgelb ist.

7. Das Backblech auf einen Kuchenrost stellen. Den Kuchen erkalten lassen.

8. Zum Besprenkeln Schokolade in Stücke brechen, mit Speiseöl in einem kleinen Topf im Wasserbad bei schwacher Hitze unter Rühren schmelzen. Kuchen damit besprenkeln, Schokolade fest werden lassen.

Vier-Schichten-Kuchen | Mit Alkohol

48 Stücke

Pro Stück: E: 2 g, F: 8 g, Kh: 15 g, kJ: 600, kcal: 143, BE: 1,5

100 g Amarettini (ital. Mandelmakronen)
100 g Zartbitter-Schokolade (etwa 50 % Kakaoanteil)
125 g getrocknete Sauerkirschen oder Cranberrys
2–3 EL Weinbrand

Für den Rührteig:

300 g Butter oder Margarine (zimmerwarm)
170 g Zucker
1 Prise Salz
3 Eier (Größe M)
2 Eigelb (Größe M)
320 g Weizenmehl
3 gestr. TL Dr. Oetker Backin
150 ml Milch (3,5 % Fett)
2 Eiweiß (Größe M)

1 Pck. Dr. Oetker Bourbon-Vanille-Zucker

Für den Guss:

150 g Zartbitter-Schokolade (etwa 50 % Kakaoanteil)
25 g Zucker
50 ml Wasser

Zubereitungszeit: 45 Minuten, ohne Abkühlzeit
Backzeit: etwa 30 Minuten

1. Amarettini in einen Gefrierbeutel geben. Den Beutel fest verschließen. Die Amarettini mit einer Teigrolle fein zerbröseln. Schokolade in kleine Stücke hacken. Sauerkirschen oder Cranberrys fein hacken und mit Weinbrand vermischen.

2. Den Backofen vorheizen.
Ober-/Unterhitze: etwa 180 °C
Heißluft: etwa 160 °C

3. Für den Teig Butter oder Margarine mit einem Mixer (Rührstäbe) auf höchster Stufe geschmeidig rühren. Nach und nach Zucker und Salz unterrühren. So lange rühren, bis eine gebundene Masse entstanden ist. Eier nach und nach unterrühren (jedes Ei etwa ½ Minute). Eigelb nacheinander kurz unter die Butter-Eier-Masse rühren.

4. Mehl mit Backpulver mischen, abwechselnd mit der Milch in 2 Portionen kurz auf mittlerer Stufe unterrühren. Eiweiß steif schlagen und unterheben.

5. Den Teig in 3 gleich große Portionen teilen. Den Vanille-Zucker unter die erste Teigportion, Amarettini und Schokolade unter die zweite Portion und Sauerkirschen oder Cranberrys mit dem Weinbrand unter die letzte Teigportion rühren.

6. Den Vanilleteig auf einem Backblech (30 x 40 cm, gefettet) verteilen und glatt streichen. Das Backblech in den vorgeheizten Backofen schieben. Den Vanilleboden **etwa 10 Minuten vorbacken.**

7. Das Backblech auf einen Kuchenrost stellen. Den Amarettini-Schoko-Teig auf dem heißen, vorgebackenen Vanilleteig gut verteilen und glatt streichen. Das Backblech wieder in den Backofen schieben und die zweite Schicht **bei gleicher Backofentemperatur 8–10 Minuten backen.**

8. Das Backblech auf einen Kuchenrost stellen. Die restliche Teigportion auf die heiße Amarettini-Schoko-Schicht geben und glatt streichen. Das Backblech wieder in den heißen Backofen schieben. Den Kuchen **bei gleicher Backofentemperatur in 10–12 Minuten fertig backen.**

9. Das Backblech auf den Kuchenrost stellen. Den Kuchen erkalten lassen.

10. Für den Guss die Schokolade in kleine Stücke brechen. Zucker und Wasser unter Rühren aufkochen, bis sich der Zucker aufgelöst hat. Den Topf von der Kochstelle nehmen. Schokoladenstücke in das Zuckerwasser geben und mit einem Kochlöffel unterrühren. Bei sehr schwacher Hitze so lange weiterrühren bis die Schokolade geschmolzen ist und der Guss glänzt.

11. Den Guss auf den Kuchen geben und mit einem Löffel streifenartig verstreichen. Den Guss trocknen lassen. Den Kuchen in etwa 48 quadratische Stücke (etwa 5 x 5 cm) schneiden.

Tipps: Wer auf Alkohol verzichten möchte, kann den Weinbrand durch Apfelsaft ersetzen. Der Kuchen lässt sich gut einfrieren. Die Kuchenstücke zum Auftauen nebeneinanderlegen.

Whisky-Früchte-Kuchen

Mit Alkohol – gut vorzubereiten
20 Stücke

Pro Stück: E: 7 g, F: 21 g, Kh: 50 g, kJ: 1877, kcal: 448, BE: 4,0

Zum Vorbereiten:

500 g gemischte, getrocknete Früchte, z. B. Birnen, Feigen, Rosinen, Datteln, Aprikosen
250 g gemischte, kandierte Früchte, z. B. Kirschen rot und grün, Orangen, Ingwer, Ananas, Zitronat (Sukkade)
225 ml Whisky

Für den Rührteig:

225 g Butter oder Margarine (zimmerwarm)
250 g brauner Zucker
2 Pck. Dr. Oetker Bourbon-Vanille-Zucker
6 Eier (Größe M)
350 g Weizenmehl
3 gestr. TL Dr. Oetker Backin
100 g fein gehackte Pekannusskerne
100 g ganze Pekannusskerne
100 g gem. Mandeln

Zubereitungszeit: 60 Minuten, ohne Durchziehzeit
Backzeit: etwa 110 Minuten

1. Zum Vorbereiten die getrockneten und kandierten Früchte klein schneiden, in eine Schüssel geben, mit Whisky übergießen und zugedeckt über Nacht durchziehen lassen.

2. Den Backofen vorheizen.
Ober-/Unterhitze: etwa 160 °C
Heißluft: etwa 140 °C

3. Für den Teig Butter oder Margarine mit einem Mixer (Rührstäbe) auf höchster Stufe geschmeidig rühren. Nach und nach Zucker und Vanille-Zucker unterrühren. So lange rühren, bis eine gebundene Masse entstanden ist.

4. Die Eier nach und nach unterrühren (jedes Ei etwa 1/2 Minute). Mehl mit Backpulver mischen, in 2 Portionen kurz auf mittlerer Stufe unterrühren. Die vorbereiteten, durchgezogenen Früchte, gehackte und ganze Pekannusskerne und Mandeln kurz unterrühren.

5. Teig in eine Gugelhupfform (Ø 24 cm, gefettet, gemehlt) geben und glatt streichen. Form auf dem Rost in den vorgeheizten Backofen (unteres Drittel) schieben. Den Kuchen **etwa 110 Minuten backen.** Den Kuchen nach etwa 60 Minuten Backzeit mit Backpapier zudecken.

6. Die Form auf einen Kuchenrost stellen. Den Kuchen kurz in der Form stehen lassen, dann auf einen Kuchenrost stürzen und erkalten lassen.

Tipps: Der Früchtekuchen hält sich in Alufolie verpackt und kühl gelagert etwa 2 Wochen frisch. Sie können den Kuchen mit einem Guss aus 100 g Puderzucker und 2–3 Esslöffeln Whisky bestreichen und die Oberfläche mit kandierten und getrockneten Früchten garnieren.

Wiener Sandtorte mit Hagebutten | Klassisch – gut vorzubereiten

8 Stücke

Pro Stück: E: 7 g, F: 30 g, Kh: 107 g, kJ: 3088, kcal: 738, BE: 9,0

Für den Teig:

5 Eier (Größe M)
250 g Zucker
2 Pck. Dr. Oetker Vanillin-Zucker
175 g Weizenmehl
125 g Speisestärke
1 gestr. TL Dr. Oetker Backin
250 g zerlassene, abgekühlte Butter oder Margarine

Für die Füllung:

350 g Hagebuttenkonfitüre Extra

Für den Guss:

125 g Puderzucker
2–3 EL Zitronensaft

Zum Bestreuen:

1 EL gehackte Pistazienkerne

Zubereitungszeit: 60 Minuten
Backzeit: etwa 20 Minuten

1. Den Backofen vorheizen.
Ober-/Unterhitze: etwa 180 °C
Heißluft: etwa 160 °C

2. Für den Teig Eier mit einem Mixer (Rührstäbe) auf höchster Stufe in etwa 1 Minute schaumig schlagen. Zucker und Vanillin-Zucker mischen, in etwa 1 Minute einstreuen, dann noch etwa 2 Minuten schlagen.

3. Mehl mit Speisestärke und Backpulver mischen, die Hälfte davon auf die Eiercreme geben und kurz auf niedrigster Stufe unterrühren. Restliches Mehlgemisch auf die gleiche Weise unterarbeiten. Zuletzt die Butter oder Margarine unterrühren.

4. Den Teig auf ein Backblech (30 x 40 cm, gefettet, mit Backpapier belegt) geben und glatt streichen. Das Backblech in den vorgeheizten Backofen schieben. Den Gebäckboden **etwa 20 Minuten backen.**

5. Den Gebäckboden vom Backblechrand lösen, auf mit Zucker bestreutes Backpapier stürzen, mitgebackenes Backpapier vorsichtig abziehen. Gebäckboden erkalten lassen und in 4 Rechtecke (etwa 20 x 15 cm) teilen.

6. Ein Gebäckstück auf eine Tortenplatte legen und mit etwa 2 Esslöffeln Konfitüre bestreichen. Das zweite Gebäckstück darauflegen und ebenfalls mit 2 Esslöffeln Konfitüre bestreichen. Mit den restlichen Gebäckstücken ebenso verfahren.

7. Gut 1 Esslöffel der restlichen Konfitüre in ein Pergamentpapiertütchen füllen und beiseitelegen. Die Tortenränder mit der restlichen Konfitüre bestreichen.

8. Für den Guss Puderzucker mit Zitronensaft zu einer dickflüssigen Masse verrühren. Die Tortenoberfläche damit bestreichen. Guss trocknen lassen.

9. Von dem beiseitegelegten Pergamentpapiertütchen eine kleine Spitze abschneiden. Die Torte mit der Konfitüre verzieren und mit Pistazienkernen bestreuen.

Tipp: Die Sandtorte schmeckt durchgezogen am besten.

Wilhelm-Tell-Torte I

Raffiniert

16 Stücke

Pro Stück: E: 4 g, F: 19 g, Kh: 50 g, kJ: 1636, kcal: 391, BE: 4,0

Für den Rührteig:

175 g Butter oder Margarine (zimmerwarm)
150 g Zucker
1 Pck. Dr. Oetker Vanillin-Zucker
3 Eier (Größe M)
150 g Weizenmehl
25 g Speisestärke
½ gestr. TL Dr. Oetker Backin

Für die Füllung:

8 Blatt weiße Gelatine
1 l Apfelsaft
100 g Zucker
2 Pck. Dr. Oetker Pudding-Pulver Vanille-Geschmack
740 g stückiges Apfelmus (Apfelkompott, aus Gläsern)

Zum Verzieren und Garnieren:

400 g Schlagsahne (mind. 30 % Fett)
30 g Zucker
2 Pck. Sahnesteif
50 g Haselnusskrokant
einige Mini-Äpfel (Kirschäpfel, aus der Dose)

Zubereitungszeit: 70 Minuten, ohne Kühlzeit
Backzeit: etwa 15 Minuten je Boden

1. Den Backofen vorheizen.
Ober-/Unterhitze: etwa 180 °C
Heißluft: etwa 160 °C

2. Für den Teig die Butter oder Margarine mit einem Mixer (Rührstäbe) auf höchster Stufe geschmeidig rühren. Nach und nach Zucker und Vanillin-Zucker unterrühren. So lange rühren, bis eine gebundene Masse entstanden ist. Eier nach und nach unterrühren (jedes Ei etwa ½ Minute).

3. Mehl mit Speisestärke und Backpulver mischen, kurz auf mittlerer Stufe unterrühren. Aus dem Teig nacheinander 3 Böden backen.

4. Dazu jeweils ein Drittel des Teiges auf einen Springformboden (Ø 26 cm, gefettet) streichen, den Springformrand darumlegen. Die Form auf dem Rost in den vorgeheizten Backofen schieben. Den Gebäckboden **etwa 15 Minuten backen.**

5. Zwei weitere Gebäckböden auf die gleiche Weise zubereiten und backen.

6. Die Gebäckböden jeweils aus der Form lösen und auf Kuchenrosten erkalten lassen.

7. Für die Füllung Gelatine nach Packungsanleitung einweichen. Aus Apfelsaft, Zucker und Pudding-Pulver einen Pudding nach Packungsanleitung zubereiten. Die Gelatine ausdrücken und in dem heißen Pudding unter Rühren auflösen. Apfelmus unterrühren. Die Pudding-Apfelmus-Masse in den Kühlschrank stellen, bis sie anfängt zu gelieren.

8. Einen Gebäckboden auf eine Tortenplatte legen und einen Tortenring darumlegen. Die Hälfte der Pudding-Apfelmus-Masse auf dem Gebäckboden verstreichen. Den zweiten Boden darauflegen und mit der restlichen Pudding-Apfelmus-Masse bestreichen. Den dritten Boden darauflegen und leicht andrücken.

9. Die Torte mindestens 3 Stunden (am besten über Nacht) in den Kühlschrank stellen.

10. Zum Verzieren und Garnieren Tortenring lösen und entfernen. Die Sahne mit Zucker und Sahnesteif steif schlagen. Den Tortenrand dünn und die Tortenoberfläche etwas dicker mit Sahne bestreichen.

11. Mit einem Löffelstiel Löcher in die Sahne drücken. Die Tortenoberfläche mit etwas Krokant bestreuen. Mit Mini-Äpfeln garnieren.

Tipps: Lassen Sie den Springformboden vor dem nächsten Bestreichen gut abkühlen. Sie können in der Füllung 250 ml des Apfelsafts durch Weißwein ersetzen.

Würziger Apfelkuchen

Etwas Besonderes – raffiniert

16 Stücke

Pro Stück: E: 3 g, F: 11 g, Kh: 21 g, kJ: 794, kcal: 190, BE: 2,0

Zum Vorbereiten:

30 g Butter
800 g Äpfel, z. B. Elstar
1 EL Zitronensaft
40 g Kürbiskerne

Für den Rührteig:

100 g Butter oder Margarine (zimmerwarm)
3 EL Kürbiskernöl
100 g Zucker
1 Prise Salz
1 Ei (Größe M)
180 g Weizenmehl
1 gestr. TL Dr. Oetker Backin

Zum Bestreuen:

30 g brauner Zucker

Zubereitungszeit: 30 Minuten, ohne Abkühlzeit
Backzeit: etwa 45 Minuten

1. Zum Vorbereiten die Butter zerlassen und abkühlen lassen. Äpfel schälen, vierteln, entkernen und die Wölbung mit einem Messer mehrmals der Länge nach einritzen, aber nicht durchschneiden. Apfelviertel mit Zitronensaft beträufeln. Kürbiskerne hacken.

2. Den Backofen vorheizen.
Ober-/Unterhitze: etwa 180 °C
Heißluft: etwa 160 °C

3. Für den Teig Butter oder Margarine mit dem Kürbiskernöl in eine Rührschüssel geben und mit einem Mixer (Rührstäbe) auf höchster Stufe geschmeidig rühren.

4. Nach und nach Zucker und Salz unterrühren. So lange rühren, bis eine gebundene Masse entstanden ist. Das Ei etwa ½ Minute unterrühren.

5. Mehl mit Backpulver mischen, kurz auf mittlerer Stufe unterrühren. Den Rührteig in eine Springform (Ø 26 cm, Boden gefettet) geben und glatt streichen. Die Apfelviertel kranzförmig, mit der Wölbung nach oben, darauf verteilen.

6. Zuerst die gehackten Kürbiskerne, dann den braunen Zucker auf den Kuchen streuen. Zuletzt die vorbereitete Butter daraufträufeln.

7. Die Form auf dem Rost in den vorgeheizten Backofen schieben. Den Apfelkuchen **etwa 45 Minuten backen.**

8. Die Form auf einen Kuchenrost stellen. Den Kuchen etwa 10 Minuten in der Form abkühlen lassen, dann aus der Form lösen und auf einem mit Backpapier belegten Kuchenrost erkalten lassen.

Tipps: Statt Kürbiskernöl und Kürbiskerne, können Sie auch Walnussöl und Walnusskerne verwenden. Die Walnusskerne nur hacken und nicht rösten. Versuchen Sie den Kuchen doch mal wahlweise mit Zimt-Zucker bestreut. Oder geben Sie 1 Messerspitze Piment oder Weihnachtsgewürz mit in den Teig. Lecker ist es auch, wenn Sie 100 g Puderzucker mit 1–2 Teelöffeln Zitronensaft verrühren und Sie den fertigen Kuchen damit besprenkeln.

Zebrakuchen I

Einfach – raffiniert

16 Stücke

Pro Stück: E: 5 g, F: 25 g, Kh: 43 g, kJ: 1490, kcal: 356, BE: 3,5

Für den Teig:

5 Eigelb (Größe M)
250 g Zucker
1 Pck. Dr. Oetker Vanillin-Zucker
125 ml lauwarmes Wasser
250 ml Speiseöl, z. B. Sonnenblumenöl
375 g Weizenmehl
1 Pck. Dr. Oetker Backin
5 Eiweiß (Größe M)
2 EL gesiebtes Kakaopulver

Semmelbrösel für die Form

Für den Guss:

150 g Puderzucker
2 EL Zitronensaft
3–4 EL Wasser

Zubereitungszeit: 25 Minuten, ohne Abkühlzeit
Backzeit: 50–60 Minuten

1. Den Backofen vorheiz[illegible]
Ober-/Unterhitze: etwa 18[illegible]
Heißluft: etwa 160 °C

2. Für den Teig Eigelb, Zucker und Vanillin-Zucker mit einem Mixer (Rührstäbe) auf höchster Stufe schaumig rühren. Wasser und Speiseöl unterrühren.

3. Mehl mit Backpulver mischen, in 2 Portionen kurz auf mittlerer Stufe unterrühren. Eiweiß steif schlagen und unterheben. Den Teig halbieren und unter eine Hälfte des Teiges den Kakao rühren.

4. Für das Zebramuster zunächst 2 Esslöffel des hellen Teiges in die Mitte einer Springform (Ø 26 cm, Boden gefettet, mit Semmelbröseln bestreut) geben (nicht verteilen!). Auf den hellen Teig 2 Esslöffel von dem dunklen Teig geben (nicht daneben).

5. Vorgang wiederholen, bis der Teig aufgebraucht ist. Den Teig nicht glatt streichen. Die Form auf dem Rost in den vorgeheizten Backofen (unteres Drittel) schieben. Den Kuchen **50–60 Minuten backen.**

6. Die Form auf einen Kuchenrost stellen. Den Kuchen etwa 10 Minuten in der Form stehen lassen, dann aus der Form lösen und auf einem Kuchenrost erkalten lassen.

7. Für den Guss Puderzucker mit Zitronensaft und so viel Wasser verrühren, dass ein dünnflüssiger Guss entsteht. Kuchen damit überziehen, trocknen lassen.

Tipp: Ohne Guss ist der Kuchen auch zum Einfrieren geeignet.

Zehn-Eier-Kuchen | Für jeden Tag

25 Stücke

Pro Stück: E: 5 g, F: 20 g, Kh: 41 g, kJ: 1516, kcal: 362, BE: 3,5

Für den Rührteig:

500 g Butter oder Margarine (zimmerwarm)
450 g Zucker
1 Pck. Dr. Oetker Vanillin-Zucker
10 Eigelb (Größe M)
500 g Weizenmehl
1 Pck. Dr. Oetker Backin
Saft von
1 Zitrone
10 Eiweiß (Größe M)

Für den Guss:

200 g Puderzucker
1 Pck. Dr. Oetker Finesse Geriebene Zitronenschale
3–4 EL Zitronensaft

Zubereitungszeit: 40 Minuten, ohne Abkühlzeit
Backzeit: etwa 90 Minuten

1. Den Backofen vorheizen.
Ober-/Unterhitze: etwa 160 °C
Heißluft: etwa 140 °C

2. Für den Teig die Butter oder Margarine mit einem Mixer (Rührstäbe) auf höchster Stufe geschmeidig rühren. Nach und nach Zucker und Vanillin-Zucker unterrühren. So lange rühren, bis eine gebundene Masse entstanden ist. Eigelb nach und nach unterrühren.

3. Das Mehl mit Backpulver mischen, abwechselnd in 2–3 Portionen mit dem Zitronensaft kurz auf mittlerer Stufe unterrühren. Eiweiß sehr steif schlagen und vorsichtig unterheben.

4. Teig in eine Springform mit Rohrboden (Ø 28 cm, gefettet) oder eine Napfkuchenform (Ø 24 cm, gefettet) geben und glatt streichen. Die Form auf dem Rost in den vorgeheizten Backofen schieben. Den Kuchen **etwa 90 Minuten backen.**

5. Die Kuchenoberfläche nach etwa 45 Minuten Backzeit mit Backpapier belegen, damit der Kuchen nicht zu stark bräunt.

6. Die Form auf einen Kuchenrost stellen. Kuchen etwa 10 Minuten in der Form stehen lassen, dann aus der Form lösen und auf einen Kuchenrost stürzen. Kuchen erkalten lassen.

7. Für den Guss Puderzucker mit Zitronenschale mischen und mit Zitronensaft glatt rühren. Den Kuchen mit dem Guss überziehen. Guss fest werden lassen.

Tipps: Sie können für den Teig statt Zitronensaft auch Orangensaft verwenden, dann für den Guss 1 Päckchen Dr. Oetker Finesse Orangenschalen-Aroma nehmen. Der Kuchen hält sich gut verpackt etwa 1 Woche frisch. Der Kuchen schmeckt auch sehr lecker, wenn Sie ihn mit 150 g geschmolzener Zartbitter-Kuvertüre überziehen.

Zitronen-Erdbeer-Kuchen I

Fruchtig

30 Stücke

Pro Stück: E: 3 g, F: 13 g, Kh: 31 g, kJ: 1098, kcal: 262, BE: 2,5

Für den Rührteig:

3 Bio-Zitronen (unbehandelt, ungewachst)
250 g Butter oder Margarine (zimmerwarm)
250 g Zucker
50 g Schlagsahne
5 Eier (Größe L)
300 g Weizenmehl
3 gestr. TL Dr. Oetker Backin
100 g gem. Mandeln

Zum Tränken:

Saft von 2 Zitronen

Für die Zitronencreme:

250 ml Zitronensaft (von etwa 6 Zitronen)
250 ml Wasser
1 Pck. Dr. Oetker Pudding-Pulver Vanille-Geschmack
160 g Zucker
100 g Butter

Für den Belag und den Guss:

1 kg Erdbeeren
2 Pck. ungezuckerter Tortenguss, klar
100 g Zucker
500 ml schwarzer Johannisbeernektar

Zubereitungszeit: 70 Minuten, ohne Kühlzeit
Backzeit: etwa 35 Minuten

1. Den Backofen vorheizen.
Ober-/Unterhitze: etwa 180 °C
Heißluft: etwa 160 °C

2. Für den Teig Zitronen heiß abwaschen, abtrocknen und jeweils die Schale abreiben. Zitronen halbieren und den Saft auspressen. Den Saft von 2 Zitronen zum Tränken, den restlichen Saft für die Creme beiseitestellen.

3. Butter oder Margarine mit einem Mixer (Rührstäbe) auf höchster Stufe geschmeidig rühren. Zitronenschale unterrühren. Nach und nach Zucker und Sahne unterrühren. So lange rühren, bis eine gebundene Masse entstanden ist. Eier nach und nach unterrühren (jedes Ei etwa ½ Minute).

4. Das Mehl mit Backpulver und Mandeln mischen, in 2 Portionen kurz auf mittlerer Stufe unterrühren. Den Teig in ein tiefes Backblech oder in eine Fettpfanne (30 x 40 cm, mit Backpapier belegt) geben und glatt streichen und den Gebäckboden **etwa 35 Minuten backen.**

5. Das Backblech oder die Fettpfanne auf einen Kuchenrost stellen. Den Gebäckboden erkalten lassen und mit dem beiseitegestellten Zitronensaft (von 2 Zitronen) beträufeln.

6. Für die Creme Zitronensaft mit dem beiseitegestellten Zitronensaft (von 1 Zitrone) und Wasser auf 500 ml auffüllen. Etwa 50 ml von der Zitronenflüssigkeit mit Pudding-Pulver und Zucker anrühren. Die restliche Zitronenflüssigkeit in einem Topf zum Kochen bringen. Angerührtes Pudding-Pulver in die von der Kochstelle genommene Zitronenflüssigkeit rühren und unter Rühren aufkochen lassen. Den Topf von der Kochstelle nehmen. Die Butter unterrühren und zerlassen. Die heiße Puddingmasse auf den Gebäckboden geben und glatt streichen.

7. Für den Belag Erdbeeren putzen, abspülen, abtropfen lassen, entstielen und halbieren. Erdbeerhälften auf die Zitronencreme legen.

8. Aus Tortengusspulver, Zucker und Johannisbeernektar einen Guss nach Packungsanleitung zubereiten. Den Guss auf den Erdbeerhälften verteilen. Den Kuchen etwa 3 Stunden in den Kühlschrank stellen.

9. Von dem Zitronen-Erdbeer-Kuchen evtl. die Ränder abschneiden. Den Kuchen in etwa 6 x 6 cm große Stücke schneiden.

Zitronen-Götterspeise-Kuchen I

Für Kinder

20 Stücke

Pro Stück: E: 4 g, F: 8 g, Kh: 28 g, kJ: 864, kcal: 206, BE: 2,5

Für den Rührteig:

120 g Butter oder Margarine (zimmerwarm)
120 g Zucker
1 Prise Salz
1 Pck. Dr. Oetker Finesse Geriebene Zitronenschale
3 Eier (Größe M)
250 g Weizenmehl
50 g Speisestärke
3 gestr. TL Dr. Oetker Backin
150 g Joghurt (1,5 % Fett)

Für den Belag:

2 Beutel aus
1 Pck. Götterspeise Zitronen-Geschmack
180 g Zucker
450 g Joghurt (1,5 % Fett)
100 g Schlagsahne (mind. 30 % Fett)

Zubereitungszeit: 30 Minuten, ohne Kühlzeit
Backzeit: etwa 25 Minuten

1. Den Backofen vorheizen.
Ober-/Unterhitze: etwa 200 °C
Heißluft: etwa 180 °C

2. Für den Teig Butter oder Margarine in mit einem Mixer (Rührstäbe) auf höchster Stufe geschmeidig rühren. Nach und nach Zucker, Salz und Zitronenschale unterrühren. So lange rühren, bis eine gebundene Masse entstanden ist. Eier nach und nach unterrühren (jedes Ei etwa ½ Minute).

3. Mehl mit Speisestärke und Backpulver mischen, abwechselnd in 2 Portionen mit dem Joghurt kurz auf mittlerer Stufe unterrühren.

4. Den Teig auf ein Backblech (30 x 40 cm, gefettet) geben und glatt streichen. Das Backblech in den vorgeheizten Backofen schieben. Die Gebäckplatte **etwa 25 Minuten backen.**

5. Das Backblech auf einen Kuchenrost stellen. Den Kuchen erkalten lassen.

6. Für den Belag beide Beutel Götterspeise nach Packungsanleitung, aber mit nur 150 ml Wasser zum Quellen anrühren. Zucker zur gequollenen Götterspeise geben. Die Götterspeise nach Packungsanleitung auflösen.

7. 300 ml kaltes Wasser vorsichtig unterrühren. 150 ml der Flüssigkeit in ein flaches Gefäß gießen und zugedeckt zum Gelieren in den Kühlschrank stellen.

8. Restliche Flüssigkeit in eine Rührschüssel geben. Joghurt unterrühren. Sahne steif schlagen und unterheben. Die Creme kurz in den Kühlschrank stellen, bis sie anfängt zu gelieren.

9. Die Joghurt-Zitronencreme auf der Gebäckplatte verteilen. Die fest gewordene Götterspeise mit einem Messer aus dem Gefäß in kleine Stücke teilen und auf der Creme verteilen. Den Götterspeise-Kuchen kurz in den Kühlschrank stellen.

Zitronenkuchen | Klassisch – beliebt

20 Stücke

Pro Stück: E: 2 g, F: 12 g, Kh: 36 g, kJ: 1097, kcal: 262, BE: 3,0

Für den Rührteig:

250 g Butter oder Margarine (zimmerwarm)
250 g Zucker
2 Pck. Dr. Oetker Finesse Geriebene Zitronenschale
4 Eier (Größe M)
200 g Weizenmehl
75 g Speisestärke
1 gestr. TL Dr. Oetker Backin

Für den Guss:

250 g Puderzucker
4–5 EL Zitronensaft

Zubereitungszeit: 35 Minuten
Backzeit: 20–25 Minuten

1. Den Backofen vorheizen.
Ober-/Unterhitze: etwa 180 °C
Heißluft: etwa 160 °C

2. Für den Teig Butter oder Margarine mit einem Mixer (Rührstäbe) auf höchster Stufe geschmeidig rühren. Nach und nach Zucker und Zitronenschale unterrühren. So lange rühren, bis eine gebundene Masse entstanden ist. Eier nach und nach unterrühren (jedes Ei etwa 1/2 Minute).

3. Mehl mit Speisestärke und Backpulver mischen, in 2 Portionen kurz auf mittlerer Stufe unterrühren. Den Teig auf ein Backblech (30 x 40 cm, gefettet) geben und glatt streichen. Einen mehrfach geknickten Streifen Alufolie vor den Teig legen. Das Backblech in den vorgeheizten Backofen schieben. Den Kuchen **20–25 Minuten backen.**

4. Für den Guss Puderzucker mit so viel Zitronensaft glatt rühren, dass eine dickflüssige Masse entsteht. Das Backblech auf einen Kuchenrost stellen. Den Kuchen noch heiß mit dem Guss bestreichen. Den Kuchen erkalten lassen und anschließend den Alufolienstreifen entfernen.

Abwandlung: Für einen **Orangenkuchen** können Sie für den Teig Dr. Oetker Finesse Geriebene Zitronenschale gegen Finesse Orangenschalen-Aroma austauschen und den Puderzucker für den Guss mit 4–5 Esslöffeln Orangensaft anrühren.

Zitronenmelisseschnitten

Etwas Besonderes

20 Stücke

Pro Stück: E: 5 g, F: 31 g, Kh: 23 g, kJ: 1635, kcal: 391, BE: 2,0

Für den Rührteig:

200 g Butter oder Margarine (zimmerwarm)
200 g Zucker
1 Pck. Dr. Oetker Vanillin-Zucker
6 Eier (Größe M)
50 g Weizenmehl
30 g Speisestärke
1 Pck. Dr. Oetker Backin
300 g Kokosraspel
3 EL gehackte Zitronenmelisse

Zum Tränken:

75–100 ml Zitronensaft

Für die Füllung:

1 Pck. Dr. Oetker Pudding-Pulver Vanille-Geschmack
3 EL Zucker
300 ml Wasser
100 ml Zitronensaft
150 g Joghurt (3,5 % Fett)

Für den Belag:

600 g Schlagsahne (mind. 30 % Fett)
2 Pck. Sahnesteif
1 Pck. Dr. Oetker Vanillin-Zucker
4 EL gehackte Zitronenmelisse
3 EL Kokosraspel

Zum Garnieren:

einige Gelee-Zitronenscheiben (etwa 40 g)
einige Zitronenmelisseblättchen
etwas in feine Streifen geschnittene Bio-Zitronenschale (unbehandelt, ungewachst)

Zubereitungszeit: 50 Minuten, ohne Kühlzeit
Backzeit: etwa 25 Minuten

1. Den Backofen vorheizen.
Ober-/Unterhitze: etwa 180 °C
Heißluft: etwa 160 °C

2. Für den Teig Butter oder Margarine mit einem Mixer (Rührstäbe) auf höchster Stufe geschmeidig rühren. Nach und nach Zucker und Vanillin-Zucker unterrühren. So lange rühren, bis eine gebundene Masse entstanden ist. Eier nach und nach unterrühren (jedes Ei etwa ½ Minute).

3. Mehl mit Speisestärke und Backpulver mischen, kurz auf mittlerer Stufe unterrühren. Kokosraspel mit Zitronenmelisse mischen und unterheben.

4. Den Teig auf ein Backblech (30 x 40 cm, gefettet) geben und glatt streichen. Vor den Teig einen mehrfach geknickten Streifen Alufolie legen. Das Backblech in den vorgeheizten Backofen schieben. Den Gebäckboden **etwa 25 Minuten backen.**

5. Das Backblech auf einen Kuchenrost stellen. Gebäckboden erkalten lassen. Den Alufolienstreifen entfernen. Gebäckboden mit Zitronensaft tränken.

6. Für die Füllung aus Pudding-Pulver, Zucker, Wasser und Zitronensaft einen Pudding nach Packungsanleitung, aber mit den hier angegebenen Zutaten zubereiten. Den Pudding mit Frischhaltefolie zudecken und etwas abkühlen lassen.

7. Joghurt unter den Pudding rühren. Die Pudding-Joghurt-Creme auf dem Gebäckboden verteilen.

8. Für den Belag Sahne mit Sahnesteif und Vanillin-Zucker steif schlagen. Zitronenmelisse und Kokosraspel unterheben. Kokossahne auf der Pudding-Joghurt-Creme verteilen und glatt streichen. Den Kuchen etwa 2 Stunden in den Kühlschrank stellen.

9. Den Kuchen vor dem Servieren in Stücke schneiden. Mit Gelee-Zitronenscheiben, abgespülten, trocken getupften Zitronenmelisseblättchen und Zitronenschalenstreifen garnieren.

Tipp: Die Menge der gesamten verwendeten Zitronenmelisse entspricht etwa 2 Töpfchen.

Zwetschen-Mascarpone-Torte I

Für Gäste – mit Alkohol

16 Stücke

Pro Stück: E: 5 g, F: 23 g, Kh: 32 g, kJ: 1511, kcal: 361, BE: 2,5

Für den Rührteig:

125 g Butter oder Margarine (zimmerwarm)
125 g Zucker
1 Pck. Dr. Oetker Vanillin-Zucker
1 Prise Salz
3 Eier (Größe M)
125 g Weizenmehl
3 gestr. TL Dr. Oetker Backin
2–3 EL Pflaumenlikör (20 Vol.-%)
24 Haselnuss-Gebäck-Kugeln

Zum Beträufeln:

3 EL Pflaumenlikör (20 Vol.-%)

Für die Zwetschencreme:

500 g Zwetschen
75 g Zucker
2 Pck. Dr. Oetker Vanillin-Zucker
1 gestr. TL gem. Zimt
5 EL Pflaumenlikör (20 Vol.-%)
2 geh. TL Speisestärke
3 EL kaltes Wasser
200 g Mascarpone (ital. Frischkäse)

Zum Verzieren und Garnieren:

200 g Mascarpone (ital. Frischkäse)
1 Pck. Sahnesteif
1 Pck. Dr. Oetker Vanillin-Zucker
2 EL Pflaumenlikör (20 Vol.-%)
etwa 16 Haselnuss-Gebäck-Kugeln

Zubereitungszeit: 50 Minuten, ohne Kühlzeit
Backzeit: etwa 30 Minuten

1. Den Backofen vorheizen.
Ober-/Unterhitze: etwa 180 °C
Heißluft: etwa 160 °C

2. Für den Teig Butter oder Margarine mit einem Mixer (Rührstäbe) auf höchster Stufe geschmeidig rühren. Nach und nach Zucker, Vanillin-Zucker und Salz unterrühren. So lange rühren, bis eine gebundene Masse entstanden ist. Eier nach und nach unterrühren (jedes Ei etwa ½ Minute).

3. Mehl mit Backpulver mischen, abwechselnd mit dem Likör auf mittlerer Stufe unterrühren. Den Teig in eine Springform (Ø 26 cm, Boden gefettet, mit Backpapier belegt) füllen und glatt streichen. Gebäckkugeln tief in den Teig drücken. Die Form auf dem Rost in den vorgeheizten Backofen schieben. Den Gebäckboden **etwa 30 Minuten backen.**

4. Den Gebäckboden aus der Form lösen und auf einen mit Backpapier belegten Kuchenrost stürzen. Mitgebackenes Backpapier abziehen. Gebäckboden erkalten lassen, auf eine Platte legen und mit Likör beträufeln. Einen Tortenring darumstellen.

5. Für die Zwetschencreme die Zwetschen abspülen, trocken tupfen, halbieren, entsteinen. Etwa 12 Zwetschenhälften zum Garnieren beiseitelegen. Restliche Zwetschen pürieren, mit Zucker, Vanillin-Zucker, Zimt und Likör verrühren und in einen Topf füllen. Speisestärke mit Wasser anrühren. Zwetschenpüree unter Rühren aufkochen lassen. Die angerührte Speisestärke unter das Zwetschenpüree rühren und unter Rühren etwa ½ Minute kochen lassen. Zwetschenpüree abkühlen lassen und in den Kühlschrank stellen.

6. Mascarpone in einer Schüssel aufschlagen, das Zwetschenpüree unterheben. Die Zwetschencreme auf den Gebäckboden geben und glatt streichen. Die Torte etwa 1 Stunde in den Kühlschrank stellen. Tortenring lösen und entfernen.

7. Zum Verzieren und Garnieren den Mascarpone mit Sahnesteif und Vanillin-Zucker aufschlagen. Likör unterziehen. Den Tortenrand mit der Hälfte der Mascarponecreme bestreichen und mithilfe eines Tortengarnierkammes verzieren. Restliche Mascarponecreme in einen Spritzbeutel mit kleiner Sterntülle (Ø etwa 5 mm) geben. Den Tortenoberflächenrand damit verzieren. Die Torte mit den beiseitegelegten Zwetschenhälften und Gebäckkugeln garnieren.

Blechkuchen

Gugelhupfe

Kuchen aus der Form

Torten

Kuchen aus dem Glas

Muffins, Waffeln und Co.

Mit Alkohol

Versuch macht klug!
Selbst mitmachen und die Dr. Oetker Versuchsküche live erleben – heißt es in Bielefeld. Dort finden regelmäßig Seminare und Vorführungen statt, bei denen den Profis der Versuchsküche über die Schulter geschaut und selbst Hand angelegt werden kann.
Es gibt wertvolle Tipps und so manch raffinierter Trick wird verraten. Zum Abschluss kann das Selbstgemachte in gemütlicher Runde probiert werden. Erleben Sie einen schönen Tag in der Dr. Oetker Versuchsküche.
Wir freuen uns auf Sie.
Alle Infos unter www.oetker.de oder unter 00800 71 72 73 74 (gebührenfrei in Deutschland).
Dr. Oetker
Qualität ist das beste Rezept.

Für Fragen, Vorschläge oder Anregungen stehen Ihnen der Verbraucherservice der Dr. Oetker Versuchsküche Telefon: 00800 71 72 73 74 Mo.–Fr. 8:00–18:00 Uhr, Sa. 9:00–15:00 Uhr (gebührenfrei in Deutschland) oder die Mitarbeiter des Dr. Oetker Verlages Telefon: +49 (0) 521 520650 Mo.–Fr. 9:00–15:00 Uhr zur Verfügung.

Schreiben Sie uns:
Dr. Oetker Verlag KG, Am Bach 11, 33602 Bielefeld oder besuchen Sie uns im Internet unter www.oetker-verlag.de oder www.oetker.de.

Umwelthinweis Dieses Buch und der Einband wurden auf chlorfrei gebleichtem Papier gedruckt. Die Einschrumpffolie – zum Schutz vor Verschmutzung – ist aus umweltfreundlichem und recyclingfähigem PE-Material.

Redaktion Carola Reich, Annette Riesenberg, Carola Hülshoff

Innenfotos
Walter Cimbal, Hamburg (S. 17, 20, 22, 26, 27, 49, 66, 73, 76, 89, 99, 106, 151, 159, 162, 172, 195, 202, 211, 261, 275)
Thomas Diercks, Kai Boxhammer, Christiane Krüger, Hamburg (S. 5, 9, 12, 13, 15, 16, 18, 19, 23, 29, 30, 32, 39, 43, 47, 48, 50, 52, 53, 56–59, 64, 68, 69, 74, 77, 80, 82–85, 87, 90, 91, 93, 96–98, 101, 108, 111, 113, 114, 116, 118–120, 123, 129, 133, 134, 136, 139, 141, 143, 144, 147, 148, 150, 152, 153, 155, 157, 158, 160, 161, 164–170, 177, 179, 180, 182, 187, 188, 192, 196, 197, 199, 201, 204, 208, 209, 215, 216, 220–223, 228, 229, 231, 235, 238–240, 243, 245, 251, 252, 255, 259, 262, 263, 265, 270, 272, 276)
Ulli Hartmann, Halle/ Westf. (S. 14, 36, 46, 63, 71, 102, 105, 117, 146, 185, 207, 227, 234, 247, 256, 257, 273, 278)
Ulrich Kopp, Sindelfingen (S. 110, 125, 191)
Bernd Lippert (S. 6, 21, 33, 65, 70, 94, 168, 206, 212, 214, 219, 267, 270)
Dr. Oetker, Villach, Österreich (S. 242)
Antje Plewinski, Berlin (S. 40, 44, 55, 79, 140, 173, 176, 203, 224, 237, 258)
Axel Struwe, Bielefeld (S. 7, 28, 35, 78, 115, 128, 131, 132, 142, 186, 189, 200, 244, 268)
Norbert Toelle, Bielefeld (S. 86, 260)
Brigitte Wegner, Bielefeld (S. 8, 10, 25, 31, 51, 60, 121, 126, 130, 135, 137, 145, 149, 154, 156, 163, 175, 178, 181, 183, 194, 217, 232, 233, 236, 241, 246, 249, 253, 266, 277, 281)
Winkler-Studios, Bremen (S. 54)
Bernd Wohlgemuth, Hamburg (S. 250)

Rezeptentwicklung und Beratung Anke Rabeler, Berlin

Lektorat no:vum, Susanne Noll, Leinfelden-Echterdingen

Nährwertberechnungen Nutri Service, Hennef

Wir danken für die freundlich Unterstützung
Bahlsen, Hannover
Coca-Cola, Berlin
Henkel & Co., Wiesbaden
Nestlé Deutschland, Frankfurt/Main
PICO Food, Tamm
Seeberger, Ulm

Grafisches Konzept und Gestaltung MDH Haselhorst, Bielefeld
Titelgestaltung kontur:design GmbH, Bielefeld
Satz MDH Haselhorst, Bielefeld

Druck und Bindung Mohn media Mohndruck GmbH, Gütersloh

ISBN: 978–3–7670–0776–5